GW00976191

rowohlts monographien
begründet von Kurt Kusenberg
herausgegeben
von Wolfgang Müller und Uwe Naumann

Arthur Schnitzler

mit Selbstzeugnissen
und Bilddokumenten
dargestellt von
Hartmut Scheible

Rowohlt

Dieser Band wurde eigens für «rowohlts monographien» geschrieben
Den Anhang besorgte der Autor
Herausgeber: Kurt Kusenberg · Redaktion: Beate Möhring
Schlußredaktion: K. A. Eberle
Umschlagentwurf: Werner Rebhuhn
Vorderseite: Arthur Schnitzler (Slg. Heinrich Schnitzler)
Rückseite: Wien, die Kärntner Straße (Slg. Werner Volke)

Veröffentlicht im Rowohlt Taschenbuch Verlag GmbH,
Reinbek bei Hamburg, Februar 1976
Copyright © 1976 by Rowohlt Taschenbuch Verlag GmbH,
Reinbek bei Hamburg
Alle Rechte an dieser Ausgabe vorbehalten
Gesetzt aus der Linotype-Aldus-Buchschrift
und der Palatino (D. Stempel AG)
Gesamtherstellung Clausen & Bosse, Leck
Printed in Germany
1290-ISBN 3 499 50235 6

10. Auflage. 41.–42. Tausend Januar 1996

Inhalt

Jugend in Wien   7
Das bucklige Männlein   33
Das Abenteuer seines Lebens   40
Komödie der Stimmungen   43
Was war, ist   46
So stehen die Dinge heute   51
Ein wirklich gutes Stück   57
• Reigen   65
• Jahrhundertwende   71
Leutnant Gustls innerer Monolog   78
Der einsame Weg   85
Zwischenspiel   88
Der Weg ins Freie   91
Das weite Land   98
Tragödie des Individuums   102
Die Etymologie der Machthaber   109
Republik Österreich   116
Fräulein Else   119
Traumnovelle   124
Und eigentlich war es gestern   126

Anmerkungen   130
Zeittafel   138
Zeugnisse   143
Bibliographie   145
Notiz   157
Namenregister   158
Über den Autor   160
Quellennachweis der Abbildungen   160

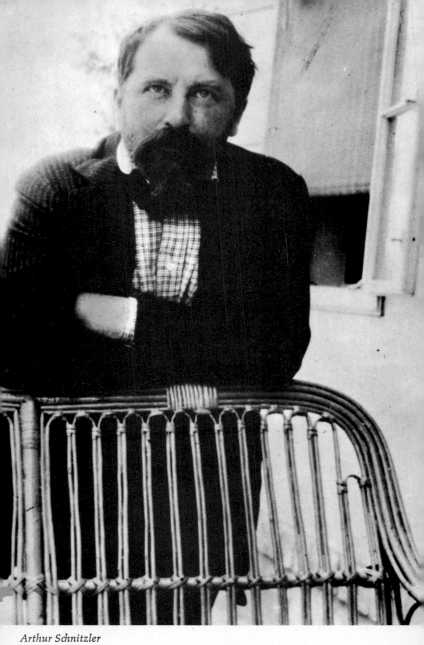

Arthur Schnitzler

«Indifferenz und Stagnation»: im Jahre 1893 ist Dr. med. Arthur Schnitzler 31 Jahre alt, im Sommer ist sein Einakter *Abschiedssouper* (Bestandteil des *Anatol*-Zyklus) am Stadttheater von Bad Ischl gespielt worden, zwei Jahre später führt das Burgtheater *Liebelei* auf, im Februar 1896 folgt die Berliner Erstaufführung. Die «Jugend in Wien» ist abgeschlossen, das Schwanken zwischen Medizin und Literatur beendet, die Wirkung in Österreich, in Europa beginnt, für mehr als zwei Jahrzehnte ist Arthur Schnitzler «der» Dichter Österreichs. Allerdings: nach der Berliner Premiere schlägt ihm der Kritiker Harmonist auf die Schulter und spricht: «Ganz hübsch, Herr Doktor. Aber jetzt mal was anderes!»[1]*

«Indifferenz und Stagnation» kennzeichnen den Eindruck, den Friedrich Engels bei einer Reise durch die Österreichisch-Ungarische Monarchie im Herbst 1893 gewonnen hat. Am 11. Oktober schreibt er an Victor Adler, den Führer der österreichischen Sozialisten: «Eine in starker Entwicklung begriffene, aber infolge langjährigen hohen Zollschutzes meist noch mit zurückgebliebenen Produktionskräften arbeitende Industrie ... ein politisch ziemlich indifferentes, in Phäakentum aufgehendes Philisterium in den Städten, das vor allem seine Ruh' und seine Genüsse haben will ... unter den besitzenden Klassen, also bei den Großen, kein Wunsch, die indirekte Herrschaft in eine direkte, konstitutionelle zu verwandeln, und bei den Kleinen kein ernsthaftes Streben nach wirklicher Beteiligung an der politischen Macht; Resultat: Indifferenz und Stagnation, die nur gestört wird durch die Nationalitätskämpfe der verschiedenen Adeligen und Bourgeois untereinander und durch die Entwicklung des Verbands mit Ungarn.»[2] Bleibt anzumerken, daß auch die beiden einzigen Phänomene, durch die Engels die allgemeine Ruhe allenfalls als gefährdet sah, offiziell erledigt bzw. nicht existent waren: die Auseinandersetzungen mit Ungarn galten seit dem «Ausgleich» von 1867 als beigelegt, die «Nationalitätenfrage» dagegen, die den Staat schließlich auseinandersprengte, konnte es gar nicht geben, da in der Verfassung Nationen nicht erwähnt wurden. Die politische Einheit des Staatengebildes beruhte auf dem gleichen Prinzip, das in diesen Jahren Sigmund Freud individualpsychologisch entdeckte: auf Verdrängung.

Nicht wesentlich verschieden von dieser Welt – wenigstens an der Oberfläche – war jene, in die, eine Generation zuvor, am 15. Mai 1862, Arthur Schnitzler geboren worden war (Wien, Jägerzeile, später Praterstraße). Louise Markbreiter, die Mutter, entstammte einer Familie, die schon seit einiger Zeit in Wien zu Ansehen und einiger Wohlhabenheit gekommen war, während der Vater, Johann Schnitzler, aus einem ungarischen Dorf in die Hauptstadt übergesiedelt war. Möglicherweise trug die Familie noch zu Lebzeiten des Großvaters den Namen Zimmermann; sicher ist, daß der Großvater (Josef Schnitzler, gestorben 1863)

---

* Die hochgestellten Ziffern verweisen auf die Anmerkungen S. 128 f.

«Zu Wien, in der Praterstraße ... kam ich am 15. Mai 1862 zur Welt.» Die erste Seite von Schnitzlers Autobiographie, begonnen am 25. Mai 1915. Sie sollte «Leben und Nachklang – Werk und Widerhall» heißen. 1968 erschien sie als Buch unter dem Titel «Jugend in Wien»

mit den Seinen zeitlebens in beschränkten, ja dürftigen Verhältnissen[3] lebte.

Jedenfalls zog es Schnitzler nie zu den geographischen Ursprüngen seiner Familie; als Kind hat er dem Geburtsort des Vaters, Groß-Kanizsa (Nagykanizsa), einen einzigen Besuch abgestattet; wichtiger als die wenigen Erinnerungen, die von diesem Besuch zurückblieben – *ein Hof mit Hühnern, ein Bretterzaun, in dessen nächster Nähe die Eisenbahn vorbeilief, der in der Ferne verhallende Pfiff einer Lokomotive*[4] –, dürfte die Geringfügigkeit selbst dieser Erinnerungsspur geworden sein: wahrscheinlich trug sie wesentlich bei zu der lebenslang beibehaltenen Ablehnung des Zionismus, jener *fragwürdigen Auffassung ... nach der jemand, der in einem bestimmten Land geboren, dort aufgewachsen, dort dauernd tätig ist, ein anderes Land – nicht etwa eines, in dem vor*

Jahrzehnten seine Eltern und Großeltern, sondern eines, wo seine Ururahnen vor Jahrtausenden zu Hause waren – nicht allein aus politischen, sozialen, ökonomischen Gründen (worüber sich immerhin diskutieren ließe), sondern auch *g e f ü h l s m ä ß i g* als seine eigentliche Heimat zu betrachten habe [5]. An dieser früh erreichten Position – sie ist die der meisten liberal-großbürgerlichen Juden – hielt Schnitzler fest; ihr liegt zugrunde: nicht Verleugnung der eigenen Abstammung (zu ihr hatte Schnitzler ein sehr unbefangenes Verhältnis, und die Über-Assimilierten waren ihm beinahe so suspekt wie die genuinen Antisemiten), sondern die aufklärerische Überzeugung von der Autonomie des Individuums, mit der vorrationale Bindungen, Vorstellungen von überindividueller Determination, unvereinbar waren. Wo immer von Schnitzlers Determinismus die Rede ist, wo er selbst von *Kausalitätsketten* [6] spricht, wo also der Einfluß der positivistischen Naturwissenschaften des ausgehenden 19. Jahrhunderts sichtbar wird: darf die zweite Grundposition, die liberal-aufklärerische, nicht übersehen werden, für Schnitzler ein Stück intakter, bis ins 18. Jahrhundert reichender Tradition.

Arthur Schnitzler wuchs auf in einer Zeit, in der die Traditionen zusehends unkräftiger wurden und die psychischen und sozialen Zwänge im Gefolge des enger werdenden ökonomischen Netzes an Gewalt zunahmen. Konjunktur und Krise – der knapp Elfjährige erlebt ihre beinah symbolisch nachbarlichen Manifestationen, als, wenige Tage nach Eröffnung der Wiener Weltausstellung am 1. Mai 1873, *die ökonomische Katastrophe eintritt, die unter dem Namen «Der große Krach» berüchtigt geblieben ist, in der mit manch anderen unschuldigen Opfern auch mein Vater alles verlor, was er bis dahin erspart hatte, und die mich ... sogar zu fünf, wahrscheinlich humoristisch gedachten Szenen begeisterte* [7]. Die unterschwellige Folge dieser Katastrophe für das Bewußtsein der Zeitgenossen, der Einbruch des scheinbar Irrationalen in die so vernünftig geordnete Welt, ist kaum zu überschätzen. Die Katastrophe wurde verdrängt, ihre Narben blieben sichtbar in den folgen-

Die Praterstraße

den Jahrzehnten regelmäßig zunehmender Prosperität: die Epoche der Sicherheit ist zugleich die der Versicherungen gegen jede nur denkbare Unbill.[8] Schnitzlers Mißtrauen gegen die Wirklichkeit des Wirklichen, seine Weigerung, Traum und Realität streng auseinanderzuhalten, *Sicherheit ist nirgends* [9]: wie sollten diese Vorstellungen gänzlich unbeeinflußt sein von dem sozialen Trauma, das über Jahre wirksam blieb. Unbeeinflußt allerdings auch nicht vom Theater.

Allerdings das Theater. Es war eine gesellschaftliche Institution in dem strengen Sinne, daß in ihm die wirtschaftlich und politisch entscheidende Schicht der Monarchie, das liberale Großbürgertum, seine Identität fand; man müßte bis zum klassischen Drama des französischen Absolutismus zurückgehen, um zu einer ähnlichen Deckungsgleichheit der Interessen von Theater und Publikum zu gelangen. Was die besondere Stellung des Burgtheaters ausmachte, war, daß nicht nur das Publikum im Theater sein eigenes Weltbild wiedererkannte, sondern daß auch, umgekehrt, das Theater, die Schauspieler, normbildend auf das Publikum zurückwirkten; der Schauspieler Sonnenthal soll sich mokiert haben, ein Graf wisse ihn auf der Straße noch immer nicht angemessen zu grüßen, obwohl er ihm seit Jahren die elegante Form des Grußes auf der Bühne vormache. Diese Wechselwirkung dürfte das Theater zu einem der stabilsten Faktoren inmitten einer politisch unstabilen Ordnung gemacht haben.

Irreführend ist der Vergleich mit dem klassischen französischen Theater jedoch insofern, als die Wiener Theatersphäre sich gerade nicht durch strenge Exklusivität, durch Beschränkung auf eine homogene, genau definierbare Schicht auszeichnete. Wenn der Ministerpräsident durch die Innere Stadt gehen konnte, ohne besonderes Aufsehen zu erregen, die Hofschauspielerin, die Opernsängerin jedoch von jedem Fiaker, jeder Verkäuferin erkannt wurde [10], dann war genau das eingetreten, was, ein Jahrhundert zuvor, in der Übergangsperiode von der feudalen zur bürgerlichen Welt, dem jungen Wilhelm Meister vorgeschwebt hatte: war Öffentlichkeit damals auf Aristokraten beschränkt, so forderte nun, seiner zunehmenden Bedeutung entsprechend, das Bürgertum seinen Teil an ihr. Die Schwierigkeit, die sich hierbei ergab: wie Öffentlichkeit von einer Schicht getragen werden sollte, die sich politisch noch gar nicht konsolidiert hatte, löste Meister, indem er die Aufgabe, bürgerliche Öffentlichkeit zu repräsentieren, dem Schauspieler übertrug [11]: an Stelle realer bürgerlicher Selbstverwirklichung nur ihre ästhetische Statthalterschaft. Immerhin, ein Anfang schien gemacht: die bürgerliche Realität hätte sich am ästhetischen Schein orientieren, hätte ihn einholen sollen; dem Nationaltheater wäre der Nationalstaat gefolgt, die Überwindung feudaler Partikularität. Hinter «fin de siècle», «Wiener décadence», verbirgt sich die altgewordene Utopie: noch immer ästhetischer Schein statt bürgerlicher Emanzipation, nur daß jetzt, was ursprünglich auf gesellschaftliche Realisierung aus war, nach innen gewandt ist, als Neigung zur subtilen Selbstanalyse. Politische Richtungslosigkeit und subtile Sicherheit des Geschmacks, ein entpolitisiertes öffentliches Leben und eine kaum noch vorstellbare kulturelle Produktivität bedingten einander.

Wuchs der um zwölf Jahre jüngere Hofmannsthal in einer Art kultureller Treibhausatmosphäre auf, vom Vater dazu bestimmt, die abendländische Kultur systematisch in sich aufzunehmen (l'art pour l'art nicht nur als Kunst-, sondern beinahe schon als Lebensmaxime), so schien im Verhältnis, das Schnitzlers Vater gegenüber der Kunst entwickelte, noch das gebildete Publikum des 18. Jahrhunderts nachzuwirken. Regierungsrat Professor Dr. *Johann Schnitzler war binnen weniger Jahre zu einer ziemlich ansehnlichen Privatpraxis gelangt, wobei ihm außer seinen Kenntnissen seine angeborene Liebenswürdigkeit und Weltklugheit, der es am Ende nur an tieferer Menschenkenntnis gebrach, vor allem zustatten kam* [12]. Wie er seine zweifellos vorhandene *schriftstellerische und journalistische Begabung* [13] praktisch einsetzte, indem er bis zu seinem Tode (1893) mehrere medizinische Fachzeitschriften betreute, so war ihm an der Kunst wohl eher der *gesellschaftliche Dunstkreis* [14] wichtig, die dankbar ergriffene Gelegenheit, die sie bot, sich als Arzt mit kultivierten Umgangsformen Einlaß in höhere, vor allem auch aristokratische Gesellschaftsschichten zu verschaffen. Zweifellos spielt in Johann Schnitzlers fast noch frühbürgerlichem Verhalten die noch selbst erfahrene ungarische Provinz, aus der es sich in die Hauptstadt emporzuarbeiten galt, eine Rolle. Im übrigen scheint Johann Schnitzler ein getreuer Parteigänger der Liberalen gewesen zu sein. Nicht unbedingt im Sinne der Anhängerschaft einer bestimmten politischen Partei; in diesem – politisch definierbaren – Sinne ging es mit den Liberalen ohnehin bergab, seit sie mit der Konstitution von 1867 ihr wesentliches Ziel erreicht hatten und nun in ruhigere, mehr und mehr konservative Gewässer abdrifteten, bis sie dann, seit den achtziger Jahren, von den aggressiveren, auch nationalistische Töne einsetzenden Christlichsozialen und Deutschnationalen in die parteipolitische Bedeutungslosigkeit abgedrängt wurden. Eher zählte Johann Schnitzler zu jenen wirtschaftlich erfolgreichen Großbürgern, für die privates Raisonnieren und politisches Handeln immer entschiedener in zwei grundsätzlich voneinander getrennte Bereiche zerfielen. *Zur Lektüre belletristischer Werke, schreibt der Sohn später, fand mein Vater bei seiner ausgebreiteten Tätigkeit nicht viel Zeit, und seine Urteile deckten sich im ganzen mit denen der kompakten Majorität, als deren Organ auch damals schon die «Neue Freie Presse» gelten konnte, und die durchaus nicht immer die falschesten waren.* [15] Die wenigen Worte sind ein Muster der anspielungsreichen Schnitzlerschen Charakterisierungskunst, deren Skepsis den eigenen Standpunkt miteinbezieht (und so eingesteht, daß sie selbst ein Produkt jener liberalen Atmosphäre ist). Jedenfalls dürfte es Schnitzler nicht entgangen sein, daß das Wort von der *kompakten Majorität* zuerst im Munde des Altliberalen Doktor Stockmann (Ibsens «Volksfeind») auftaucht. Die kompakte Majorität: das bedeutet die Herrschaft des allzu gesunden Menschenverstandes. Deshalb muß, wer Schnitzlers Satz ganz verstehen will, noch die Antwort von Frau Stockmann präsent haben: «Das ist ja grad das Unglück, daß du so was Ekliges hinter dir hast.» [16]

Daß der Autor Schnitzler in späteren Jahren so deutlich den Zerfall der bürgerlichen Familie – bei aller Intaktheit der Fassade – aufzeichnen

Die Eltern Johann und Louise Schnitzler mit Arthur

konnte, hängt wohl damit zusammen, daß Spuren des Zerfalls schon in Schnitzlers Familie selbst sichtbar wurden. An Arthur Schnitzler scheint die These sich zu bestätigen, daß die sich emanzipierenden Juden den Entwicklungsprozeß des Bürgertums in kurzer Zeit noch einmal durchlaufen, wodurch die durch Anpassung erworbene Vertrautheit mit den bürgerlichen Verhältnissen wie die kritische Distanz zu ihnen entstehen.[17] Dagegen ging sein Vater noch durchaus kritiklos in dem erreichten Status auf, wenn auch die − aus der zum Prinzip erhobenen Konkurrenzsituation stammende − Kälte im Verhältnis zu den anderen, der Preis des liberalen Fortschritts, sich ansatzweise schon bei Johann Schnitzler zeigte. So bezeichnet der Sohn es als die *Atmosphäre* des Elternhauses, daß in ihm *bei aller auch um ihrer selbst willen geübten und ersprießlichen Tätigkeit die Anerkennung für wichtiger galt als die Leistung und die Meinung der Welt höher gewertet wurde als die Selbsterkenntnis* [18]. *Im ganzen war der Charakter unserer Beziehungen damals und noch viele Jahre hindurch eher als herzlich, denn als innig zu bezeichnen, was überhaupt auf die in unserer Häuslichkeit herrschende seelische Grundstimmung zutreffen dürfte. Bei aller Zärtlichkeit, deren wir uns von den Eltern zu erfreuen hatten, bei aller Sorgfalt, die auf unseren Unterricht − mehr auf diesen als auf unsere Erziehung im weiteren Sinn − verwendet wurde, war mein Vater nach Anlage, Beruf und Streben … doch so sehr von sich selbst erfüllt, ja auf sich angewiesen, und die Mutter in all ihrer hausfraulichen Tüchtigkeit und Übergeschäftigkeit hatte sich seiner Art und seinen Interessen so völlig und bis zur Selbstentäußerung angepaßt, daß sie beide an der inneren Entwicklung ihrer Kinder viel weniger Anteil zu nehmen vermochten und dieser Entwicklung vor allem viel weniger echtes und befruchtendes Verständnis entgegenbrachten, als sie sich jemals einzugestehen auch nur fähig gewesen wären.*[19]

Nun zeigt allerdings gerade die Tatsache, daß die Mutter in ihrer auf das Familienoberhaupt ausgerichteten Rolle aufgeht, ein gespenstisches Ergebnis: die Mutter erscheint in Schnitzlers Autobiographie nicht. Während der Vater, während andere Familienmitglieder in ihren beruflichen wie privaten Tätigkeiten ausführlich dargestellt werden, findet sich über die Mutter Louise Schnitzler, geborene Markbreiter (1838−1911) keine Äußerung, die über die bloße Erwähnung hinausginge − ein Phänomen, das um so bemerkenswerter ist, als die Autobiographie, wenigstens in der äußeren Anlage, den «klassischen» Exemplaren dieser Gattung nicht unähnlich ist.[20] Hier hat sich, dem Autor wahrscheinlich unbewußt, inhaltlich niedergeschlagen, was Schnitzler als *Selbstentäußerung* bezeichnete: die völlige Identifizierung der eigenen Interessen mit denen des Ehemannes. Die «Ausfallserscheinung» in der Autobiographie markiert exakt den Verlust der Identität der Frau in der patriarchalisch geordneten Welt; sie ist um so bestürzender, als Schnitzlers Verhältnis zu seiner Mutter, dem Tagebuch nach zu urteilen, im wesentlichen ungetrübt war.

Um so stärker wird die Familie, der sie entstammte, in den Vordergrund gerückt. Die Verwandten der Mutter, seit längerer Zeit in Wien ansässig, bildeten den großbürgerlichen Rahmen, an dem der Vater sich vermutlich ausrichtete. Philipp Markbreiter, der Großvater, *Doktor der Medizin und Philosophie, war in früheren Jahren ein sehr gesuchter praktischer Arzt gewesen, überdies in seinen Mußestunden vortrefflicher Pianist*; allerdings verfiel er der *Leidenschaft des Spiels* und von einer ziemlich frühen Epoche seines Lebens an *vergeudete er alles, was er besaß und erwarb, in der kleinen Lotterie oder in Börsenspekulationen* [21], so daß sich in seinen späteren Jahren die Geldverlegenheiten häuften. Solider ging es dagegen zu in der Familie Schey, der die Großmutter, Amalia Schey, entstammte; deren Wohlstand ging bis auf die Anfänge des 19. Jahrhunderts zurück, so daß hier Besitz und Bildung schon jene enge Verbindung eingegangen waren, die das großbürgerliche Selbstverständnis ausmachten; jedenfalls ist es kein Zufall, wenn es Schnitzler schwer wurde, in der Erinnerung an Philipp Schey (gestorben 1880), einen jüngeren Bruder des Urgroßvaters, *seine imposante und etwas einschüchternde Erscheinung und die des alten geheimrätlichen Goethe auseinanderzuhalten* [22]. In dieser Familie fand Schnitzler offenbar jene verschiedenartigen Ausprägungen des jüdischen Großbürgertums vor, die später seine schriftstellerische Aufmerksamkeit erregte: *Bankiers, Offiziere, Gelehrte, Landwirte gehen aus ihm hervor; auch an Originalen fehlt es nicht, in denen der Typus des jüdischen Patriarchen und des Aristokraten, des Agenten und des Kavaliers sich eigenartig vermischen; manche der jüngeren und jüngsten Sprosse unterscheiden sich von den Abkömmlingen altadeliger Geschlechter höchstens durch ein Mehr an Witz und die rasseneigentümliche Neigung zur Selbstironie; auch unter den Frauen und Mädchen – neben solchen, die in Ansehen und Gehaben ihren Ursprung nicht verleugnen wollen oder können – erscheint das Sportfräulein und die Modedame; und es versteht sich von selbst, daß in den Regionen . . . der Snobismus, die Weltkrankheit unserer Epoche, ausnehmend günstige Entwicklungsbedingungen vorfinden mußte.* [23] Hier ist bereits das Personal seines Romans *Der Weg ins Freie* versammelt. Daß von den religiösen Traditionen wenig mehr geblieben war als das eher äußerliche Festhalten an einzelnen rituellen Überlieferungen, war ebenfalls nicht untypisch.

Die erste Berührung mit der Sphäre des Theaters fällt in eine sehr frühe Phase: die Großeltern Markbreiter wohnten während der sechziger Jahre im Gebäude des Carl-Theaters, und so wird die (nicht ungewöhnliche) frühe Bekanntschaft mit der Bühne ergänzt durch die besondere Perspektive, die vielleicht schon bedeutsam wurde für die später immer wieder variierte Thematik von Leben und Spiel, von Illusion und Realität, deren Verhältnis zueinander keineswegs feststehe. Es ist die Perspektive nicht auf die Bühne direkt, sondern auf den Bereich hinter den Kulissen. – Frühe Erinnerungen überleben in der Regel als prägnante Bilder – gleichgültig, ob sie auf konkrete, abgrenzbare Erinnerungen zurückgehen oder ob in ihnen disparate Momente der erlebten Realität «verdichtet» werden. Jedenfalls erscheinen fast alle frühen Erinnerungen Schnitzlers in Gestalt solcher Bilder. *Meine erste Erinnerung auf theatralischem Gebiete aber ist die an einen Schauspieler in Altwiener Tracht, den ich unter dem Glasdach, auf das ich unter dem Hoffenster der großelterlichen Wohnung hinunterblickte, von den Garderoberäu-*

14

Arthur Schnitzler mit seinen Geschwistern Julius und Gisela

men aus, mit einer Tragbutte auf dem Rücken, zur Bühne hinwandeln
sah. Diese Figur wieder fließt für mich zusammen mit einer andern, die
in ähnlichem Kostüm auf den Vorhang des Theaters an der Wien gemalt
ist und den Komiker Scholz vorstellen soll, dessen Urbild also, wenn er
damals überhaupt noch am Leben war, durch jenen Garderobengang an
meinem Kinderaug geisterhaft vorübergeschwebt sein mag.[24] Daß dieser besonderen Perspektive entscheidende Wirkung zugekommen sein
mag, spricht Schnitzler selbst aus, wenn er sich daran erinnert, wie bei
späteren Theaterbesuchen Schauspieler, hinter den Kulissen verborgen,
Grüße in die Loge des notorisch theaterfreundlichen Arztes Johann
Schnitzler winkten: *Doch bei aller Verwunderung hatte ich keineswegs
das Gefühl, auf schmerzliche Weise aus einer Illusion gerissen worden
zu sein … Ja, dieses kleine Erlebnis mag in all seiner Geringfügigkeit
das Seine zu der Entwicklung jenes Grundmotivs vom Ineinanderflie-*

*ßen von Ernst und Spiel, Leben und Komödie, Wahrheit und Lüge bei-
getragen haben, das mich immer wieder, auch jenseits alles Theaters
und aller Theaterei, ja über alle Kunst hinaus, bewegt und beschäftigt
hat.*[25]

Die Geschichte der Kinderfräulein in großbürgerlichen Häusern und
ihres Einflusses ist noch nicht geschrieben. Was die Kindermädchen jener Epoche zu so etwas wie kulturellen Institutionen werden ließ, war
wohl die Tatsache, daß für sie Gartenlaube und Klassik noch nicht
streng voneinander getrennte Bereiche waren; *Briefe, deren gebildeter,
häufig überschwänglicher Ton und Stil die klassisch angehauchte Vergangenheit* [26] nie verleugne, empfängt Schnitzler noch 1916 von seinem
Fräulein mit dem reichsdeutschen Namen Bertha Lehmann, der in der
Autobiographie mehr Platz eingeräumt wird als der Mutter. Ihr verdankt Schnitzler die frühe Kenntnis von Lessing, Schiller, Shakespeare
durch zahllose Reclam-Heftchen; die Berührung mit der *Wiener Volks-
stückatmosphäre, die ihn, ohne daß ich mir dessen bewußt wurde, sofort gefangennahm* [27]. Klassik, dazu das Theater in seiner sinnlichsten
Gestalt – das war das eine. Das andere: der *Liebesroman des Kinder-
mädchens*, den der sich schlafend stellende Knabe kennenlernt, als Bertha Lehmann den Brief eines Leutnants der Hausnäherin *stolz und er-
griffen* vorliest. *Insbesondere die wohlgesetzte Phrase «Sie werden meine Worte nicht auf die Waagschale legen» verfehlte nicht ihren Eindruck auf mein erwachendes Stilgefühl, was mich jedoch nicht abhielt,
am nächsten Morgen meine Erzieherin durch eine plötzliche hämische
Zitierung jenes Satzes in Verlegenheit zu bringen.*[28] Statt von erwa-
chendem Stilgefühl wäre hier mit gleichem Recht von erwachender Erotik zu reden: für den künftigen Dichter geht beides, Erotik und Sprache,
in eins über. Nicht weniger bedeutsam ist, daß diese Verbindung sofort
als Waffe im Kampf gegen den sexuellen Rivalen (denn um nichts anderes handelt es sich) gewendet wird, und zwar durch die Entlarvung
der Phrase als Phrase: die Inadäquatheit von Inhalt und sprachlichem
Ausdruck kann zu seinem Vorteil verfügbar machen, wer, durch die
soziale Herkunft bevorzugt, mit der Sprache inniger vertraut ist.

So sind es fast durchweg Erlebnisse im privaten Bereich, die den jungen Schnitzler prägen. Kaum war die Schule in der Lage, ihm entscheidende Einsichten oder Anregungen zu vermitteln. Ihre Funktion: die
Normen, die ein Staatsgebilde zusammenhalten, so getreu wie möglich
in der nachrückenden Generation zu verankern, zwang sie, in dem brü-
chigen Staatsgebilde besonders starre Formen der Unterdrückung zu
entwickeln. Sie war eine «Lernkaserne», ein «kalter Lernapparat, der
sich nie an dem Individuum regulierte und nur wie ein Automat mit
Ziffern ‹gut, genügend, ungenügend› aufzeigte, wie weit man den ‹An-
forderungen› des Lehrplans entsprochen hatte»[29]. Sein mit den Jahren
entwickeltes Geschick, auf die Lieblingsfrage des Deutsch- und Ge-
schichtslehrers Ludwig Blume «*Wer kann mir die deutschen Kaiser auf-
zählen?*» möglichst häufig aufgerufen zu werden, brachte Schnitzler
schließlich die Genugtuung ein, von der mündlichen Abiturprüfung in
Geschichte freigestellt zu werden.[30] Karl Kraus ist nicht denkbar ohne
die Schule: seine strenge Polemik gäbe es nicht ohne die Erinnerung an

16

Karl Kraus
als Tertianer

das Notenbuch des allmächtigen Lehrers, und seine Überzeugung, daß es um die Ordnung der Welt besser stünde, wäre nur jeder Beistrich an seinem Platz, ist gewonnen an dem Lehrplan, der um des Lehrplans willen da ist. Kraus hat die Normen der Schule so sehr verinnerlicht, daß sie schließlich zur moralischen Instanz wurden und in dem Augenblick ihre Sprengkraft entwickelten, als für den Herangewachsenen erkennbar wurde, daß außerhalb der Schule die Gesellschaft es mit ihnen keineswegs so genau nahm. Kraus ist die Ausnahme, in der die Unterwerfung fruchtbar wurde. Daß Schnitzler sich der ritualisierten Ordnung bedienen konnte, indem er sich nur scheinbar ihr unterwarf, mag damit zusammenhängen, daß ihm, dem Sohn aus wohlhabender Familie, die Bekanntschaft mit dem institutionalisierten Zwang jahrelang erspart geblieben war: in den ersten Jahren wurde er von Hauslehrern unterrichtet; die unbewußte Erfahrung, daß sie abhängig waren von der ökonomischen Macht des Vaters, hat es wohl ermöglicht, daß er später in seinen Lehrern keine unfehlbaren Autoritäten sehen mußte, als die sie selbst – durchaus im Interesse des Staates – sich nur allzu gern sahen. Jedenfalls ist die Erfahrung charakteristisch, die Schnitzler im Herbst 1871 macht, als er in das renommierte Akademische Gymnasium (die Schule Grillparzers) eintritt: als er zum erstenmal vor dem alten Professor Windisch steht, *wohlgesittet ... den Strohhut in der Hand ... in leicht geneigter Haltung,* ist er sich *eines lauen Gefühls von Ergebenheit und Devotion bewußt, dessen ich mich zugleich ein wenig schämte.* So lebendig bleibt für ihn dieser Augenblick, daß noch acht Jahre später (in dem romantischen Trauerspiel *Aegidius*) die Verse auf diese Erfahrung zurückgehen.[31] Es ist das klassische Symptom der Versuchung, zum Feind überzulaufen, das Schnitzler hier an sich selbst feststellt, als er sich zum erstenmal einer gesellschaftlichen Gewalt ausgeliefert sieht, die der Familie übergeordnet ist. *Eine gewisse frondierende Grundstimmung* seines Wesens führt er noch nach Jahrzehnten auf diesen Augenblick einer *ersten inneren Auflehnung gegenüber einer mir selbst sofort verächtlich erscheinenden Gemütsregung* [32] zurück. Es ist kein Zufall, wenn hier auch zum erstenmal die Formel erscheint vom *Gerichtstag halten über sich selbst* [33], Ibsens Definition der Tätigkeit des Dichters. Selbstbeobachtung – aber nicht, wie bei den Zeitgenossen beliebt, zum Zwecke eitler Selbstgenügsamkeit, sondern verbunden mit kritischer Distanzierung: das ist die Grundtendenz für Schnitzlers Arbeiten geblieben. Jedenfalls bleibt festzuhalten, daß das eigene Ich sich bewahrt in seiner Eigenständigkeit in dem Augenblick, da es zum erstenmal einer gesellschaftlichen Institution konfrontiert wird.

Schlug in der Schule sich das Prinzip einer niedergehenden Gesellschaftsordnung in Gestalt erstarrter Lehrpläne, ritualisierter Lehrvorgänge nieder, so war es nur folgerichtig, daß in ihr die Entzweiung von Individuum und Gesellschaft schon bald schockartig gespürt wurde. Das «Gefühl der unauflösbaren Verbundenheit, der Zusammengehörigkeit mit der Außenwelt»[34], das für das Kind kennzeichnend ist, und bei dessen Zerfall erst das Ich durch Abgrenzung sich bildet, ging für Schnitzler schon zu Beginn dieser Zeit verloren. *In widerwärtiger Erinnerung blieb mir ferner der Schönschreib- und Zeichenlehrer Fallenböck, ein geckenhafter Herr mit rötlichem Knebelbart; und nie vergesse ich den hämisch-vernichtenden Blick, mit dem er sich nach mir umwandte, als ich einmal, wie ich es von meinem Hauslehrer gewohnt war, in Zerstreutheit meinen Kinderarm um seinen Nacken geschlungen hatte, während er auf dem Katheder mein Heft korrigierte.*[35] Als Erlebnis ist die kleine Szene individuell und zufällig; als Erfahrungsgehalt allerdings übersteigt sie diesen Bereich: in der Autobiographie beweisen sich die Auswahlmechanismen des Gedächtnisses als Ratifizierungsinstanz gesellschaftlich bedeutsamer Erlebnisse. Kaum eignet sich denn auch, was Schnitzler von der Schule zu berichten weiß – die Gestalt des Lateinlehrers Johann Auer und weniger anderer ausgenommen –, die Fiktion einer Erziehung zu universaler Humanität, zur Versöhnung des einzelnen mit der Gesellschaft – wie das humanistische Gymnasium seinen Bildungsauftrag verstand – zu bestätigen. Daß Schnitzler *ein etwas bequemer, ehrgeizloser und recht eigentlich oberflächlicher Schüler gewesen* [36] sei, mag ein durch die selbstkritische Reflexion zugespitzter Eindruck sein; insgesamt aber gibt er doch treffend das Verhältnis des Schülers zu einer Institution wieder, die längst an der Realität wie an den Interessen der Schüler vorbeiging.

Trotzdem bringt der Abschluß der Schulzeit (im Juli 1879) noch keine Wende in seinem Leben. Zwar ist die Richtung seit langem festgelegt – *die ganze Atmosphäre unseres Hauses* [37] disponierte den Sohn des berühmten Arztes zum Medizinstudium –, indessen scheint gerade diese Vorherbestimmung auch Widerstände gegen das Studium bewirkt zu haben. Da ist einmal die Verstimmung darüber, von der Umwelt als Protegé seines Vaters nicht ernstgenommen zu werden; vor allem aber das Fehlen eines ausgeprägten Interesses für die Gegenstände der Naturwissenschaften, was allerdings weniger – wie die spätere Entwicklung zeigt – auf eine besondere Veranlagung als vielmehr auf die Verödung des Naturbegriffs durch die vorherrschende positivistische Wissenschaft zurückzuführen ist. Wenn Schnitzler wiederholt bedauert, daß weder der Lehrplan noch die häusliche Erziehung auf das *Sehen- und Schauenlernen* [38] angelegt waren, dann ist damit die Vorherrschaft des bloß quantifizierenden Begriffs über die Anschauung, des Gesetzes über das lebendige Detail angedeutet. Deshalb mußten vorerst auch die Ausbruchsversuche in diesen Bereich unbefriedigend bleiben. Zwar herrschte an poetischen Versuchen lyrischer und dramatischer Art seit langem kein Mangel; aus dem Juli 1873 stammt das erste erhaltene Gedicht (*Rom in Brand*). Im Mai 1880 notiert der junge Poet: *Somit hab ich bis auf den heutigen Tag zu Ende geschrieben 23, begonnen 13 Dramen, soweit ich mich erinnere.*[39] Trotzdem ist die Entschiedenheit trügerisch, mit der der Studienanfänger sich selbst versichert: *Ich fühl' es schon, die Wissenschaft wird mir nie das werden, was mir die Kunst schon jetzt ist.*[40] In Wirklichkeit hielt auch die Überzeugung, auf literarischem Gebiet etwas leisten zu können, wenig stand. Tatsächlich ist die frühe lyrische Produktion nicht zu retten. Wenn Schnitzler aus der Distanz von der *vagen, poetisch-sentimentalen* Weise [41] spricht, in der er sich zu jener Zeit zur Natur verhielt, dann wird dieses Urteil bestätigt durch den durchaus abgeleiteten, teils an Eichendorff, überwiegend jedoch an Heine orientierten Charakter dieser Dichtungen; an Heine erinnern der oft forcierte Witz, vor allem aber das Hantieren mit Stimmungen, mit denen wahllos ergriffene Naturbilder behängt werden. Heines planvolles, artistisches Zertrümmern der Natur in einzelne atomisierte Bildchen: ein Verfahren, das nach der «Kunstperiode» seinen genauen, historischen wie literarischen, Sinn hatte, ist bei Schnitzler bloß vordergründig, als feuilletonistische Manier, abgelöst von den Inhalten, übernommen: die positivistisch entqualifizierte Natur kehrt wieder in schlecht poetisierenden Versatzstücken. Alles spricht dafür, daß Schnitzler der quälenden Unentschiedenheit zwischen Medizin und Literatur erst dann entrinnen konnte, als er die zeitgenössische naturwissenschaftliche Konzeption überwunden hatte; dann allerdings war es auch nichts weniger als *paradox . . . wenn die zweifellos gleichfalls vorhandenen ärztlichen Elemente* seiner Natur *um so entschiedener . . . zur Entwicklung kommen konnten, je mehr ich mich dem Bereich ärztlicher Verpflichtungen und Verantwortungen entrückt fühlen durfte* [42].

Zunächst allerdings galt es, die Fähigkeiten erst zu erwerben, um ärztlichen Verpflichtungen nachkommen zu können. Neben der fehlenden Beziehung zum Studienfach (mit Ausnahme der Nervenpathologie) schreckt die Vorstellung, sich auf eine bürgerlich eintönige Laufbahn vorzubereiten: *Oh ich fühls – ich bin kein Mensch, der zum Studium taugt. Wenn ich nur so sehr Künstler wäre, als ich Künstlernatur bin.*

Arthur Schnitzler, um 1878

Aber in ein paar Jahren werde ich vielleicht auf dem Punkt stehen, wo ich einsehe, daß ich nicht zu diesem nicht zu jenem tauge –, und meine Zukunft wird sein: ein mittelmäßiger Arzt zu werden! [43] Andererseits bleibt jedoch die Auflehnung gegen alles Bürgerliche durchaus im Bereich jenes zeitgemäßen bohèmeähnlichen Protestverhaltens, das selbst bürgerlichen Ursprungs war.[44] Der Protest gefällt sich in betonter Nachlässigkeit (*Warf ein, zwei Blicke in Hufelands Makrobiologie. Da müßt man ja vor lauter Vorsicht ein Hundeleben führen* [45]), zuweilen in jenem etwas seichten, bei Medizinern nicht untypischen Zynismus (*Ich bin im Secirsaal gewöhnlich sehr gesprächig und gut gelaunt* [46]), hinter dem die zurückgedrängte Furcht vor dem Gegenstand wie die Faszination durch ihn verborgen sind. Trotzdem wird das Ergebnis einer Zwischenprüfung mit unverhohlenem Stolz festgehalten: *Dienstag Abd. – Bekam bei sothaner Prüfung Auszeichnung. Kann mir das immer nicht abgewöhnen.*[47]

Wenn Schnitzler sich in dieser Haltung auch kaum von seinen Studienkollegen unterscheidet, wohlsituierten Bürgersöhnen, die nicht davor zurückschrecken, einem durch gewissenhafte Arbeit fortgeschrittenen Kommilitonen, der sich kaum erst aus dem Provinzgetto hervorgearbeitet hat, in einer Nacht die mühsam durch häusliche Lektionen zusammengebrachten Prüfungsgebühren im Spiel abzunehmen [48], so fällt doch die quälende Regelmäßigkeit auf, mit der Schnitzler im Tagebuch von der ihn heimsuchenden Langeweile berichtet: *Ich bin mir selbst zuwider. – Mein Gemüt geht leer aus – oder was im Gemüt ist, drängt sich krankhaft vor.*[49] *– Wesenlosigkeit des Lebens! – Wie doch eigentlich alles nur geschieht, der Langeweile zu entfliehen.*[50] *Ich bin ein larmoyanter Kerl mit 18 Jahren.*[51]

Schnitzlers Gemütszustand in den ersten Jahren des Studiums wäre mit dem Begriff des «Weltschmerzes» recht treffend zu charakterisieren: eines Zustands, der bedingt ist durch ebenso intensive wie fruchtlose Selbstbespiegelung, die die Außenwelt nahezu vollständig vom eigenen Ich fernhält: ein Leiden, das deshalb des verschmockten Selbstgenusses bedarf, um mehr schlecht als recht bewältigt zu werden. Aber gerade dieser Selbstgenuß, das scheinbar subjektivste und den Außenstehenden am unangenehmsten berührende Moment jenes Weltschmerzes, weist auf seine gesellschaftliche Vermitteltheit hin. Schnitzlers «Jugend in Wien» fällt in eine Zeit, in der der Liberalismus, dessen Geist das öffentliche Leben noch auf Jahre hinaus prägte, als politische Kraft längst in immer rascherem Niedergang begriffen war. Seit der niedergeschlagenen Revolution, spätestens aber seit der Verfassung von 1867, die der deutsch-österreichischen Oberschicht, nicht zuletzt durch das Kurien-Wahlsystem, die unerschütterlich scheinende Vorherrschaft bestätigt hatte, konnten die Liberalen nicht mehr die fortschrittliche politische Kraft sein, die sie einmal waren. Ihre Hauptaufgabe mußte die Wahrung des erreichten Besitzstandes einer kleinen Schicht sein; so wurde auch das berühmte Wort vom «Fortwursteln» nicht etwa von einem Kritiker des Systems geprägt, sondern von einem seiner Repräsentanten, dem Ministerpräsidenten Graf Eduard Taaffe. Daß der Geist des Liberalismus in der Presse beherrschend blieb; daß bis in die letzten Jahre der Monarchie, als die politische Macht längst an die Christlichsozialen und Deutschnationalen übergegangen war, die die Interessen der orientierungslos gewordenen Kleinbürger nach ihren Ideologien umbildeten, noch parteipolitisch nicht gebundene Liberale in hohe Staatsstellungen, den Ministerrang eingeschlossen, berufen wurden, machte die Lage nicht übersichtlicher. Wahrscheinlich trug dieses von der historischen Realität abgelöste Überleben des Liberalismus dazu bei, daß der extreme Individualismus noch überdauerte, als das Individuum bereits aufs stärkste bedroht war; Schnitzlers *Professor Bernhardi* ist die am deutlichsten ausgeprägte Verkörperung des tragischen Irrtums, es komme letzten Endes auf den einzelnen an, und zwar ausschließlich auf den einzelnen an.

Der Fluchtweg aus der politischen Perspektivlosigkeit, der den nur wenig später geborenen Zeitgenossen sich öffnete, war für Schnitzler noch nicht begehbar: der der Kunst. Vielleicht machten seine schrift-

Heinrich Heine. Nach einem Gemälde von François Louis Laynand

stellerischen Versuche deshalb so lange keine rechten Fortschritte in diesen Jahren um 1880, einer *literarisch etwas dürftigen oder wenigstens stillen Epoche* [52]. Schon der 1874 geborene Hofmannsthal findet in Hermann Bahr einen eifrigen Propagator; der um knapp zwei Jahrzehnte jüngere Stefan Zweig wächst inmitten einer Generation auf, die die detektivische Aneignung alles Neuen, von den Älteren noch nicht Wahrgenommenen, schon bewußt als Reaktion gegen die erstarrten äußeren Umstände begriff.

Immerhin bringt die militärische Dienstzeit eine Ablenkung von der zwanghaften Reflexion der eigenen Perspektivlosigkeit. Am 1. Oktober 1882 tritt er im Garnisonsspital Nr. 1 seinen Dienst als Einjährig-Freiwilliger an, mit dem Status eines militärärztlichen Eleven. Von patriotischer Begeisterung kann keine Rede sein; schon zwei Jahre zuvor hatte er sein Mißtrauen gegen jede *politische Notwendigkeit* des Militärs formuliert (unter den frühen Äußerungen sind die mit antimilitaristischer Thematik am konsequentesten durchdacht; sie könnten ohne weiteres unter den Notizen erscheinen, in denen er während des Welt-

Als Einjährig-Freiwilliger in der Uniform eines militärärztlichen Eleven, 1882

kriegs seine Ablehnung aller patriotischen Kriegstreiberei begründete). *Die sog. polit. Notwendigkeit ist aktenmäßig systematisirte Habsucht und Betrug. Am allermeisten wird das eigene Volk betrogen – um sein Blut, seine Söhne, sein Glück. Aller Militarismus ist mir in tiefinnerster Seele zuwider.*[53] Immerhin scheint das militärische Ritual, die partielle Entlastung von der Verantwortung für sich selbst, zugleich eine Entlastung von dem zuvor buchstäblich physisch empfundenen gesellschaftlichen Druck (*Mir ist wie einem elastischen Gegenstande, der auf den zehnten Theil seines Volumens zusammengepreßt ist*[54]) mit sich zu bringen. Noch war der Antisemitismus, der gerade während Schnitzlers Studienjahren aggressivere Formen anzunehmen begann, in der militärischen Hierarchie nicht mit dem guten Ton vereinbar.

Wenn überhaupt, dann wäre durch die Lebensform dieses Jahres das populäre Vorurteil wenigstens zum Teil zu rechtfertigen, Schnitzler und der Held seines Einakterzyklus *Anatol* seien identisch. *Sicher mit drei Längen mein Intimo*[55] notiert er über Richard Tausenau, einen der Jugendfreunde. *Leichtsinn* und *Eleganz*[56] bewundert Schnitzler an ihm. Beide Eigenschaften waren Ergebnisse eines *melancholisch-zynischen Weltgefühls*[57]. Den zweifelhaften Strömungen seiner Zeit stand Schnitzler in keinem Lebensalter mit so wenig Distanz gegenüber wie während seines Militärjahres. Leichtsinn und Eleganz, grundiert durch Melancholie: diese Mischung ergibt jene fin de siècle-Stimmung, die, schillerndes Fäulnisprodukt des absterbenden Liberalismus, als «Stimmung» beherrschend blieb für die restlichen Jahrzehnte der habsburgischen Monarchie. Nach einem Gespräch mit Ernest von Koerber, zwischen 1897 und 1916 zweimal Ministerpräsident, hielt Stefan Großmann seinen bestürzenden Eindruck fest: «... er sprach mit einem ungenierten, ich möchte sagen familiären Zynismus und mit einer selbstverständlichen, beinahe schon fröhlichen Resignation über die Atmosphäre von Greisenhaftigkeit, die unter Franz Joseph über dem Lande lagerte, daß man sich zuweilen im Zimmer umsah und sich fragte, ob man wirklich im Hause des ersten Beamten des Reiches sitze.»[58] Im dekadenten Syndrom sind Melancholie und Zynismus nicht voneinander zu trennen, und der Fahrlässigkeit der Regierenden im Umgang mit der Macht entsprach im individuellen Bereich die Leichtfertigkeit, mit der die luetische Infektion weitergegeben wurde: Syphilis als symbolische Krankheit einer Epoche, mit Folgen, die in ihrem katastrophalen Ausmaß erst nach Jahrzehnten sichtbar wurden. Im Tagebuch ist 1883 ein *lustiger Abend*[59] vermerkt, ohne weiteren Kommentar, obwohl allen Freunden, Schnitzler eingeschlossen, klar sein mußte, daß am selben Abend der syphiliskranke Richard Tausenau die Geliebte eines gemeinsamen Bekannten infiziert hatte. Als dreißig Jahre später ein *lallender Paralytiker*, der betrogene Liebhaber, Schnitzler auf der Straße entgegenkommt, erinnert dieser sich an einen bereits früher niedergeschriebenen Satz: *Wir müssen immer einen Dolch blitzen sehen, um zu begreifen, daß ein Mord geschehen sei.*[60] Nichts könnte den sozialpsychologischen Gehalt jener eleganten Melancholie besser aufdecken: den rücksichtslosen Autismus, selbst Folge einer Gesellschaftsordnung, die die Menschen bis zur äußersten Konsequenz voneinander isolierte. In

der Differenz des Tagebuchschreibers und des Autobiographen gegenüber demselben Ereignis liegt die Entwicklung, die Schnitzler durchlief.

Anfang Oktober 1883, nach bestandener Offiziersprüfung, kann Schnitzler dem Militär den Rücken kehren. Die militärische Dienstzeit hatte keine Entwicklung gebracht, allenfalls die Voraussetzung dazu in Form einer entschiedeneren Wendung nach außen, die sich zunächst in einer langen Reihe von mehr oder weniger flüchtigen Liebschaften niederschlug, deren unpersönlichen Charakter Schnitzler später nicht zu Unrecht hervorhob.[61] Die literarische Produktion stagnierte nach wie vor, abgesehen von der – allerdings folgenreichen – Tatsache, daß eine jener Bekanntschaften, eine gewisse Anni, sich als das *eigentliche Urbild des süßen Mädels*[62] im Gedächtnis festsetzte. Im Tagebuch, das hier noch ausführlicher wird als gewöhnlich, scheint eine Vorahnung der zukünftigen literarischen Wiederkehr dieses Mädchens festgehalten (hier noch als *Prototyp einer Grisette* bezeichnet): *Eine schmiegsame, weiche, schlanke Gestalt – ein köstlicher flaumiger Hals, den ich unglaublich gern küsse – ein charmantes Köpfchen mit reichlichem blonden Haar, das vorn ziemlich gekräuselt in die Stirn fällt . . . und am allerhübschesten ist dieses Köpfchen, wenn es mit dem halbzerrauften Haar aus dem Bett hervorlugt. Dunkle Augenbrauen über blaugrauen Augen – über die sich in den süßesten Momenten die Augenlider in lieblicher Müdigkeit schließen – und Lippen voll Wärme und Leben – und so weiter. – Und Geist?* fragt sich der angehende Dichter abschließend, um sich sofort selbst die Antwort zu geben: *Natürlich keinen. Dafür der echteste Mutterwitz – freilich nicht mehr – Aber – ich küsse ja nicht ihren Verstand.*[63]

Literarisch bleiben diese Eindrücke vorerst latent; auch das Verhältnis zur Medizin bleibt distanziert, allerdings bildet sich das *Interesse für Nerven- und Geisteskrankheiten*[64] deutlicher heraus. Der Eifer, mit dem Schnitzler seine Studien fortsetzt, entspricht nicht ganz dem Range der Kapazitäten, bei denen er hört, darunter der Chirurg Billroth und der Ophthalmologe Stellwag. Immerhin wird er am 30. Mai 1885 zum Doktor der gesamten Heilkunde promoviert, und wenn auch das Tagebuch als Ergebnis vor allem die *schändliche Hypochondrie* hervorhebt, *in die mich dies jämmerliche Studium, jämmerlich in Beziehung auf das, wo es hinweist und was es zeigt*[65], so scheint doch die Perspektivlosigkeit nicht mehr unüberwindbar zu sein. In einer – freilich etwas forcierteren – Apostrophe – *Warte, Kerl, ich muß dir noch auf den Grund kommen*[66] – kündigt sich eine neue Wendung nach Innen an, die Entschlossenheit, die eigenen Möglichkeiten zu erkunden. Nicht der Rückfall in die larmoyante Selbstbespiegelung der frühen Jahre ist gemeint, sondern die Selbsterforschung ist jetzt vermittelt durch die Erfahrung der Außenwelt.

Während der Studienjahre Schnitzlers vollzog sich eine gesellschaftliche Veränderung, die später zu größter Bedeutung kommen sollte, zunächst jedoch nur intermittierend sich bemerkbar machte: die Entwicklung des Antisemitismus. Er ist nicht zu trennen vom Zerfall des Liberalismus auf der einen, der Entfaltung der deutschnationalen und christlich-sozialen Bewegung auf der anderen Seite, die etwa seit Beginn der achtziger Jahre das vom Liberalismus zurückgelassene ideologische Vakuum entschiedener aufzufüllen begann. Die Schrumpfung des Liberalismus von einer zukunftweisenden politischen Kraft zu einer Interessenvertretung der besitzbürgerlichen Schicht besiegelte die Spaltung des Bürgertums. Die kleinbürgerlichen Bevölkerungsteile sahen sich um die Errungenschaften der – ohnehin alsbald unterdrückten – bürgerlichen Revolution von 1848 geprellt; darüber hinaus war ihnen die ideologische Grundlage entzogen, nach der sie sich hätten ausrichten können. Sie sahen sich so, was ihre Stellung innerhalb des Vielvölkerstaates betraf, in gefährliche Nähe der nicht als vollwertig anerkannten slawischen Nationalitäten gerückt und – was ihre ökonomische Bedeutung betraf – in die Nähe des Proletariats, von dem sie gerade mit zäher Anstrengung sich abgesetzt hatten: mit beiden Bevölkerungsteilen schien eine Solidarisierung nicht möglich.

Wäre der Antisemitismus bei den Formen stehengeblieben, in denen Schnitzler ihn während seiner Jugend kennenlernte, das Problem der Stellung der Juden zu den übrigen Teilen der Bevölkerung wäre für den Liberalen Arthur Schnitzler, dem «Assimilation» kein Ziel, sondern eine Selbstverständlichkeit war, nicht zum Problem geworden. Er konnte eben noch als Privatsache, als Zeichen schlechten Geschmacks, inter-

pretiert werden; nur konsequent war es, daß zunächst *vorwiegend die psychologische Seite der Judenfrage es war, für die das Interesse in mir meiner ganzen Anlage nach zuerst erwachte* [67]. Die zunächst erstaunliche Feststellung, daß ausgerechnet aus dem antikorruptionistisch-demokratischen Flügel des Wiener Gemeinderates der antisemitische entstand [68], ist aus dem Verfallsprozeß des Liberalismus erklärbar. Die Spaltung des Bürgertums in Besitzende und Nichtbesitzende, der Niedergang kleiner und mittlerer Gewerbetreibender bei gleichzeitig fortschreitender zügelloser Bereicherung der wenigen Begüterten, machte es der Christlichsozialen Partei – besonders unter dem späteren Bürgermeister von Wien, Dr. Karl Lueger – leicht, sich der kleinbürgerlichen Interessen scheinbar anzunehmen und als individuelles Fehlverhalten, als Korruption, anzuklagen, was in Wirklichkeit Folge des Systems war. Die bloß scheinbare soziale Ausrichtung dieser Partei wiederum mußte den Kampf gegen die Korruption notwendig in antisemitische Hetze umschlagen lassen: mit den Juden war man einer Bevölkerungsgruppe habhaft geworden, die in der Tat – wenigstens teilweise – es zu Wohlstand gebracht hatte; soziales Engagement und Ablenkung von den wahren Ursachen der unsozialen Zustände ließen sich in der Denunziation der Juden auf verhängnisvolle Weise vereinigen. Das berühmte Wort des Sozialreformers Ferdinand Kronawetter: «Der Antisemitismus ist der Sozialismus des dummen Kerls», trifft den Sachverhalt sehr genau. Daß Lueger den Antisemitismus so ernst nicht gemeint habe,

27

Q. F. F. F. Q. S.

SUMMIS AUSPICIIS

AUGUSTISSIMI IMPERATORIS AC REGIS

FRANCISCI IOSEPHI I

IN UNIVERSITATE LITTERARUM VINDOBONENSI

HERMANNUS ZSCHOKKE

S. S. THEOLOGIAE DOCTOR DOMUS PONTIFICIAE PRAESUL C. R. CAPELLANUS AULICUS ET STUDII BIBLICI A. T. PROFESSOR PUBLICUS ORDINARIUS
C. R. REGIMINI REI PP CONSISTORII ARCHIEPISCOPALI VINDOBONENSIS ET CONSISTORIO EPISCOPALI LITOMERICENSI A CONSILIIS

H. T. UNIVERSITATIS RECTOR

AUGUSTUS VOGL

MEDICINAE DOCTOR PHARMACOLOGIAE ET PHARMACOGNOSIAE PROFESSOR PUBLICUS ORDINARIUS

ORDINIS MEDICORUM H. T. DECANUS

THEODORUS MEYNERT

MEDICINAE DOCTOR PSYCHIATRIAE PROFESSOR PUBLICUS ORDINARIUS IMPERATORIS AUSTRIAE A CONSILIIS AULAE

PROMOTOR RITE CONSTITUTUS
D
VIRUM CLARISSIMUM

ARTHUR SCHNITZLER

VINDOBONENSEM

POSTQUAM EXAMINIBUS LEGITIMIS CUM DOCTRINAM TUM FACULTATEM ARTIS MEDICAE PROBAVIT

DOCTORIS UNIVERSAE MEDICINAE NOMEN ET HONORES

INITESTATEMQUE ARTEM TAM MEDICAM CHIRURGICAMQUE QUAM OPHTHALMICAM ATQUE
OBSTETRICIAM EXERCENDI CONTULIMUS IN EIUSQUE REI FIDEM HANC
LITTERAS UNIVERSITATIS SIGILLO SANCIENDAS CURAVIMUS.

VINDOBONAE DIE XXX. M. MAII MDCCCLXXXV.

Die Promotionsurkunde, 1885

weil er im privaten Bereich mit Juden befreundet war, zeigt lediglich, wie sehr die neue – rassische – Form des Antisemitismus nur Mittel zum Zweck, zur Verschleierung wirtschaftlicher Interessen war. Schnitzler hat diesen Zusammenhang vielleicht nicht ganz durchschaut, aber seine Zurückweisung der zweideutigen Haltung Luegers zeigt, daß er die eigentliche Gefahr gerade in der vorgeblichen Trennung des Privaten und des Politischen ahnte: *Mir galt gerade das immer als der stärkste Beweis seiner moralischen Fragwürdigkeit. Oder sind die sogenannten reinlichen Scheidungen zwischen den Forderungen der politischen Parteistellung einerseits und den privat menschlichen Überzeugungen, Erfahrungen und Sympathien auf der anderen Seite wirklich etwas so Reinliches, als mit dieser Bezeichnung ausgesagt wird? Ich glaube ganz im Gegenteil, daß es gerade dem Menschen von seelischem Reinlichkeitsgefühl nicht gegeben ist, solche Scheidungen durchzuführen oder gar ihrer froh zu werden.*[69]

Die Formel von der «reinlichen Scheidung» weist auf den Bereich, in dem er die neue, rassische Form des Antisemitismus zuerst kennenlernte: die Universität, wo die deutschnationalen Couleurstudenten auf eine radikale Abgrenzung von ihren jüdischen Kommilitonen hinarbeiteten.

Je weniger das liberale Weltbild der Wirklichkeit entsprach, desto heftiger mußte der verdrängte Konflikt der Nationen aufbrechen. Der antisemitische Affekt der deutschnationalen Couleurstudenten, der erst relativ spät (1896) durch den Beschluß des «Waidhofener Verbandes der Wehrhaften Vereine Deutscher Studenten in der Ostmark» offiziell wurde, und durch den jüdischen Studenten die Satisfaktionsfähigkeit grundsätzlich abgesprochen wurde (*Dem Juden auf keine Waffe mehr Genugtuung zu geben, da er deren unwürdig ist* [70]), verrät die Angst um das Weiterbestehen der eigenen Privilegien gegenüber den anderen Nationen. Schnitzler greift zu kurz, wenn er meint, die *Hauptursache* des Beschlusses sei gewesen, daß immer weniger jüdische Studenten *die Unverschämtheiten und die Beleidigungen der Gegenseite* hinzunehmen geneigt waren und sich deshalb *zu besonders tüchtigen und gefährlichen Fechtern entwickelt* [71] hatten. Indem er die sozialen Bedingungen des Antisemitismus als individuelle Reaktionen interpretiert, scheint es, als habe in seiner Beurteilung des Antisemitismus ein Rest jenes aufklärerischen Optimismus sich bewahrt, der die Vorstellung nicht zuließ, daß jenes Produkt eines trüben Irrationalismus letzten Endes doch die Oberhand vor der Vernunft sollte gewinnen können.

Inmitten tiefgreifender sozialer Veränderungen vollzog sich Schnitzlers Entwicklung als Wissenschaftler und Schriftsteller scheinbar unberührt von äußeren Einflüssen. Zwar vertieft er sich – ein beinahe rührender Versuch, die ahistorische Perspektive seiner Zeit zu überwinden – in die Datensammlung des «Kleinen Ploetz» – *weil ich nervös werde, daß mir die Zeit von 1813–70 so unklar ist* [72], aber der Blick bleibt doch fixiert auf die eigenen psychischen Probleme, nahezu unbeeindruckt, daß – 1887 – ein Krieg mit Rußland bedrohlich nah schien: *... fiel in dieses innerlich von so vielen flackernden Lichtern unsicher erhellte Dasein kein mächtiger Schein von draußen, vor dem jene kleinen Lichtchen wenigstens für Minuten verlöschten? Rührten ihn die großen, die ewigen Fragen nicht an? Und wenn es schon keinen Gott gab, in dem man sich beruhigt und beschlossen fühlte, gab es nicht eine Heimat, aus deren Boden man Kraft und Leben sog, kein Vaterland, als dessen Bürger man sich, ob mit oder ohne Stolz, fühlen durfte, gab es nicht Geschichte, Weltgeschichte, die ja niemals stillestand und die um unsere Ohren bläst, während wir durch die Zeit rasen?* [73] Die Antwort läßt sichtbar werden, bis zu welchem Grad zu diesem Zeitpunkt schon, Jahrzehnte vor seiner Auflösung, der Staat im allgemeinen Bewußtsein aufgegeben war: *Freilich gab es das alles, aber die Heimat war eben nur Tummelplatz und Kulisse des eigenen Schicksals; das Vaterland, ein Gebild des Zufalls, – eine völlig gleichgültige, administrative Angelegenheit, – und das Weben und Walten der Geschichte drang doch nur, wie es uns Gegenwärtigen meist passiert, in der mißtönigen Melodie der Politik ans Ohr, der man nur ungern lauschte, wenn man nicht gerade zu denjenigen gehörte, die beruflich oder geschäftlich an den politischen Ereignissen interessiert waren.* [74]

Um so heftiger waren die inneren Erschütterungen, die die berufliche Entwicklung begleiteten, obwohl von den Daten nichts den Widerwillen des jungen Arztes gegen seinen Beruf verrät. Bis 1888, als er Assistent seines Vaters an der Poliklinik wird, absolviert er den normalen Ausbildungsgang als Medizinalassistent im Allgemeinen Krankenhaus. Größeres Interesse bringt er nur für die Arbeit bei dem berühmten Psychiater Theodor Meynert auf. Hier beschäftigen ihn Fragen des Zusammenhangs von Wahnsinn und Dichtung (die Erzählung *Der Wahnsinn meines Freundes Y* [1889] geht auf die Eindrücke jener Zeit zurück), aber es fällt auf, daß Schnitzler schon hier die Kranken nicht als «Fälle» ansieht; er erkennt – eine für die damalige Psychiatrie ganz ungewöhnliche Perspektive – die sozialen Bedingungen seelischer Erkrankungen: *Die Ödigkeit der Existenz jagt die armen Teufel in die Schnapsboutique ... und dann jagt sie der Schnaps in den Irrsinn – zu uns.*[75] Seit Anfang 1887 betreut er ohne Enthusiasmus die von seinem Vater gegründete «Internationale Klinische Rundschau» als Redakteur.

Den Vorwurf des Vaters, der ihm *mangelhaften wissenschaftlichen Ernst*[76] vorhält, kann er schwerlich guten Gewissens abtun. Andererseits bietet für die *Abneigung gegen die Medizin*, die sich *in so erschreckendem Maße gesteigert* hatte, *daß mir vor meiner Zukunft auf dieser Bahn ernstlich bange ist*[77] die stagnierende dichterische Produktion keinen Ausgleich; ein Festspiel, für den 25. Jahrestag der Promotion des Vaters (Januar 1886) geschrieben, ist eher ein Rückschritt hinter das, was frühere Arbeiten zu versprechen schienen.[78] Dagegen hilft das *zwingende Gefühl der Superiorität*, das im Tagebuch wiederholt beschworen wird, wenig. Schnitzler fühlt sich immer deutlicher als *Künstlernatur*[79] – aber noch besteht die Gefahr, daß alles sich als trügerische «Stimmung» herausstellen kann, wie sie später an der Gestalt des Anatol vernichtend kritisiert wird. Für zusätzliche Unruhe sorgen schließlich die zahlreichen erotischen Abenteuer. So wechselt der wahllose Besuch von Bällen und Faschingsveranstaltungen aller Art, die ihm doch *keine wie immer gearteten bedeutenden Eindrücke* vermitteln[80], mit ergebnislosen Versuchen der Selbsterforschung: *Es ist unglaublich, wie man sich selbst verlieren kann. Ich tappe sozusagen nach mir herum ..*.[81] Das Bild, das der Fünfundzwanzigjährige von sich entwirft, dürfte deshalb kaum überzeichnet sein: *Habe keinen guten Ruf in der Gesellschaft ... Bin da oder dort geschätzt: als Causeur, als Klavierspieler (Walzer, die ich mir eventuell selbst «komponiere»), als «Schauspieler» – Man erzählt, ich sei arrogant, blasiert, weiß Gott was ... In einigen Kreisen bin ich sehr beliebt, die Mehrzahl schimpft über mich.*[82] *Und doch ist's nur die Phantasie, die mich vielleicht noch zu etwas bringt.*[83]

Alles in allem ergibt das den Eindruck einer weit über das normale Zeitmaß ausgedehnten Pubertätsphase. Das Mißverhältnis zwischen einem zwar unbestimmten, aber doch entschiedenen Selbstverständnis als Künstler und den frühen Arbeiten wirkt um so krasser, wenn man sich vergegenwärtigt, daß Schnitzler und der um zwölf Jahre jüngere Hugo von Hofmannsthal fast gleichzeitig mit Arbeiten hervortreten, die der Kritik standhalten.

Ein Grund war, daß Hofmannsthal durch seinen Vater von früher Jugend an auf die künstlerische Laufbahn vorbereitet war; nicht ungern sah dieser den Sohn im «Café Griensteidl» verkehren, zu Beginn der

Karl Lueger,
Bürgermeister
von Wien

neunziger Jahre Treffpunkt der Literaten, die zwar kaum ein Programm, wohl aber die Abneigung gegen die traditionelle Kunst und die Faszination durch das ebenso vielsagende wie vage Schlagwort von der «Moderne» gemeinsam hatten; Hermann Bahr, der Propagator aller «Modernen» (der Begriff stammt allerdings nicht von ihm, sondern wurde 1888 durch Eugen Wolff populär), hatte es leicht, den Gymnasiasten Loris zu entdecken. Dagegen mußte für Johann Schnitzler, der in seiner Jugend selbst schriftstellerisch dilettiert hatte (und der seine Begabung auf diesem Gebiet der des Sohnes für mindestens gleichrangig hielt), der Gedanke, künstlerische Arbeit zur Lebensaufgabe zu machen, etwas zutiefst Erschreckendes haben. Vielleicht gibt es unter den Erinnerungen Schnitzlers an seinen Vater keine, die aufschlußreicher wäre als die an ein Gespräch, das etwa 1891 stattfand, zu einem Zeitpunkt also, da das *Märchen* bereits geschrieben und der *Anatol*-Zyklus fast vollendet war. Es scheint der einzige Versuch gewesen zu sein, mit dem Vater über die doppelte Moral der Gesellschaft, das Auseinandertreten von Anspruch und Wirklichkeit zu sprechen: *Im Verlauf unseres Gesprächs drängte sich mir die Frage auf die Lippen, wie es denn eigentlich ein junger Mensch anstellen solle, um nicht entweder mit den Forderungen der Sitte, der Gesellschaft oder der Hygiene in Widerspruch zu geraten.*[84] Verführung, Ehebruch, Verhältnisse mit Kokotten, mit Schauspielerinnen gelten als bedenklich oder kostspielig. Eine weitere Möglichkeit hatte Schnitzler gerade im *Märchen* gestaltet, er durchlebte sie selbst mit der

Hermann Bahr

Freundin jener Jahre, Marie Glümer: ... *dann gab es noch eine gewisse Sorte von sozusagen anständigen Mädchen, die zwar schon vom Pfade der Tugend abgewichen waren, bei denen man aber geradeso wie bei einer Verführten nach dem Ausdruck meines Vaters «hängenbleiben» könne.* Der Umgang mit Dirnen, der allein übrigbleibe, sei dagegen, *selbst wenn man sich gesundheitlich zu schützen wisse, eine recht widerwärtige Angelegenheit.* Die Antwort des Vaters auf die Bitte, ihm einen Rat zu geben, bringt das Verhältnis des Bürgertums zu den ihm innewohnenden Konflikten auf die kürzeste überhaupt denkbare Formel: *Mein Vater ließ sich auf Erörterungen nicht ein, sondern mit einer erledigenden Handbewegung bemerkte er einfach und dunkel zugleich:*

«*Man tut es ab.*» *Damit war mir freilich wenig geholfen, und er mochte wohl selbst fühlen, daß ich zum «Abtuer» in diesem und in jedem Sinn nicht geboren sei.*[85] In dieser oder einer ähnlichen Situation mag Schnitzler endgültig zu Bewußtsein gekommen sein, daß der Bruch mit der herkömmlichen Moral und der herkömmlichen Kunstauffassung nicht mehr zu vermeiden war.

DAS BUCKLIGE MÄNNLEIN

Aus dem Auseinandertreten von Anspruch und Schein in der bürgerlich-liberalen Welt wird ein Phänomen verständlich, das in seiner ersten Schaffensperiode, also bis etwa 1890, leitmotivisch immer wiederkehrt und das am besten mit «Gegenwartslosigkeit» zu bezeichnen wäre. Der erste Hinweis findet sich bereits 1884, als Schnitzler es in seinem Tagebuch (und noch Jahrzehnte später in der Autobiographie) für überliefernswert hält, er habe beim achtzehnten Geburtstag einer Bekannten, mit der übrigen Gesellschaft auf dem Balkon stehend, *nichts rechtes* empfunden.[86] Hier kündigt sich zum erstenmal an, was er später als *Perfectomanie* bezeichnen wird[87], als Zwang, Gegenwärtiges schon im Augenblick des Erlebens als vergangen antizipieren zu müssen. – In dem Kinderlied ist das bucklige Männlein immer schon zur Stelle und hat verdorben, worauf das Kind sich freute: «Will mein Müslein essen, / Steht das bucklicht Männlein da, / Hat's schon halber gessen.» Nicht anders ergeht es Schnitzler, der – eines der frühesten Bilder – sich im *Beisel, genannt Erdenleben* eine *Portion Glück*[88] bestellt hat. Stets schiebt sich das Bewußtsein zwischen das erlebende Subjekt und die Situation, stets wird es als ich-fremd, als zerstörend empfunden.

Das K. K. Allgemeine Krankenhaus, 1. Hof

Professor Johann Schnitzler

Diese Entwertung der Gegenwart wäre nicht möglich ohne die Erfahrung, daß die Wahrnehmungen der Wirklichkeit scheinhaft geworden sind. Durch die in diesen Jahren rapide fortschreitende Ausbreitung industrieller Produktionsweisen erfahren die Menschen ihre Arbeit und damit auch sich selbst zunehmend als austauschbar; es wird zweifelhaft, ob das Individuum tatsächlich noch letzter Bezugspunkt alles Wirklichen ist. Anatols Bemerkung *Ihr seid ja alle so typisch!* [89] erscheint gleichzeitig in einem Brief an Olga Waissnix, in dem Schnitzler die Veränderung der Wahrnehmung, die sich durchaus nicht nur bei ihm zeigte, als individuelle Erkrankung beschreibt: *... diese miserable Zwangsvorstellung, mit der ich aus allem das typische herausfassen muß, was ja natürlich vernichtend ist ... Es ist positiv eine Art Krankheit, an der ich leide; generell gehört sie zu derselben, an der Menschen laboriren, die in jedem Gesicht den Todtenkopf sehen.* [90] Auch die Dinge verlieren ihre Aura, den Schein der Einmaligkeit: *Denn Sie wissen ja, auch die Städte posiren ... Oder ist das etwas krankhaftes in mir, daß ich in der letzten Zeit in allem auch in dem seelenlosen, – in der Natur, in Werken von Menschenhand die Absicht wahrzunehmen glaube und verstimmt werde?* [91] Nicht um eine Zwangsvorstellung handelt es sich, sondern um eine nur sozialpsychologisch erklärbare Veränderung des Wahrnehmungsvermögens überhaupt. Schnitzler ist hier an einem gefährlichen Punkt seiner literarischen Entwicklung angelangt. Denn die Fähigkeit des Gestaltens, ohne die Kunst nicht wäre, müßte verschwinden, wenn die Zurückführung aller Individualität auf den Typus unausweichlich würde. Sterilität ist die unausweichliche Konsequenz allen Ästhetizismus, jener in den Jahrzehnten um die Jahrhundertwende verbreiteten Haltung, die ihr Prinzip in der Abkehr von dem hatte, was pauschal als «das Leben» bezeichnet wurde. Nie war die Gefahr für Schnitzler, die Selbstbespiegelung der Jugendjahre einmünden zu lassen in ein sich selbst genügendes Literatendasein, größer als zu dieser Zeit. Noch 1893 liefert er eine Etude in der «Moderne»: *Einigen wir uns überhaupt dahin: mit dem Leben ist's nun einmal nichts. Es ist ordinär und hat keinen Stil. Ich bin gegen die Ereignisse, sie sind brutal und pathetisch ... Und man sollte sich vornehmen, die Ereignisse einfach zu dupieren, indem man sie nicht ernst nimmt. Man sollte sich nicht durch sie in einer Stimmungsreihe unterbrechen lassen, sondern sollte sich einfach so viel von ihnen nehmen, als man brauchen kann.* Aber es bleibt bei der – wohl von vornherein nicht ganz ernstgemeinten – Etude: *So könnte man noch hundert Phrasen derselben Art hersetzen, und sie würden doch nicht – zu einer Wahrheit werden.*[92]

Mit der Erfahrung, daß «das Leben» und der einzelne gelebte Augenblick auseinandertreten, steht Schnitzler nicht allein; die geringsten Tagespoeten, sofern sie sich der «Moderne» zurechnen, gehen von ihr aus. Um 1890 sind die verdrängten Widersprüche innerhalb der Gesellschaft dermaßen angewachsen, daß die gesellschaftliche Totalität und der individuelle Erfahrungsbereich nicht mehr in Einklang gebracht werden können: der subjektiv empfundene Wirklichkeitsverlust ist ja nichts anderes als das Resultat dieses Auseinandertretens. Es wurde um so deutlicher wahrgenommen, als zur gleichen Zeit die Dimension der Transzendenz, in der bisher die Widersprüche als aufgehoben gedacht werden konnten, und die zugleich die Empfindung der Vereinzelung zu dämpfen geeignet war, zunehmend verblaßte; Nietzsches Parole «Gott ist tot!» hatte die Tendenz zum erstenmal zusammengefaßt. Wie sehr diese Tendenz in der Luft liegt, ohne noch ganz begriffen zu sein, wird an einer kleinen Erzählung Schnitzlers aus dem Jahre 1886 deutlich, *Er wartet auf den vazierenden Gott*: *Was ist das eigentlich, ein vazierender Gott? – Das läßt sich nicht erklären, das muß man empfinden ...*[93] Der «vazierende», das heißt keine rechte Funktion habende (der Begriff bezeichnet vorzugsweise das Wandern stellungsloser Handwerksgesellen) Gott wird schließlich von dem Kaffeehaus-Poeten für sich selbst reklamiert: *Die Genies, denen die letzte Inspiration fehlt, sind es! ... Das sind die vazierenden Götter!*[94] Diese Beziehung auf den Literaten ist insofern nicht ganz unsinnig, als sie den Funktionswandel aller modernen Kunst markiert. Der «Sinn», der in ihr erscheint, ist nicht mehr vorgegeben (und letzten Endes durch die Transzendenz abgesichert), sondern muß von jedem Werk neu «konstruiert» werden.

Schnitzler hat die zuerst als psychische Krankheit empfundene Wendung zur Analyse schließlich als künstlerisches Prinzip akzeptiert: *Wenn man manches durchmacht, während man zugleich darüber steht, sich sozusagen in den Erlebenden und Beobachtenden theilt, dann hat man doch vielleicht von gewissen Momenten mehr als einer, der nach jedem Glas Champagner das geleerte vor sich hinstellt und schmunzelnd ausruft: Gott wie war das wieder gut!*[95] Aber diese Entwicklung verläuft weder einsinnig – die stärksten Klagen über die zwang-

ÜBER

FUNKTIONELLE APHONIE

UND

DEREN BEHANDLUNG

DURCH HYPNOSE UND SUGGESTION.

Von

DR· ARTHUR SCHNITZLER

ASSISTENT AN DER ALLGEMEINEN POLIKLINIK IN WIEN.

WIEN, 1889.

WILHELM BRAUMÜLLER

K. K. HOF- UND UNIVERSITÄTS-BUCHHÄNDLER.

hafte Distanzierung von der erlebten Situation werden erst später formuliert – noch als bewußter Willensakt; trotzdem finden sich schon früh Bemerkungen, die für die künstlerische Praxis entscheidend werden: *Es gibt ein eigenes Gehör für Nachklänge! ich bin der Besitzer eines solchen. Für die meisten verhallt der Nachklang langsam – verhallt endlich ganz. Bei jenen andern mit dem eignen Gehör kann der Nachklang seine eignen Linien haben: er verhallt anfangs, wird wieder stärker und endlich tönender als der Klang selbst.*[96] Für Schnitzlers künstlerische Entwicklung enthalten diese Sätze wichtige Konsequenzen: sie nehmen die enge geographische, zeitliche, gesellschaftliche Bindung an die Wiener Gegenwart der Jahrhundertwende vorweg, der er seine Stoffe entnimmt und die er auch nach dem Weltkrieg nicht preisgeben wird; vor allem bedeutet die Entscheidung, der Aufspaltung des Ich in ein erlebendes und ein analysierendes nicht aus dem Wege zu gehen, den Verzicht, bestehende Widersprüche durch «Stimmung» – ein Schlüsselbegriff der Epoche – zu verschleiern: Anatol, der wohl auch als dilettierender Literat konzipiert war, kommt ohne «Stimmung» und ihre Requisiten (die geliebte *grün-rote Ampel*) nicht aus:

Cora (hereintretend): Guten Abend! Ei, im Dunkeln? ...
Anatol: Ach, es dämmert ja noch. Du weißt, das liebe ich.
Cora (ihm die Haare streichelnd): Mein kleiner Dichter! [97]

In der Zukunft wird Schnitzler keine «Stimmung» bemühen, um bestehende Widersprüche in zweideutiger Dämmerung untertauchen zu lassen; er wird sich auch nicht einem reflexionsfeindlichen Vitalismus überlassen, der schließlich direkt zur Ablösung der individuellen Vereinzelung durch den faschistischen Massenwahn führte. «Mir war eingeboren», schreibt Hermann Bahr schon 1904, «meinen Sinnen mehr zu trauen als der Vernunft»[98]: ein Gegensatz, den Schnitzler niemals akzeptiert hat.

Schnitzlers endgültige Entscheidung für die Literatur dürfte im Jahre 1890 gefallen sein, wenn er auch noch jahrelang seine ärztliche Tätigkeit ausübte: bis zum Tode des Vaters (1893) bleibt er dessen Assistent, danach eröffnet er eine Privatpraxis. Bis 1890 liegen eine Anzahl kleinerer Arbeiten vor, Aphorismen, Skizzen, Gedichte: *Amerika, Der Andere, Mein Freund Ypsilon* und der zum *Anatol*-Zyklus gehörende Einakter *Episode*, die erste der frühen Arbeiten, die Schnitzler noch in der Autobiographie gelten läßt, und zwar mit der für ihn höchst charakteristischen Begründung, daß hier ein Stück Wirklichkeit ohne Rücksicht auf gesellschaftliche Konventionen gestaltet sei; es handle sich bei *Episode* um den ersten Einakter, *in dem die Figur des Anatol, wie hoch oder niedrig man sie menschlich-künstlerisch bewerten mag, und die eigentümliche Atmosphäre der «Anatol»-Szenen, ob man sich in ihr behage oder nicht, mit Deutlichkeit zu spüren ist* [99]. (Auch daß die Autobiographie mit dem Juni 1889 abbricht, spricht dafür, daß Schnitzler nun seine Arbeiten nicht mehr grundsätzlich verwirft: die Autobiographie hat ihren Zweck erfüllt, diejenige Phase seines Lebens zu objektivieren, aus der noch keine literarischen Werke vorlagen, die diese Aufgabe hätten übernehmen können.) Schließlich erscheint 1890 in der «Schönen Blauen Donau» ein einaktiges «Dramatisches Gedicht», *Alkandis Lied*, das, wenn auch noch deutlich an Grillparzer («Der Traum ein Leben») orientiert, doch bereits ein Thema entfaltet, das Schnitzler immer wieder aufgreifen wird: dem Traum wird nicht nur der gleiche Realitätsgehalt zugeschrieben wie der «wirklichen» Wirklichkeit, sondern darüber hinaus ist der Traum geeignet, verborgene Seelenregungen, unbewußte erotische Neigungen und vorher nicht wahrgenommene Eifersucht, ins Bewußtsein zu heben. Die wissenschaftliche Arbeit erreicht in diesen Jahren ihren Höhepunkt: die Behandlung nichtorganischer, also psychisch bedingter Störungen durch Hypnose beansprucht sein Interesse; 1889 faßte er seine Erfahrungen in der «Internationalen Klinischen Rundschau» zusammen (*Über funktionelle Aphonie und deren Behandlung durch Hypnose und Suggestion*). Nun war zwar die Hypnose gerade eine Art medizinischer Modeströmung, und hypnotische Experimente entsprangen oft der kaum verhüllten Lust an der unbegrenzten

Otto Brahm, Felix Salten, Hugo von Hofmannsthal, Arthur Schnitzler

Sitzend: Hugo von Hofmannsthal, Arthur Schnitzler.
Stehend: Richard Beer-Hofmann, Hermann Bahr

Manipulierbarkeit der Patienten.[100] Indessen ist es für Schnitzler als Arzt charakteristisch, daß er von *weiteren Experimenten rein psychologischen Charakters* abläßt, *als ich überdies zu merken glaubte, daß gerade meine interessantesten Medien durch die Wiederholung der Versuche nicht nur in ihrer Willenskraft, sondern auch in ihrer körperlichen Gesundheit geschädigt wurden*; von da an wendet er die Hypnose *nur noch fallweise, fast ausschließlich zu festumrissenen Heilzwecken* [101] an. – In dem zum *Anatol*-Zyklus gehörenden Einakter *Die Frage an das Schicksal* hat diese Beschäftigung ihren deutlichsten literarischen Niederschlag gefunden.

Im Rückblick auf seine von rastloser literarischer Produktion erfüllte Gymnasialzeit spricht Schnitzler einmal spöttisch von dem *bißchen Leben* [102], das zu jener Zeit in seinen Gesichtskreis trat, und das gleichwohl sofort in Literatur umgesetzt wurde. Die Bemerkung wäre anwendbar auf jenen Literatenkreis, der sich von Beginn der neunziger Jahre an im «Café Griensteidl» zusammenfand und für den sich alsbald die Bezeichnung «Jung Wien» durchsetzte. Von den Jugendfreundschaften hat keine größere Bedeutung für seine literarische Entwicklung erlangt; erst 1889 lernt er den Kritiker Paul Goldmann kennen, 1890 Hugo von Hofmannsthal, Felix Salten, Richard Beer-Hofmann, Hermann Bahr; mit ihnen bleibt er über Jahrzehnte in Verbindung. Schon 1891 notiert er: *Loris, Salten, Beer-Hofmann und ich werden nämlich schon als Clique betrachtet.*[103]

Trotzdem ist die Zuordnung Schnitzlers zu «Jung Wien» nicht unproblematisch. Zur Ästhetisierung der eigenen Existenz gab es für jene Autoren keine Alternative: sie hatten, außer der Literatur, nichts erlebt. Schnitzler dagegen weiß, wovon er spricht. Das erklärt die Diskrepanz zwischen dem Zyklus *Anatol*, der eine bestimmte Lebensweise sehr genau analysiert, und Hofmannsthals «Einleitung» dazu, die eher eine Bildbeschreibung ist, bezogen auf ein geschickt aus Elementen von Watteau und Canaletto zusammengestelltes, imaginäres Gemälde.

DAS ABENTEUER SEINES LEBENS

Daß er in den langen Jahren, in denen er literarisch ganz auf sich selbst gestellt war, nicht sich selbst verfehlte, ist nicht zuletzt das Verdienst einer Frau, in der Schnitzler eine Zeitlang das *Abenteuer seines Lebens* sah: Olga Waissnix, die schöne, mondäne, gebildete Wirtin des von Mitgliedern der oberen Schicht besuchten Hotels «Thalhof» in Reichenau bei Wien. Schnitzler hatte sie im Frühjahr 1886 kennengelernt, als er sich unter Tuberkuloseverdacht in Meran aufhielt. Damals hatte sich eine leidenschaftliche Liebesbeziehung entwickelt, die allerdings ihre Grenze in dem Entschluß der glücklos verheirateten Olga Waissnix fand, eine «anständige Frau» zu bleiben; die Furcht vor dem jähzornigen, zur Gewalttätigkeit neigenden Ehemann war nicht unbegründet. Die Beziehung wurde durch den bis zum Tode von Olga Waissnix (1897) geführten Briefwechsel bedeutsam: für Olga Waissnix, die, aller materiellen Sorglosigkeit zum Trotz, unter dem zunehmenden Druck der zunächst freiwillig akzeptierten Konvention seelisch abstirbt, werden im Laufe der Jahre die wenigen Meraner Tage zum Sinnbild möglichen Glücks, während ihr die eigene Ausweglosigkeit immer grausamer zum Bewußtsein kommt. Sie, die einst nicht ohne Koketterie war, schreibt als Dreißigjährige: «. . . wie anders bin ich doch geworden. Alt, uralt! Nur eines ist geblieben, der heiße Durst nach Glück. Heute habe ich aber die Gewißheit, daß es für mich keines giebt.»[104] Schließlich, ein Jahr vor ihrem Tode: «Und heute, wo das Leben hinter mir liegt, wo ich von der Zukunft nichts mehr wünsche und hoffe, wo ich ganz zerquält durch die ewigen Grübeleien über mein verpfuschtes Leben bin, heute sage ich Ihnen mit mehr Überzeugung denn je, daß das Meraner Erlebnis das schönste und vornehmste meines Lebens war.»[105] Solche Töne werden von Schnitzler geflissentlich überhört. In diesen Jahren ist ihm Olga Waissnix, was kritische Einsicht in die patriarchalische Ordnung betrifft, weit überlegen. Als er ihr Alfred de Mussets «La Confession d'un enfant du siècle» empfiehlt, holt er sich eine vernichtende Abfuhr: «Dieser ewige Cultus der ‹femme› wird einem fad. Dann der Müßiggänger von einem Helden, der unaufhörlich Bulletins über sein Inneres herausgiebt, der für nichts Sinn hat als für l'amour et la débauche u. unaufhörlich ausruft: ‹Je souffre›. Dann die Conjugaison des Wortes coupable ‹Est-elle coupable?, sera-t-elle coupable?, a-t-elle été coupable?›, und zum Schluß eine Flut von Thränen. Wie können zwei glückliche Menschen wie M. Octave u. Mad. Pierson, die Gott liebte, indem er ihnen Freiheit u. Unabhängigkeit gegeben hat, einander nur so unnötig abquälen.»[106] Auch hierauf schweigt Schnitzler, vermutlich, weil er noch die nächsten Jahre über damit beschäftigt sein wird, seine Freundin, die Schauspielerin Marie Glümer, mit ausgesuchten Sadismen, mit *Wutausbrüchen* und *ruhigen Deductionen*[107], schließlich mit konvulsivischen Tränenausbrüchen dafür zu bestrafen, daß sie sich die Freiheit herausgenommen hatte, für die Fedor Denner im *Märchen* plädieren wird. Vollends ohne angemessene Erwiderung bleibt der große Brief vom 17. Mai 1890, in dem Olga Waissnix eine Kritik der männlichen Moral entwirft, die die Frauen buchstäblich zu seelischen Krüppeln werden läßt.

Das *Abenteuer seines Lebens* hat Schnitzler nicht mit Glanz bestanden, von Olga Waissnix wenig begriffen. Trotzdem hält er den Briefwechsel noch ein Jahrzehnt aufrecht, obwohl seine affektive Bindung an sie das Jahr 1886 wohl nicht überlebt hatte. Offensichtlich braucht er sie, zu einer Zeit, da sein Talent weder gefestigt noch von der Umwelt anerkannt ist, als geduldige Zuhörerin, die nicht müde wird, ihm Mut zuzusprechen, und die vor allem weiß, was sie lobt. Jedenfalls ernennt er sie schon am 28. Januar 1887 zur Muse, indem er sie in seine literarischen Pläne einweiht: . . . *diese literarischen Dinge bedeuten eigentlich mehr für mein Empfinden, als ich nach außenhin merken zu lassen gewohnt bin.* Wie sehr ihm Beistand nottut, verrät die folgende Bemerkung: *Ich muß Ihnen sagen, daß mir häufig genug das Bewußtsein der Stimmung allein genügt, und ich so die Gebilde meiner Phantasie vor mir hin- und hertanzen lasse, ohne sie abzuconterfeien . . . ein*

1895

Scheintodtentanz. Ich fühle mich in solchen Momenten als der gewisse Raphael ohne Hände.[108] Diese Furcht bleibt noch lange lebendig: an Stimmungen genug zu haben; Künstlernatur zu sein, aber kein Künstler; einer jener Fragmentisten zu werden, über deren glanzloses Dasein später allein Peter Altenberg hinausgelangte (die lebenslang beibehaltene, zutiefst zwiespältige Haltung Schnitzlers Altenberg gegenüber dürfte in dieser Affinität ihren Grund haben). Der «Raffael ohne Hände» wird zum Topos unter Schnitzlers Ängsten; erst Jahre später, mit dem Einakter Der Puppenspieler (1901), scheint er ihn endgültig überwunden zu haben. Das ist nicht zuletzt ein Verdienst von Olga Waissnix, die nicht müde wird, alle Befürchtungen, die er ausspricht, in ihren Briefen Wort für Wort aufzunehmen und zu widerlegen. Sie trug nicht unwesentlich dazu bei, daß er sich von der «Künstlernatur» zum Künstler entwickeln konnte.

KOMÖDIE DER STIMMUNGEN

Von allen Gemeinplätzen, die über Schnitzler in die Welt gesetzt wurden, ist dieser der am wenigsten unbegründete: Schnitzler sei identisch mit Anatol. Zumindest gilt das für die Zeit der Entstehung des Zyklus (1888–92). (Der Gemeinplatz wird zum Vorurteil erst mit der Zeit: als das einmal etablierte Schnitzler-Bild sich als überaus zählebig erwies, resistent gegen die Entwicklung des Autors.) Denn nicht nur plagt sich Anatol mit den gleichen Problemen wie sein Erfinder, dem Zwang zum Typisieren (*Weihnachtseinkäufe*, 1891); vor allem könnte der Zyklus geradezu als «Komödie der Stimmungen» bezeichnet werden. Anatol unter diesem Aspekt mit seinem Autor zu identifizieren, geschähe zu Recht, sofern nur hinzugesetzt würde, daß mit dieser Wendung zum Subjektiven zugleich die beherrschende Zeitströmung von Schnitzler dargestellt wurde.

Denn die Wendung zum Subjektiven war total. Die Parole des Philosophen Ernst Mach (1838–1916), daß das Ich «nicht zu retten» sei, hatte eine Wirkung, die allenfalls mit Nietzsches «Gott ist tot!» zu vergleichen wäre. In seinem zuerst 1885 erschienenen Hauptwerk «Die Analyse der Empfindungen und das Verhältnis des Physischen zum Psychischen» erklärte er, daß zwischen den Vorgängen in der Psyche und in der Natur grundsätzlich kein Unterschied bestehe: alles Seiende wird zur «Empfindung» relativiert, diese wiederum wird, da außerhalb ihrer nichts mit Sicherheit wahrgenommen werden kann, zur letzten Instanz, zum «Element», erklärt. Ein objektiver Begriff von Wahrheit ist damit nicht einmal mehr denkbar; auch das Ich als oberster Bezugspunkt aller europäischen Philosophie der Neuzeit ist damit hinfällig geworden: was im alltäglichen Sprachgebrauch «Ich» heißt, hat nur noch für den einzelnen Augenblick Dauer, es ist nichts als die Summe der Wahrnehmungen, die sich in einem Menschen zufällig kreuzen und im nächsten Moment schon eine völlig andere Konstellation ergeben. Es ist deshalb nicht nur Feigheit, wenn Anatol schließlich darauf verzichtet, an die hypnotisierte Cora die Frage zu stellen, ob sie ihm *treu* sei, sondern er argumentiert durchaus im Machschen Sinne, wenn er feststellt: *Die Frage ist dumm.*[109] Sie ist es; denn Treue setzt die Kontinuität der Person voraus, ohne die sie sinnlos ist. Deshalb kann er auch, ohne eigentlich inkonsequent zu sein, das *Gegenteil von dem* behaupten, was er *vor einer Minute sagte*[110].

Indessen ist es gerade Machs extreme Subjektivität samt ihrer immanenten Geschichtslosigkeit, die den objektiven Verlauf der Geschichte nachzeichnet: das Schwinden des autonomen Individuums als des Bezugspunktes allen Geschehens. War für Descartes das Ich der einzig si-

Olga Waissnix

chere Fixpunkt des Denkens überhaupt, so ist es schon bei Kant, aller transzendentalen Dignität ungeachtet, zum bloßen Postulat geworden: als intelligibles Ich steht es außerhalb der historischen Prozesse, es bleibt unsichtbar; letzten Endes, so ist zu folgern, könnte die geschichtliche Dynamik auch ohne diese Instanz sich fortentwickeln («fortwursteln» wird Graf Taaffe sagen). Ökonomisch bedingt ist im Stadium des Hochliberalismus die Anonymität des Ich durch den Mechanismus des Marktes: dessen Anonymität läßt das selbständig eingreifende Ich als überflüssig, als subjektive Illusion absehbar werden. Diese Entwicklung wird von Machs Theorie zu Ende gedacht; sie räumt auf mit dem Größenwahn des bürgerlichen Subjekts im Gefolge des Hegelschen, insbesondere des Fichteschen Idealismus, der die Welt, zum Nicht-Ich herabgesetzt, als bloße Hervorbringungen des Ich interpretiert hatte. *Ich mache mir meine Jungfrauen selber* [111], sagt Anatol, die Allmacht seiner Stimmungen müde parodierend, in dem Einakter, der nicht ohne Grund *Anatols Größenwahn* überschrieben ist (1891).

Anatol: Nun, ich kam mir so vor, wie einer von den Gewaltigen des Geistes. Diese Mädchen und Frauen – ich zermalmte sie unter meinen ehernen Schritten, mit denen ich über die Erde wandelte. Weltgesetz, dachte ich, – ich muß über euch hinweg.

44

Ernst Mach

Max: Du warst der Sturmwind, der die Blüten wegfegte . . . nicht?
Anatol: Ja! So brauste ich dahin.[112]

Ein knappes Jahrhundert nach Hegels «Phänomenologie des Geistes» offenbaren sich die destruktiven Tendenzen des Idealismus in Anatols leerem und aggressivem Selbstwertgefühl. In der Gestalt des Ministers Flint (*Professor Bernhardi*, 1912) hat Schnitzler den menschenverachtenden Gehalt der Machschen Theorie bis an die Grenze des Faschismus verfolgt. – Max charakterisiert zu Recht Anatols Neigung zur Selbstbespiegelung als *Künstlereitelkeit* [113]: nicht umsonst gleichen Anatols Interieurs dem Atelier Hans Makarts. Die dekorative Kunst und die üppigen Fassaden der Ringstraße hatten mit ihrer maßlosen Verwendung von Dekorationen zu verschleiern, daß im Gefolge des zunehmenden wirtschaftlichen Konkurrenzdrucks in Wahrheit alles nur noch auf seine unmittelbare Verwertbarkeit taxiert wurde. Machs Theorem von der Denk-Ökonomie plauderte auch hier das von dem Makartschen Faltenentwurf verdeckte Prinzip aus: wahr soll sein, was mit einem möglichst geringen Aufwand an Gedanken erreicht werden kann: «So sonderbar es klingen mag, die Stärke der Mathematik beruht auf der Vermeidung aller unnötigen Gedanken, auf der größten Sparsamkeit der Denkoperationen.»[114] Das ist legitim als Widerstand gegen die haltlos gewordenen Spekulationen des Idealismus; aber indem dem Gedanken jedes spekulative Moment versagt wird, läuft Machs Denken auf die Abschaffung des Denkens durch die Tautologie hinaus: Denken wird zur Reduktion auf wenige abstrakte Prinzipien. Das bleibt nicht ohne Folgen für die Beziehungen der Menschen untereinander: Anatols gleichsam erledigende Praxis der Liebe hat hier ihren Grund.

> *Anatol: Und was für eine andere!*
> *Max: Typus?!*
> *Anatol: Gar keiner! . . . Etwas Neues – etwas Einziges!*
> *Max: Nun ja . . . Auf den Typus kommt man ja immer erst gegen Schluß . . . (Abschiedssouper)* [115]

Während Liebe, indem sie sich dem Besonderen schrankenlos zuwendet, einen Vorschein davon aufkommen läßt, was die Versöhnung von Allgemeinem und Besonderem bedeuten könnte, verhält sich Anatol entgegengesetzt: Liebe vollzieht sich für ihn im Konsum des Individuellen, das notfalls durch «Stimmung» künstlich inszeniert wird, und endet deshalb notwendig immer erneut in irgendeinem «Abschiedssouper» (insofern nimmt der Zyklus bereits die Struktur des *Reigen* vorweg). Anatol lebt affektiv von der Hand in den Mund: deshalb ist er so traurig. *Ich war nie fidel.*[116]

Zwar ließ der äußere Erfolg noch auf sich warten; es kam lediglich zur Aufführung einzelner Szenen. Auch der erstmals hergestellte Kontakt mit dem späteren Verleger Samuel Fischer führt noch zu keinem Ergebnis: erst 1895 wird ein Generalvertrag mit dem Verlag geschlossen, in dem fast alle Werke Schnitzlers zuerst erscheinen werden. Immerhin kann Schnitzler von nun an dem noch immer ungeliebten ärztlichen Beruf das Bewußtsein entgegenhalten, daß seine literarischen Arbeiten mehr seien als bloßes Dilettieren.

«WAS WAR, IST!»

Das scheinbar Privateste ist nicht nur Privatsache; sonst wäre das *Märchen*, Schnitzlers erstes «abendfüllendes» Stück, nicht mehr als ein autobiographisches Dokument. Man hat in Schnitzlers Werken Erinnerungen an das Vergänglichkeitspathos des Barock festzustellen geglaubt, ohne daß diese Beobachtung doch ganz zu überzeugen vermöchte: eher sind Schnitzlers Gestalten Wiedergänger. Weil der Inhalt der beliebig herstellbaren Stimmungen immer der gleiche ist, können die Stimmungen nicht vergehen; die nicht abgetane Vergangenheit droht die Gegenwart auszulöschen: *Man glaubt die Gegenwart nicht mehr.*[117] Deshalb muß Anatol in *Agonie* in einer gleichsam symbolischen Handlung seine Vergangenheit – Briefe, Fotografien, eine Locke – bei Max auslagern, ohne doch, will er nicht seine Identität verlieren, sich ganz von ihr ablösen zu dürfen: . . . *du mußt mir gestatten, manchmal zu dir zu kommen, nur um zu wühlen*[118], sagt er zu Max, wobei das Wort *wühlen* genau den

*Adele Sandrock
spielte bei der
Uraufführung des
Dreiakters
«Das Märchen»
die Rolle der
Fanny Theren
Deutsches
Volkstheater,
Wien,
1. Dezember 1893*

zwanghaften, aus Lust- und Unlustgefühlen zusammengesetzten Charakter seiner Verhaltensweise wiedergibt. Diese Haltung erinnert an den historistischen Stil der Epoche, einen Stil, für den ebenfalls nichts Vergangenes abgetan war. Die Hinwendung zur Vergangenheit ist das allgemeinste Kennzeichen der Zeit, offensichtlich bedingt durch einen Rückstau der vitalen Energien, denen sich keine Perspektiven in die Zukunft eröffnete. Die tiefe Affinität Freuds und Schnitzlers hat hier ihren Grund: *Wie man sich nie klar ist über das alte*, schreibt Schnitzler schon 1890 Olga Waissnix, *das neben neuem in unserm Gemüt aufgehäuft ist – wie wir sozusagen noch mit den Lippen unsrer Ureltern lächeln und mit den Augen unsrer Ahnen weinen – das hab ich heut an mir selbst erfahren.*[119]

Was war, ist! – Das ist der tiefe Sinn des Geschehenen.[120] Dieser Satz beherrscht im *Märchen* Fedor Denners Verhältnis zu Fanny Theren, er vergiftet Schnitzlers Beziehungen zu Marie Glümer, die, wie Fanny, nicht daran gehindert wird, ein auswärtiges Engagement anzunehmen (*. . . ich gesteh' es, in Wien mit ihr als mit meiner Frau zu leben bin ich noch zu feig. – Ich brauch das nicht näher auszuführen – es steht alles schon im Märchen.*[121]). Mit dem *Märchen* jedoch hat Schnitzler sich einer Thematik zugewandt, bei der er, wie er wohl wußte, auf die Unterstützung durch das «Familienblattpublicum» nicht mehr rechnen kann. «*Schreiben Sie was für die Familien*», bekommt der junge Autor von Wohlmeinenden zu hören, die nicht ahnen, daß sie ihn mit diesem Rat erst recht auf den Weg der Skandale bringen: *Und diese moderne «Familie», die niedrigste Lüge, und aus den gemeinsten Instincten hervorgegangen!* [122] Also schreibt er – zwar nicht für, aber über die Familie, das bevorzugte Thema des Naturalismus, in demselben Jahr (1891), in dem Hermann Bahr witterte, daß dessen harte sozialkritische Thematik lästig zu werden begann, weshalb er die «Überwindung des Naturalismus» verkündete. Dagegen wird Schnitzler noch bis zum *Vermächtnis* (1898) dem naturalistischen Stil verbunden bleiben; mit drei Stücken – *Das Märchen, Freiwild, Das Vermächtnis* – scheint er sich immer entschiedener dem sozialkritisch angelegten Thesenstück anzunähern.

Zwei Jahre lang versucht Schnitzler vergeblich, *Das Märchen* unterzubringen, bis es endlich am 1. Dezember 1893 am Deutschen Volkstheater in Wien uraufgeführt wird; dann ist mit der ersten «großen» Premiere auch der erste Skandal da. Man ruft nach «Reinlichkeit», die Zeitungen schreiben von «brutaler Cochonnerie» und prangern die «furchtbare sittliche Verwahrlosung» des Autors an. [123] Nach zwei Aufführungen wird das Stück abgesetzt.

Möglich, daß schon hier manche Urteile antisemitisch bestimmt waren; mit Sicherheit aber wäre der Skandal auch bei anderer Herkunft des Autors nicht ausgeblieben. Der Sohn, mahnt der Vater (der die Premiere nicht mehr erlebte) nach der Lektüre, solle nun endlich für einen geplanten laryngologischen Atlas das Kapitel über die Lues schreiben, *was mir ja leicht sei, da mein Stück ein ähnliches Thema habe!!* [124]. Trotzdem bleibt die Heftigkeit der Ablehnung zunächst erstaunlich; denn weder war die Thematik neu noch konnte Schnitzlers Stück eigentlich (im Gegensatz etwa zu Halbes «Freie Liebe») als Verherrlichung der freien Liebe verstanden werden: zu bedingungslos ordnet sich Fanny der patriarchalischen Moral ihres scheinbaren Befreiers und Quälgeistes Denner unter; der einzige Hinweis, der allenfalls in dieser Richtung verstanden werden könnte: daß Fanny bereits zwei Liebhaber hatte, bleibt eher diskret verborgen. (Hierzu ist die Reaktion einer Bekannten Schnitzlers charakteristisch, die zunächst über Denners Verhalten *entrüstet* war: *Als sie aber erfuhr, daß die Fanny schon 2 Liebhaber gehabt (aus der Lectüre hatte sie's nicht entnommen!) sah sie's völlig ein.* [125]) Wahrscheinlich weist die entrüstete Frage von Adolf von Sonnenthal, dem Grandseigneur des Burgtheaters: warum Denner die Fanny nicht heirate, auf den eigentlichen Grund des Skandals. Hätte Schnitzler auf der Bühne Großmut walten lassen gegenüber einer, «die sich einmal nur vergangen» (wie es schon im «Faust» verräterisch genug heißt [126]), der Erfolg wäre ihm sicher gewesen: weil durch die (auf der Bühne!) liberal akzeptierte Ausnahme die prinzipielle Härte der Gesellschaftsordnung um so weniger in Frage gestellt worden wäre. Da gegen Ende des Jahrhunderts das Bürgertum die Verläßlichkeit der Hierarchie als gefährdet erkennen mußte (die verstärkte Industrialisierung hatte zu erheblichen

Fluktuationen innerhalb der Bevölkerung geführt), konnte in der Realität auf die Unverletzbarkeit der moralischen Normen weniger als je zuvor verzichtet werden. Die herrschende Moral – wie die Institution des Duells, dessen Problematik Schnitzler sich in den folgenden Jahren zuwenden wird – kann «Ausnahmen» allenfalls noch auf der Bühne zulassen, hier allerdings wurde sie, wie der durch das Stück hervorgerufene Skandal zeigt, dem Autor vom Publikum, das sich seiner Liberalität versichert sehen wollte, geradezu abverlangt.

Fr. Witte: ... es ist ja eine Tatsache, daß wir immer Ausnahmen zu Geliebten haben! Aber endlich müssen wir alle wieder in unseren Kreis zurück; denn unsere kleinen Erlebnisse führen uns immer etwas tiefer ... nicht wahr? ... da muß man doch wieder heraus – nicht? [127]

Weil Fedor Denner ignoriert, daß das System der offiziellen Moral und die soziale Hierarchie einander entsprechen, untergräbt er, wie Wandel völlig zu Recht bemerkt, die *Gesellschaftsordnung.* An dieser Stelle tritt der Granit zutage, der das Fundament des Liberalismus ausmacht; Wandels Äußerungen im Gespräch mit Denner belegen das eindrucksvoll: *Oh, das sind keine Vorurteile! ... Na, da wären wir ja glücklich bei der freien Liebe ... Das ist doch was ganz anderes ... Das sind ja grundverschiedene Dinge ... Oh, verlangen darf sie's schon! ... Sie untergraben ganz einfach die Gesellschaftsordnung.* [128]

Die Ausdrucksmöglichkeiten, die Wandel zur Verfügung stehen, zeigen, wo die Rationalität des liberalen Systems in Gewalt übergeht: Wandel argumentiert nicht, sondern er operiert ausschließlich mit Behauptungen: an die Stelle des Arguments treten Denunziation und Hohn. Schnitzler konnte als Reaktion auf sein Stück nichts anderes erwarten.

Dabei ist der vordergründige Verlauf der Handlung alles andere als subversiv: weder setzt der intellektuelle Stückeschreiber Fedor Denner seine ursprüngliche Absicht durch noch stellt Fanny Theren die Moral, unter der sie leidet, eigentlich in Frage:

Fanny: Fedor – ich habe mich ja nie sündiger gefühlt, als seit ich mich von Ihnen geliebt weiß ... versprich mir ... daß ich deinen Namen flüstern darf bei allem, was ich beginne, mit dem Gedanken: Er hat mir verziehen. [129]

Das ist die Stimme der Marie Glümer, und im Verhältnis zu ihr hat Schnitzler die patriarchalische Moral nicht weniger hochgehalten als Denner. (Es ist Fannys Irrtum, daß sie Denner beim Wort seines Thesenstücks, in dem sie die Hauptrolle spielt, nimmt; ein Irrtum, der ironisch schon zu Beginn angedeutet wird, als die hinzukommende Emmi – *Hast du deklamiert?* [130] – Fannys Auslassung zur eigenen Situation als Teil ihrer Rolle mißversteht bzw. versteht.) So werden die aufgeklärten Sottisen, die die «sensitiven» Künstler im ersten Akt vertreten – *Wir alle sind noch nicht reif für unsere neue Welt!* [131] –, vom Verlauf des Stücks gleichsam eingeholt und stellen sich als wahr heraus. Weil Schnitzler über die Vergangenheit der Marie Glümer nicht hinweg-

Marie Glümer

kommt, kann auch Denner seine literarisch vertretenen Ansichten nicht realisieren. So entsteht das Paradox, daß die autobiographischen Elemente das Stück nicht subjektiv verfälschen, sondern erst – möglicherweise gegen die ursprüngliche Absicht des Autors – die objektive Diagnose ermöglichen. Weil Schnitzler – das wird von fundamentaler Bedeutung für seine Arbeiten sein – nicht nach abstrakten Thesen leben kann, kann er auch kein Thesenstück schreiben. Nur abstrakt, das heißt: im außersozialen Bereich, wenn er mit Fanny allein ist, kann Denner zu seinen Prinzipien stehen: in demselben Augenblick, da er wieder in Gesellschaft ist, ist es mit seiner Standhaftigkeit vorbei. Nicht anders ergeht es Schnitzler: *Mz. Abends bei mir. Stellen aus dem Märchen vorgelesen.* – Die Situation und der Stolz auf die eigenen Prinzipien, die im Stück vertreten sind, verfehlen ihre Wirkung nicht auf die Stimmung des Abends: *Zum Theil bin ich doch über manches hinweggekommen: Durch ihre Zärtlichkeit und ihr Vergessen größtentheils.*[132] Einen Monat später sitzt er in Gesellschaft neben der Ehefrau seines Vorgängers und hört eine durchaus unverfänglich gemeinte Bemerkung über dessen Vergangenheit. Tags darauf gesteht Schnitzler sich ein: *Ich bin noch sehr unselbständig oder zum mindesten sehr beeinflußbar in der Auffassung meiner wichtigsten Lebensangelegenheiten. Ohne daß es mir deutlich zu Bewußtsein gekommen wäre, weiß ich heute doch, daß ich gestern, in jener platten Gesellschaft, an der Seite von Th.'s Gemahlin, Mz. gegenüber das Gefühl hatte – als dem Mädel, mit dem man eben ein Verhältnis hat.*[133]

Die autobiographischen Verweise sind deshalb entscheidend, weil Schnitzler es – selbst auf Kosten künstlerischer Geschlossenheit – nicht fertigbringt, etwas zu schreiben, was der Überprüfung durch die eigene Erfahrung nicht standhielte. Die treffende gesellschaftliche Analyse entspringt in der subjektiven Aufrichtigkeit.

«SO STEHEN DIE DINGE HEUTE»

Nicht zu Unrecht wird *Das Märchen* im Zusammenhang gesehen mit zwei anderen Stücken, die während der neunziger Jahre entstanden: *Freiwild* und *Das Vermächtnis*. Sie sind von allen Arbeiten Schnitzlers diejenigen, die – zumindest, was die ursprüngliche Konzeption betrifft – am direktesten auf Wirkung angelegt sind; insofern stehen sie dem naturalistischen Thesenstück am nächsten. Trotzdem ist es zweifelhaft, ob diese Bezeichnung trifft: denn keine dürre These wird mit *Freiwild* exemplifiziert. Gegenüber dem *Märchen* ist der Realitätsgehalt entscheidend vergrößert: die Theatersphäre wird in ihrem sozialen Kontext vorgeführt, in ihrer Konfrontation mit dem Militär und dem Bürgertum. Dabei wird die politische Bedeutung von Bürgertum und Militär durchaus zutreffend akzentuiert: wenn der Zivilist Poldi sich militärischer benimmt als die Militärs, wenn er es ist, der am nachdrücklichsten auf der Einhaltung des Rituals beharrt. Diese Abhängigkeit, in die das Bürgertum nach 1848 sich begeben hatte, zeigt sich auch darin, daß Kaiser Franz Joseph I. (er regierte von 1848–1916) sich nahezu ausschließlich in Uniform zeigte, während seine Vorgänger noch zivile Kleidung bevorzugt hatten.

Schlechthin unvereinbar mit dem Begriff des Thesenstücks aber ist, daß – wie im *Märchen* – die ursprüngliche These nicht durchgehalten wird. Denn zweifellos wollte Schnitzler – die Gestalt des Paul Rönning ist eindeutig in diesem Sinne angelegt – mit dem Stück zeigen, wie unhaltbar die Institution des Duells geworden war, weil sie in einem Ehrbegriff gründete, der, längst abstrakt geworden, dennoch einer in heterogene Gruppen zerfallenen Gesellschaft ein einheitliches Verhalten vorschreiben sollte. Denn in dem dramatischen Konflikt: dem Zwang zum Duell, kommt der zugrunde liegende soziale Konflikt zum Ausdruck, insofern, als der allgemeinverbindliche Ehrbegriff und das Duell wesentlich feudale Institutionen und damit im strengen Sinne Anachronismen sind. Daß sie dennoch unverändert als Zwang fortwirken, entspricht der historischen Entwicklung in Österreich, wo das Bürgertum, noch deutlicher als in Deutschland, sich nach wie vor am Adel

orientierte. In Schnitzlers Stücken findet das seinen Ausdruck darin, daß insbesondere die Frauen, als die am stärksten dem gesellschaftlichen Druck Unterworfenen, im Bereich des Theaters eine Möglichkeit sehen, sich von sozialen Zwängen zu befreien, sich dabei aber zugleich Zugang zu einer rückwärts gewandten Gesellschaftsschicht, dem Adel, zu verschaffen suchen. Emmi: *Ach, was ... wenn man einmal beim Theater ist, da braucht man nimmer reich zu sein! ... Die Fanny kriegt einen Fürsten und ich einen Baron.*[134] Die Schwäche des Bürgertums bleibt auch für die Entwicklung der Kunst nicht ohne Folgen: *Diesen Luxus* – nämlich den, für das Publikum des Sommertheaters nicht käuflich zu sein, sagt der Direktor zu Anna Riedel – *können Sie sich bei einem Hoftheater erlauben, wir sind hier auf das Publikum angewiesen.*[135] Hatte die im 18. Jahrhundert sich durchsetzende Autonomie der Kunst ihre Befreiung von der feudalen Dienstbarkeit gebracht und sie auch bis zu einem gewissen Grade von den Gesetzen des bürgerlichen Marktes ausgenommen, so erscheint hier, im durch und durch kommerzialisierten Sommertheater, die abgelebte institutionelle Absicherung der Kunst als die relativ fortschrittlichere. Weil der Feudalismus und seine Lebensformen längst ausgehöhlt sind, ist auch der Begriff der Ehre abstrakt geworden, mit jedem beliebigen Inhalt zu füllen; daher können Duellforderungen noch aus dem zufälligsten und nichtigsten Anlaß abgeleitet werden (schon Hegel nannte die Ehre «das schlechthin v e r l e t z l i c h e»[136]). Paul Rönnings Weigerung, sich einem Phantom zu unterwerfen, gibt daher wohl Schnitzlers ursprüngliche Intention, die «These», wieder:

> *Paul: . . . Ich kann ihm so wenig seine Ehre geben, als ich sie ihm nehmen konnte. Nicht dadurch, daß er den Schlag bekommen, dadurch, daß er ihn verdient hat, hat er sie verloren.*[137]

Das ist bürgerlich gedacht. «Wenn der Edelmann durch die Darstellung seiner Person alles gibt», schreibt Wilhelm Meister, «so gibt der Bürger durch seine Persönlichkeit nichts und soll nichts geben. Jener soll und darf scheinen; dieser soll nur sein, und was er scheinen will, ist lächerlich oder abgeschmackt.»[138] Es muß Rönning «abgeschmackt» vorkommen, sich einer Verhaltensnorm zu fügen, die er nicht als substantiell anerkennen kann. Aber der Verlauf der Handlung zeigt, daß er sich mit dieser Auffassung nicht durchsetzen kann; nicht nur muß er sich von Rohnstedt entgegenhalten lassen, daß auch Karinski nicht anders handeln kann: *Was Ihnen Wahn ist, ist für andere das Element, in dem sie leben. Sie können nicht sagen, daß Ihnen das unbekannt ist. Sie haben gewußt, wem Sie gegenüberstehen* [139], er widerlegt am Schluß sich selbst:

> *Paul: Man hat es gewagt, mir zu drohen, Anna! – Siehst du ein, daß ich bleiben muß?* [140]

Damit hat er seinen Bankrott erklärt: er fügt sich genau der Auffassung, der er zu Beginn entgegengetreten war. Den überkommenen feudalen Wertvorstellungen gegenüber kann Rönning sich nur auf einen unbestimmten Subjektivismus zurückziehen, den er – wie Fedor Denner – gegen die Gesellschaft nicht durchsetzen kann. Nicht, daß er den gängigen Verhaltensnormen sich nicht unterwirft, ist ihm vorzuhalten, sondern daß er handelt, als seien sie nicht existent; ihre bloße Verdrängung aber hat nicht Befreiung zur Folge, sondern allenfalls einen unbestimmten, durch Rückzug aus der Gesellschaft erkauften «Weg ins Freie»:

> *Paul: . . . Und die ganze Welt werd' ich dir zeigen, das viele Schöne, das es überall gibt, und von dem du gar nichts weißt.*[141]

Diese Worte nehmen bereits den haltlosen Ästhetizismus des Georg von Wergenthin vorweg, seine unbestimmt schweifende Subjektivität, die sich in den ziellosen Reisen mit Anna Rosner niederschlägt.

Natürlich gerät das Stück, das, wie schon Theodor Herzl erkannte, ursprünglich gegen die Institution des Duells geschrieben war (die Auffassung, es richte sich nicht gegen das Duell, sondern nur gegen den Duellzwang, ist unhaltbar [142]: das Duell besteht als Zwang oder es besteht überhaupt nicht), Schnitzler nicht unter der Hand zur Rechtfertigung einer veralteten Norm. Aber der eigentümliche Bruch in der Handlung – Rönning sinkt fast zum Schwätzer ab, während Karinski zumindest teilweise mit Verständnis rechnen kann – zeigt doch, daß Schnitzler während der Arbeit seine Vorstellungen über die Wirkungsmöglichkeiten von Literatur revidieren muß. Der Briefwechsel mit dem Direktor des Deutschen Theaters in Berlin, Otto Brahm (die Verbindung datiert seit dem Frühjahr 1894, sie steigert sich zu freundschaftlicher Zusammenarbeit und reißt bis zu Brahms Tod 1912 nicht mehr ab), bestätigt den durch das Stück vermittelten Eindruck. Den Vorschlag des Burgtheater-Direktors Max Burckhard, Rönning solle am Schluß des Stücks den aggressiven Oberleutnant erschießen, nimmt Brahm auf: «Sie gewinnen dem Publikum gegenüber für ihn (Rönning) unendlich viel, wenn er, was er will, auch zu behaupten weiß. Zugleich gewinnt die Tendenz des Stückes, soweit von einer solchen zu reden ist: der Mensch mit dem neuen Ehrgefühl würde als Sieger ganz anders am Schluß dastehen denn als Gefallener.»[143] Brahm, der von den psychischen Reaktionen des Publikums ausgeht, steht noch in der Tradition der Wirkungsästhetik der Aufklärung (die eher Zuschauerpsychologie als Werkästhetik war); das Thesenstück ist ohne diese Tradition nicht denkbar. Schnitzler scheint sich ihr anschließen zu wollen, indem er die vorgeschlagene Änderung in Erwägung zieht; alsbald jedoch bemerkt er, daß die angestrebte direkte Wirkung das Drama um seinen Wahrheitsgehalt brächte: *An dieser tragischen Notwendigkeit* – daß nämlich *der Vertreter rein menschlicher Anschauungen gegenüber dem Vertreter beschränkter oder herrschender Anschauungen unterliegt – wird nichts dadurch geändert, daß in einem speziellen Falle der Vertreter der «reinen Menschlichkeit» durch zufällige Geschicklichkeit oder Kraft Sieger bleiben mag; der typische Fall bleibt, daß soziales Übereinkommen mächtiger ist als Verstand und Recht.*[144] Erst mit dieser Einsicht ist die Voraussetzung dafür geschaffen, daß individualpsychologische Probleme überhaupt bedeutsam werden können über den einzelnen Fall hinaus. *Denn gebe ich dem Stück den in gewissem Sinne versöhnenden Abschluß, daß der «Gute» siegt, so wird sich alsbald die Frage erheben, «wozu das Ganze?» Wenn Paul einen unbequemen Herrn auf diese Weise wegräumt, so ist die ganze Affäre eine Privatsache geworden, und die allgemeine Bedeutung ist verpufft. Denn die Leute sollen nicht mit dem Gefühl aus dem Theater gehen: «Wenn mich einer fordert und mich dann bedroht, werd' ich ihn einfach umbringen» – sondern sie sollen die Empfindung haben: so stehen die Dinge heute.* Er schließt: ... *es ist mir vollkommen unmöglich, etwas gegen meine künstlerische Überzeugung zu tun.*[145] Wobei aus dem Zusammenhang hervorgeht, daß die *künstlerische Überzeugung* nicht allein von der ästhetischen Immanenz (wie im zeitgenössischen l'art pour l'art) abhängt, sondern von der Übereinstimmung mit der historischen Situation. Die niemals überwundene Fremdheit Hofmannsthal gegenüber hat hier ihren Grund. Jahre später notiert er über «Jedermann»: *Das Stück, solang es menschlich, ergreift; vom Einbruch des Katholizismus an war es ziemlich unerträglich.*[146] Nicht nur Skepsis gegenüber der Religion bestimmt das Urteil, sondern das Unbehagen, daß hier ein Kunstwerk restaurativ und damit letzten Endes unhistorisch konzipiert worden war.

Trotzdem ist Schnitzler kein Theoretiker. Theoretische Einsichten ge-

Theodor Herzl

lingen ihm, wo sie aus der Arbeit an einem geeigneten Stoff hervorge-
hen; Rückfälle hinter bereits Erreichtes sind nicht ausgeschlossen,
wenn das Stück schon vom Stoff her verfehlt ist. Als er 1897 noch einmal in die Nähe des Thesenstücks gerät, kommt er über melodrama-
tisches Mittelmaß nicht hinaus. *Das Vermächtnis* ist nicht zu retten. Zu
sehr verläßt Schnitzler sich auf Effekte aus vorgefertigten Situationen:
der vom Pferd gestürzte Sohn des liberalen Professors und Politikers
nimmt der ums Sterbebett versammelten Familie das Versprechen ab,
die Geliebte und das Kind, von deren Existenz man bisher nichts wußte,
aufzunehmen. Als das Kind, seiner dramaturgischen Verantwortung
bewußt, alsbald stirbt, sieht die Familie keinen Grund mehr, die Geliebte des Sohnes länger bei sich zu behalten; sie weist ihr die Tür und damit den Weg in die Donau.

Schon 1898 warf Maximilian Harden, der Herausgeber der «Zu-
kunft», die Frage auf, was wohl geschehen wäre, wenn Hugo Losatti wi-
der Erwarten doch noch genesen wäre: «Die legitime und die illegitime
Familie haben einander kennen gelernt, Herr und Frau Losatti haben
Fräulein Weber liebevoll umarmt . . . Wo führt aus dieser Wirrniß ein
Weg? Heirathen kann der Dr. juris Losatti seine Toni nicht, an Heirathen
hat er auch nie gedacht, wie aber löst er sie nun, da sie doch einmal die
Weihe bürgerlicher Anerkennung empfangen hat, wieder aus dem
Dunstkreis der Professorenfamilie, wie schlängelt sich von der Trauer-
rührung in die Alltagsinteressen ein schmaler Pfad? Ich wäre dem Dich-
ter gern in solche Tragikomoedie großbourgeoiser Wohlanständigkeit
gefolgt.»[147] Weil das Resultat von vornherein absehbar ist, ist das
Stück spannungslos; deshalb stellt auch statt Erschütterung allenfalls
deren Ersatz sich ein: Rührseligkeit. Es ist kein Zufall, daß Zufälle die
Handlung weitertreiben: weil es eine Handlung eigentlich nicht gibt.

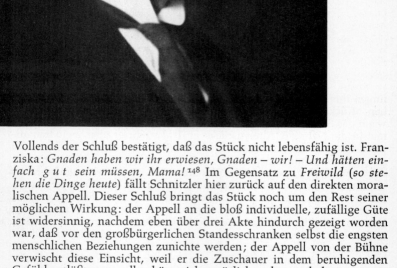

Vollends der Schluß bestätigt, daß das Stück nicht lebensfähig ist. Franziska: *Gnaden haben wir ihr erwiesen, Gnaden – wir! – Und hätten einfach g u t sein müssen, Mama!* [148] Im Gegensatz zu *Freiwild* (*so stehen die Dinge heute*) fällt Schnitzler hier zurück auf den direkten moralischen Appell. Dieser Schluß bringt das Stück noch um den Rest seiner möglichen Wirkung: der Appell an die bloß individuelle, zufällige Güte ist widersinnig, nachdem eben über drei Akte hindurch gezeigt worden war, daß vor den großbürgerlichen Standesschranken selbst die engsten menschlichen Beziehungen zunichte werden; der Appell von der Bühne verwischt diese Einsicht, weil er die Zuschauer in dem beruhigenden Gefühl entläßt, man selbst hätte sich natürlich anders verhalten.

Ungeachtet der dramatischen Schwächen enthält das Stück in der Gestalt des Professors und Abgeordneten Adolf Losatti die Charakterstudie eines Liberalen, wie sie Schnitzler erst wieder im *Professor Bernhardi* gelingen wird. An seiner Suada wird die Erstarrung der politischen Verhältnisse seit der gescheiterten Revolution von 1848 deutlich:

Adolf: Ich habe heute früh Doktor Mettner begegnet, wie ich meinen Morgenspaziergang über den Ring machte. Du wirst zugeben, ein Mann ohne engherzige Vorurteile, ein Vorkämpfer für alle freisinnigen Ideen wie ich selbst – ja, ich kann sagen – Schulter an Schulter haben wir seinerzeit . . . [149]

Lediglich verbale Reminiszenzen sind von 1848 übriggeblieben; ihnen entsprechen die lebenden Bilder, zu denen Losatti sich und seine Familie zu gruppieren liebt: erstarrte Erinnerungen an die Haltung, mit der einst bürgerliche Subjektivität sich gegen die Übergriffe des Feudalismus verwahrte: in der *Familie* (so der Titel eines ähnlichen, Fragment gebliebenen Stücks) war der Bereich, über den absolutistische Willkür keine Macht haben sollte. Ihrer historischen Legitimation beraubt, kehren diese Bilder als Klischees in Losattis Worten wieder; indem sie unkontrolliert einbrechen – Losatti spricht plötzlich zur Familie wie zu einer öffentlichen Versammlung –, zeigen sie an, daß die private Sphäre längst scheinhaft geworden ist. Nicht weil der Widerspruch von Privatem und Öffentlichem aufgelöst wäre, gehen beide ineinander über, sondern weil das öffentliche Leben korrupt, das private ausgehöhlt ist. Umgekehrt entspricht dem Einbruch des Öffentlichen in die private Sphäre der Rückzug all jener Gefühlsqualitäten aus der Familie, um deretwillen das Bürgertum ursprünglich seine Lebensform ausgebildet hatte: menschliche Wärme, Geborgenheit, Glück sind für Hugo Losatti erreichbar nur außerhalb der Familie, die als sinnlose Institution zurückbleibt. Seine Mutter ahnt diesen Zusammenhang, als ihr die Vergangenheit plötzlich *unheimlich* vorkommt: *Hätt' ich's nur früher gewußt! Mir kommen jetzt diese letzten Jahre so entsetzlich fremd – so – ich weiß gar nicht, wie ich dir das sagen soll – ganz unheimlich kommen sie mir vor.*[150]

«EIN WIRKLICH GUTES STÜCK»

Daß von den drei «naturalistischen» Stücken Schnitzlers *Das Vermächtnis* das schwächste ist, hängt wohl nicht zuletzt damit zusammen, daß es in künstlerischer Hinsicht einen Rückschritt hinter bereits Erreichtes bedeutete: *Liebelei*, das ursprünglich als Volksstück (*Das arme Mädel*) geplante Schauspiel, hatte vom Tage seiner Premiere am Burgtheater (9. Oktober 1895) an seinen Autor nicht nur zur Berühmtheit gemacht, es hatte auch den endgültigen künstlerischen Durchbruch bedeutet. Schnitzler hat das frühzeitig selbst gespürt; an die Stelle der sonst üblichen Selbstzweifel tritt die entschiedene Gewißheit der Qualität (*sah das erste Mal selbst, daß es ein wirklich gutes Stück*[151]) bis hin zu der im Tagebuch einzigartigen Eintragung: *Ich freu mich aufs Aufwachen morgen Früh.*[152] Selbst Hermann Bahr, der selbsternannte Prophet der «Moderne» (als den Schnitzler ihn allerdings nie anerkannte: *Welch ein ordinärer Schwindler*[153]), mußte sich zu einem säuerlichen Lob hinreißen lassen: «*Kritik wird loben – der ärgste Feind nichts daran aussetzen, aber auch der enthusiastischste Freund nicht sagen: Prophet ist gekommen!*»[154]

Gelungene Darstellungen im Detail lassen sich noch an den mattesten Arbeiten Schnitzlers nachweisen; dagegen ist zu fragen, was bei *Liebelei* den nach wie vor zwingenden Eindruck des gelungenen Ganzen hervorruft. Während der Arbeit am *Vermächtnis* schreibt er an Brahm, daß *gewisse Mängel doch gar zu tief in meiner Natur zu stecken schei-*

Die erste Notiz zu «Liebelei» (Arbeitstitel: «Das arme Mädel»)

nen. *Ich wollte, ich hätte etwas weniger Einsicht und etwas oder auch viel mehr Talent; das wäre gut für meine Stücke und noch besser für meine Stimmung.*[155] Dieser Stoßseufzer verweist auf einen Sachverhalt, der für seine Produktion in der Tat zentral ist: Schnitzlers analytische Fähigkeiten sind zugleich seine Gefahr, insofern, als Analyse und Gestaltung (ohne die kein Kunstwerk gelingen kann) tendenziell einander ausschließen. Was mit den Formen des Einakters und der kurzen Erzählung (in der, wie Schnitzler später schreiben wird, ihn der *Fall* mehr interessiert habe *als die Menschen, und ich denke, das meiste aus dieser Epoche muß wie luftlos wirken*[156]) noch am ehesten vereinbar ist, muß spätestens dann zum Problem werden, wenn im mehraktigen Schauspiel die Gestaltung lebendiger Individuen notwendig wird. Auch hier läßt der Vergleich mit Hofmannsthal Schnitzlers Eigenart hervortreten. «Denn meine Gedanken gehören alle zusammen», schreibt Hofmannsthal kurz vor der Uraufführung von *Liebelei*, «weil ich von der Einheit der Welt sehr stark durchdrungen bin. Ich glaub sogar ein Dichter ist eben ein Mensch, dem in guten Stunden die Gedanken ‹aufgehen› wie man beim Patiencelegen sagt.»[157] Schnitzler scheint ihm zuzustimmen, wenn er antwortet: *Sie wissen ja, meine große Sehnsucht: die sehr einfache Geschichte, die in sich selbst ganz fertig ist. Eine Flasche, die man ausgießt, ohne daß es nachtröpfeln darf und ohne daß was zurückbleibt.*[158] Aber schon die verunglückte Metapher läßt die unaufhebbare Differenz wieder hervortreten: für Hofmannsthal bedeutet dichterisches Produzieren die Rekonstruktion von Sinn, der nicht vom Autor herzustellen ist, sondern der von vornherein in der «Einheit der Welt» beschlossen liegt; der Dichter hat ihn nachzugestalten. Die Arbeit des

Theaterzettel der Uraufführung

K. K. Hof- Burgtheater.

Mittwoch den 9. Oktober 1895.

206. Vorstellung im Jahres-Abonnement.

Zum ersten Mal:

Rechte der Seele.

Schauspiel in einem Akt von Giuseppe Giacosa. Deutsch von Otto Eisenschitz.

Paul	Hr. Hartmann.
Anna, seine Frau	Fr. Hohenfels.
Marino, ihr Bruder	Hr. Krastel.
Johanna, Magd	Fr. Kratz.

Ort der Handlung: Eine Villa auf dem Lande. — Zeit: Die Gegenwart.

Zum ersten Mal:

Liebelei.

Schauspiel in drei Akten von Arthur Schnitzler.

Hans Weiring, Violinspieler an einem Vorstadttheater	Hr. Sonnenthal.
Christine, seine Tochter	Frl. Adele Sandrock.
Mizi Schlager, Modistin	Frl. Kallina.
Katharina Binder, Frau eines Strumpfwirkers	Frl. Walbeck.
Lina, ihre 9jährige Tochter	Camilla Gerzhofer.
Fritz Lobheimer	junge Leute	Hr. Kutschera.
Theodor Kaiser		Hr. Zeska.
Ein Herr		Hr. Mitterwurzer.
Ein Mann		Hr. Slanar.

Ort der Handlung: Wien. — Zeit: Die Gegenwart.

Zwischen dem ersten und zweiten Stück größere Pause.

Der freie Eintritt ist heute ohne Ausnahme aufgehoben.

Kassa-Eröffnung 6 Uhr. Anfang 7 Uhr. Ende vor halb 10 Uhr.

Unpäßlich: Fr. Mitterwurzer. Fr. Wolter. Hr. Gabillon. Hr. Robert. Hr. Stätter.

Donnerstag	den 10.	Rechte der Seele. Liebelei.	
Freitag	den 11.	Don Carlos.	
Samstag	den 12.	Rechte der Seele. Liebelei.	

Sonntag den 13. Mittags halb 2 Uhr: König Richard II.
Abends: Die Karlsschüler.
Montag den 14. Schach dem König.
Dinstag den 15. Rechte der Seele. Liebelei.

Preise der Plätze:

Eine Loge Parterre oder 1. Galerie	fl. 25.—	Ein Parquetsitz 2. bis 5. Reihe	fl.	4.50
Eine Loge 2. Galerie, u. z.		" 6. bis 10. Reihe	fl.	4.—
Nr. 1, 2 und 7 bis 12	fl. 18.—	" 11. bis 14. Reihe	fl.	3.50
Nr. 3, 4, 5 und 6	fl. 12.—	Ein Parterresitz 1. Reihe	fl.	3.50
Eine Loge 3. Galerie, u. z.		" 2. bis 5. Reihe	fl.	3.—
Nr. 1, 2 und 7 bis 10	fl. 12.—	Ein Sitz 3. Galerie 1. Reihe	fl.	2.75
Nr. 3, 4, 5 und 6	fl. 8.—	" 3. 2. bis 4. Reihe	fl.	2.25
Ein Logensitz Parterre oder 1. Galerie	fl. 6.—	" 3. 5. bis 7. Reihe	fl.	1.25
Ein Logensitz 2. Galerie, u. z.		Ein Sitz 4. Galerie 1. Reihe, Mitte	fl.	2.—
Nr. 1, 2 und 7 bis 12	fl. 4.50	" 4. 1. Seite	fl.	1.50
Nr. 3, 4, 5 und 6	fl. 3.50	" 4. 2. bis 5. Reihe	fl.	1.50
Ein Logensitz 3. Galerie, u. z.		" 4. 6. bis 9. Reihe	fl.	1.—
Nr. 1, 2 und 7 bis 10	fl. 3.—	Eintritt in das Stehparterre (nur Herren gestattet)	fl.	1.—
Nr. 3, 4, 5 und 6	fl. 2.50	Eintritt in die 4. Galerie (Stehplatz)	fl.	—.40
Ein Parquetsitz 1. Reihe	fl. 6.—			

Zu jeder im Repertoire angekündigten Vorstellung erfolgt Tags vorher bis 1 Uhr Nachmittags die Ausgabe der Stammsitze, um halb 2 Uhr Nachmittags (Tags vorher) beginnt der allgemeine Verkauf von Logen und Sitzen.

K. k. Hoftheater: Druck: Wien, I., Wollzeile 17.

Hugo von Hofmannsthal

Dichters ist vollendet, wenn, wie beim Patiencelegen, ein sinnvolles Ganzes zustande gekommen ist. Dagegen kann Schnitzler nicht mehr – und hier zeigt sich, daß er grundsätzlich der modernen Kunst verpflichtet ist – von einem vorgegebenen Sinn ausgehen: die Gestaltung, also das, was den Eindruck der Geschlossenheit und damit des Sinnvollen hervorruft, muß durch die Analyse hindurchgegangen sein oder sie ist nicht. Die durch diese Entwicklung bewirkte Erschwerung aller künstlerischen Arbeit liegt auf der Hand: Schnitzlers oft von ihm selbst beklagte *mangelnde Fähigkeit abzuschließen* hat hier ihren Grund: *Abzuschließen, in jedem Sinn. Fehler meines Lebens und meiner Kunst sind daraus zu erklären.*[159] Kein Sinngefüge läßt die Analyse haltmachen; sie ist prinzipiell unabschließbar.

Der zwingende Eindruck des Gelungenseins, den *Liebelei* vermittelt, ist bedingt durch die Tatsache, daß hier die analytischen und gestalterischen Fähigkeiten des Autors in einzigartiger Weise einander entsprechen. Zum erstenmal stellt Schnitzler eine Liebesbeziehung dar, die nicht Mittel zu einem Zweck ist (wie im *Märchen*: Fanny Theren würde sich in jeden verlieben, der die Parolen Denners vertritt), sondern die aus sich selbst heraus motiviert ist. Unbedingt gilt das allerdings nur für Christine Weiring; denn wenn auch Fritz Lobheimer von Anfang an nicht den zweifelhaften Charakter eines Fedor Denner hat – obwohl er Christine zunächst als *Erholung* von dem anstrengenden Verhältnis mit einer verheirateten Frau betrachtet, ahnt er bald: *Manchmal scheint mir*

*Szene aus «Liebelei». Schiller-Theater, Berlin 1925. Heinrich Schnitzler (Theo-
dor Kaiser) und Maria Paudler (Mizzi Schlager)*

*«Die gescheiterte ‹Hoffnung›». Gemälde von Caspar David Friedrich.
Hamburger Kunsthalle*

fast, zu lieb für mich und muß von Theodor brutal auf die Austauschbarkeit aller Frauen hingewiesen werden: *Zum Erholen sind sie da* [160] –,
so gelangt er doch nicht zu der Einsicht, daß die bei einem «Verhältnis»
üblichen Verhaltensweisen hier nicht angebracht sind:

> *Fritz: ... Schau', das haben wir ja so ausdrücklich miteinander ausge-
> macht: Gefragt wird nichts. Das ist ja gerade das Schöne. Wenn ich
> mit dir zusammen bin, versinkt die Welt – punktum. Ich frag' dich
> auch um nichts.* [161]

Indem er am Klischee von *versinkt die Welt* festhält, reproduziert er
eine Auffassung von der Liebe, wie Schnitzler sie am deutlichsten in der
etwa gleichzeitig entstandenen Erzählung *Die kleine Komödie* beschrieben hat. Die bürgerliche Trennung von Arbeit und Freizeit hat hier ihren Niederschlag gefunden, und das *punktum* entspricht genau der
pointillistischen, ziellosen Art, in der er seine Tage verbringt:

> *Fritz: ... Ich geh' in Vorlesungen – zuweilen – dann geh' ich ins Kaf-
> feehaus ... dann les' ich ... manchmal spiel' ich auch Klavier – dann
> plauder' ich mit dem oder jenem – dann mach' ich Besuche ... das ist
> doch alles ganz belanglos. Es ist ja langweilig, davon zu reden.* [162]

Christine dagegen ist solche Zersplitterung des Lebens fremd; nicht
Neugier, erst recht nicht plumpes Besitzstreben ist es, was sie sagen
läßt: *Schau', mich interessiert ja alles, was dich angeht, ach ja ... alles,*

– ich möcht' mehr von dir haben als die eine Stunde am Abend, die wir manchmal beisammen sind.[163]

In Christine ist noch die Vorstellung eines unzerteilten Lebens wirksam; ihre Fähigkeit zu ungeschmälerter Zuwendung hat hier ihren Grund. Diese Vorstellung bedingt den unvergleichlichen «Ton» des Stücks, das über die Worte hinaus seine Auflösung in Musik und Malerei zu fordern scheint: in der Schubert-Büste hat sich der Tonfall von Christines Worten vergegenständlicht, und die (wahrscheinlich kitschigen) Bilder «Abschied», «Heimkehr» und «Verlassen», indem sie das Schicksal des alten Weiring und seiner Tochter vorwegnehmen, vermitteln die gleiche strenge Allegorik wie Caspar David Friedrichs «Gescheiterte ‹Hoffnung›». Es ist kein Zufall, daß trotz der Angabe *Wien – Gegenwart* Christine eher eine Gestalt des Biedermeier zu sein scheint: ihr Verhalten ist so wenig zweckgerichtet, daß es einer Epoche vorindustrieller Produktion zu entstammen scheint. Deshalb ist auch ihr Tod unausweichlich: nicht, weil sie in «völliger Isolation» zurückbleibt [164] (das gilt auch für ihren Vater), sondern weil die Erkenntnis, daß ihr ungeteiltes Gefühl für den Geliebten nur von partikularer Bedeutung war, ihre Identität – *was bin denn ich?* [165] – zerstört.

Deshalb ist auch nicht im Ernst daran zu zweifeln, daß Christine den Tod findet.[166] Zwar kann ihr Tod nicht mehr, wie in der Tragödie, aus metaphysischer Notwendigkeit erfolgen, aber gerade dadurch fehlt dem Stück auch das Moment der Versöhnung, das jede Tragödie – als negative Wiederherstellung eines Sinnes – enthält. Christines Schicksal ist nicht mehr tragisch: es ist nur traurig, weil es vom Zufall bewirkt wird. Alles könnte anders sein. Wenn Fritz kurz vor seinem Abschied ausbricht: *O, wie schön ist es bei dir, wie schön! … so einsam komm' ich mir vor, so mit dir allein … (leise) so geborgen …*[167], dann ist das nicht die augenblicksgebundene Sentimentalität eines Anatol oder Denner, sondern – nicht zufällig leitet die Regieanweisung *Ausbrechend* seine Worte ein – ein Moment der Überwältigung, in dem ihm an der Wahrnehmung des Schönen die Verkehrtheit des gesellschaftlichen Prinzips einsichtig wird: indem *erholsam* abgelöst wird von *geborgen*, wird die patriarchalische Gesellschaftsordnung, in der Liebe nicht denkbar ist ohne Unterdrückung der Frau, für einen Augenblick aufgehoben. Daß die Gestaltung dieses Augenblicks möglich ist, ohne sofort das Verdikt der Rührseligkeit zu provozieren, weist das Stück als ein Kunstwerk obersten Ranges aus. Aber im Trauerspiel bleibt dem Zufall und der Zeit unterworfen, was in der Tragödie in der metaphysischen Kategorie des Absoluten noch über die Zerstörung hinaus bewahrt bliebe: deshalb gibt es für Christine keinen Trost: *Morgen? – Wenn ich ruhiger sein werde?! – Und in einem Monat ganz getröstet, wie? – Und in einem halben Jahr kann ich wieder lachen, was? (Auflachend) Und wann kommt denn der nächste Liebhaber? …*[168]

Man hat Emilia Galotti zum Vorwurf gemacht, daß sie im selben Augenblick, da sie die Nachricht von der Ermordung des Bräutigams erhält, an ihr «Blut» und an ihre mögliche Verführbarkeit durch den Mörder denkt, bevor sie ihrem Leben ein Ende setzt. Emilias Gedanken sind nicht frivol; in dem frühen bürgerlichen Trauerspiel hat Lessing

Illustration zu Lessings «Emilia Galotti». Stich von Carl
Mayer nach einer Zeichnung von J. Buchner

genial vorweggenommen, was bei Schnitzler wiederkehrt: Christine
Weiring wie Emilia Galotti könnten weiterleben: nachdem im bürgerlichen Trauerspiel das Absolute von der Vergänglichkeit eingeholt worden ist, ist auch der Gedanke der tragischen Notwendigkeit sinnlos geworden. Aber nicht der Sturz des Absoluten treibt Christine wie Emilia
in den Tod, sondern das Grauen, daß noch der Schmerz darüber ver-
gänglich ist. Daß die Tragödie nicht mehr möglich ist, macht sie ein
letztes Mal möglich: für Christine Weiring wird der Tod notwendig,
weil nichts mehr notwendig ist.

Der gesamten Realität seiner Zeit wird Schnitzler erstmals in den zehn Szenen des *Reigen* habhaft: *Geschrieben hab ich den ganzen Winter über nichts als eine Scenenreihe, die vollkommen undruckbar ist, literarisch auch nicht viel heißt, aber, nach ein paar hundert Jahren ausgegraben, einen Theil unsrer Cultur eigentümlich beleuchten würde.*[169] S. Fischer, der die Qualität erkannte, mußte die Veröffentlichung aus juristischen Gründen ablehnen. So beschränkte der Autor sich zunächst darauf, durch einen Privatdruck das Stück nur den Freunden mitzuteilen, die dessen Bedeutung sofort erkannten: «Denn schließlich ist es ja Ihr bestes Buch, Sie Schmutzfink», schrieb Hofmannsthal und «Viele Leute werden es als Ihr erotiefstes Werk bezeichnen», ergänzte Beer-Hofmann.[170]

Daß der physiologische Vorgang des Geschlechtsaktes ins Zentrum jeder Szene gerückt ist – der «Einakter» wird so wörtlich wie nur möglich genommen –, sollte allerdings nicht dazu führen, das Stück unhistorisch zu sehen: Interpreten, die im *Reigen* den mittelalterlichen Totentanz wiedererkennen[171] oder «unter der physischen Einwirkung des Geschlechtstriebes» aufstöhnen[172], verhalten sich letzten Endes, indem sie die Sexualität abwerten, nicht viel anders als jene, die dem Stück Obszönität vorwerfen. Schnitzler selbst spricht von einer *Cultur*, die in dem Stück erscheint, nicht etwa von der menschlichen Natur «an sich». Der Zyklus beginnt mit einer erotischen Lockung – *Komm, mein schöner Engel*[173] –, deren schrankenloses Glücksversprechen nur überhören kann, wer sich daran stört, daß es eine Dirne ist, die spricht. Wird ausschließlich der Reigencharakter betont, das Einmünden in den Anfang, dann wird die nicht minder bedeutsame soziale Gliederung vernachlässigt: erst das Zusammenspiel beider Bauprinzipien läßt erkennen, wie genau Schnitzler die gesellschaftliche Realität seiner Zeit erkannte, indem er das Bild einer zugleich starr gegliederten und atomisierten Gesellschaft entwarf, in der das Zusammentreffen zweier Menschen so zufällig wie folgenlos ist. Die Reigenstruktur zeigt nicht Natur, sondern eine Gesellschaft, die ihre Rituale für Natur hält; einzig die erste und die letzte Szene enthalten Ausblicke, die über die strenge gesellschaftliche Immanenz hinausgehen: in beiden ist die Dirne beteiligt. Ausgerechnet die Dirne, in der doch das Tauschprinzip in letzter Konsequenz sich verkörpert, bricht aus dem Zusammenhang von Zwecken und Mitteln aus, indem sie von dem Soldaten zunächst kein Geld verlangt; erst dessen Brutalität verwandelt sie zur Hure, verwandelt ihre Sprache, die in ihrer unverstellten Zärtlichkeit der Ausdrucksweise aller anderen Figuren überlegen ist, in Hurensprache: *Strizzi! Fallott.*[174]

Zu Beginn und zum Schluß gibt der *Reigen* den Blick frei auf einen Bereich, der nicht von Konventionen bestimmt ist: diesseits und jenseits der Gewalt. Die Gewalt, die die Dirne durch den Soldaten kennenlernt, ist die der bürgerlichen Gesellschaft, die sich auf das Militär stützt. In den Konventionen, nach denen sich die folgenden Liebesspiele vollziehen, hat sich diese institutionalisierte Gewalt niedergeschlagen: deshalb muß sich Fremdheit einstellen, sobald dem zwanghaften Trieb

Genüge getan ist. Erst mit dem Auftreten des Grafen, der einerseits in grandios feudaler Borniertheit die bürgerliche Welt, deren Ausdruck ihre autonome Kunst ist, noch gar nicht zur Kenntnis genommen hat: *Schauen Sie, Fräulein, es ist so schwer mit dem Theater. Ich bin gewöhnt, spät zu dinieren . . . also wenn man dann hinkommt, ists beste vorbei. Ists nicht wahr?* [175], andererseits einer Kaste angehört, über die die Geschichte eigentlich schon hinweggegangen ist:

Graf: . . . Gute Nacht. –
Stubenmädchen: Guten Morgen.
Graf: Ja freilich . . . guten Morgen . . . guten Morgen. [176]

Erst mit ihm wird wieder ein Verhalten sichtbar, das nicht von Gewalt oder ihren domestizierten Formen, den Konventionen, bestimmt ist. Deshalb kann der Graf der Dirne *wie einer Prinzessin* [177] die Hand

66

küssen, deshalb ist er, der schon im Gehen war, zu einer Geste der spontanen Zuwendung fähig, die in den übrigen Szenen keine Entsprechung hat:

Graf (setzt sich aufs Bett): Sag mir einmal, bist du eigentlich glücklich? [178] *Aristokratie/passé – Wertlos (Prostituierte auch)*

Zwar schließt mit dem erneuten Auftreten der Dirne in der letzten Szene in der Tat sich ein Kreis, und die universelle Austauschbarkeit aller menschlichen Beziehungen, das Thema des Stücks, wird bestätigt; trotzdem ist nicht zu übersehen, daß der letzte Einakter sich in wesentlichen Punkten von den vorhergehenden unterscheidet: war die Sprache der anderen Gestalten (mit Ausnahme der Dirne und des süßen Mädels) ebenso genormt gewesen wie ihr an Rollen fixiertes Handeln, so ist der Graf an einer entscheidenden Stelle fähig, sich von seiner Ausdrucksweise zu distanzieren und den Typisierungs-Plural zu widerrufen: *Ich weiß doch, daß es solchen Frauenzimmern nur aufs Geld ankommt . . . was sag ich – solchen . . . es ist schön . . . daß sie sich wenigstens nicht verstellt, das sollte einen eher freuen . . . Du – weißt, ich komme nächstens wieder zu dir.* [179] Die Korrektur des in der Sprache vorgegebenen Klischees zeigt an, daß dem Grafen etwas gelungen ist, wozu den anderen Personen längst die Fähigkeit abhanden gekommen ist: er hat eine Erfahrung gemacht. Deshalb hat diese Szene als einzige, zumindest ansatzweise, ein Resultat: der plötzliche Entschluß, wiederzukommen (ob er nun ausgeführt wird oder nicht), ist wesentlich unterschieden von den Verabredungen, die der junge Herr und die junge Frau oder der Gat-

Die Vorbemerkung zum «Unverkäuflichen Manuskript» des «Reigen»

Ein Erscheinen der nachfolgenden Scenen ist vorläufig ausgeschlossen. Ich habe sie nun als Manuscript in Druck gegeben; denn ich glaube, ihr Wert liegt anderswo als darin, daß ihr Inhalt den geltenden Begriffen nach die Veröffentlichung zu verbieten scheint. Da jedoch Dummheit und böser Wille immer in der Nähe sind, füge ich den ausdrücklichen Wunsch bei, daß meine Freunde, denen ich dieses Manuscript gelegentlich übergeben werde, es durchaus in diesem Sinne behandeln und als ein bescheidenes, ihnen persönlich zugedachtes Geschenk des Verfassers aufnehmen mögen.

te und das süße Mädel treffen und die nur auf eine Wiederholung des Rituals hinauslaufen. Und obwohl die Dirne schon ganz abgestumpft ist – sie kann die Frage des Grafen, ob sie *glücklich* sei, nicht einmal mehr verstehen, während noch das süße Mädel die gleiche Frage des Dichters als Phrase entlarvt, indem sie sie schlicht auf ihre kleinbürgerliche Lebensweise bezieht: *Es könnt schon besser gehen* [180], ist ihre letzte Äußerung die erste des ganzen Stückes, die nicht von krassem Egoismus diktiert ist:

Dirne: Das Stubenmädl ist schon auf. Geh, gib ihr was beim Hinausgehn. Das Tor ist auch offen, ersparst den Hausmeister. [181]

So geringfügig diese Abweichungen sind, sie zeigen doch, daß die strenge Geschlossenheit des *Reigens* keine durch unveränderliche Natur vorgeschriebene ist, sondern daß in ihr der Zwangscharakter der erstarrten Verhältnisse sich spiegelt. Nur an den Rändern, von Gestalten, die eigentlich schon außerhalb aller sozialen Bezüge stehen, kann diese zwanghafte Immanenz für einen Augenblick durchbrochen werden. Denn wenn auch mit zunehmender Höhe innerhalb der sozialen Hierarchie die Per-

«Reigen» im Kleinen Schauspielhaus Berlin, 1920: Robert Forster-Larrinaga (Graf) und Blanche Dergan (Schauspielerin)

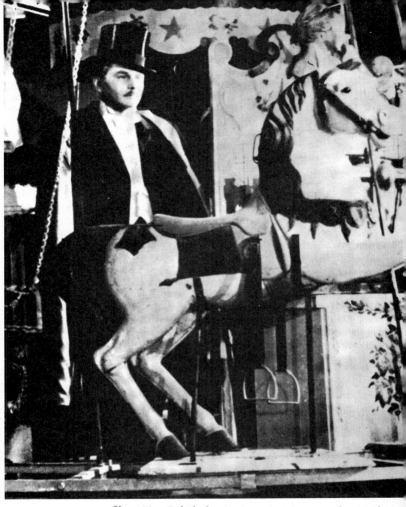

1950 verfilmte Max Ophüls den «Reigen» in Paris unter dem Titel «La Ronde». Adolf Wohlbrück spielte den Erzähler

sonen den Konventionen nicht mehr nur unterworfen sind, sondern mit ihnen spielen können: diese Entwicklung erreicht ihren Höhepunkt am Ende der Szene *Der junge Herr und die junge Frau*, wo das Spiel mit der Konvention seinen gestischen Ausdruck findet:

Die junge Frau: Oh, ich werde nicht hinkommen. Was glaubst du denn? – Ich würde ja ... (sie tritt völlig angekleidet in den Salon, nimmt eine Schokoladenbäckerei) ... in die Erde sinken.[182]

– so bleiben sie den Konventionen dennoch, indem sie sie für sich außer Kraft setzen, unterworfen: noch der Bruch der Konvention ist konventionell. Das gilt noch für die Künstler: die Schauspielerin dreht den Mechanismus der Verführung zwar um, hebt ihn aber nicht auf.

Mit dem *Reigen* hat Schnitzler seine Zeit bei ihrem positivistischen Prinzip genommen und sie einer gleichsam cartesianischen Probe unterworfen: was bleibt, wenn von einer *Cultur* alle kulturellen Verbrämungen abgezogen werden, mit denen sie ihre Grundlagen, die puren Fakten, verdeckt: *Na, das mußt doch g'spürt haben,* antwortet der Soldat auf die Frage des Stubenmädchens, ob er sie *gern* habe [183], und die gleiche Frage des Dichters erledigt die Schauspielerin mit dem Hinweis, ob er *noch weitere Beweise* [184] verlange. Wo schließlich nur noch die Tatsachen sprechen, versagt die Sprache: an ihre Stelle tritt die obszöne Geste. Als Antwort auf die Angst des Stubenmädchens zieht der Soldat *an seiner Virginierzigarre, daß das rote Ende leuchtet* [185]; die totale Formalisierung der Beziehung – der junge Herr spart sich den Ausdruck von Gefühlen, er beschränkt sich auf sachliche Feststellungen: *(Sachlich) Sie haben eine schöne weiße Haut, Marie* [186] – quittiert das Stubenmädchen nicht mit einem Ausdruck der Enttäuschung, sondern mit einer ebenso sachlichen Handlung: *Das Stubenmädchen nimmt eine Zigarre vom Rauchtisch, steckt sie ein und geht ab* [187]; auf die Phrase des jungen Herrn von der Einzigartigkeit ihrer Beziehung *Es gibt nur ein Glück . . . einen Menschen finden, von dem man geliebt wird* – hat die junge Frau *eine kandierte Birne vom Tisch genommen, nimmt sie in den Mund* [188]; den Höhepunkt bildet schließlich das «Gebet» der Schauspielerin und ihre Verwendung der Madonna als *Talisman* [189]. In der Tat: der *Reigen* enthält obszöne Züge. Obszön ist die nicht mehr durch die Sprache artikulierte Sanktionierung erfahrener Gewalt.

Vorläufig hält Schnitzler das Manuskript unter Verschluß, er verteilt im Jahre 1900 einen Privatdruck von 200 Exemplaren an die Freunde und muß erst 1903, als er das Stück im Wiener Verlag erscheinen läßt, sich mit der ersten Welle gehässiger Äußerungen auseinandersetzen. Vorläufig bleibt er auf dem Weg des Erfolgs, obwohl er schon zu dieser Zeit sich mit dem Vorwurf herumschlagen muß, der Dichter des immer gleichen beschränkten Themenkreises zu sein: «Der am tiefsten in diese Seichtigkeit taucht und am vollsten in dieser Leere aufgeht, der Dichter, der das Vorstadtmädel burgtheaterfähig machte, hat sich in überlauter Umgebung eine ruhige Bescheidenheit des Größenwahns zu bewahren gewußt. Zu gutmüthig, um einem Problem nahetreten zu können, hat er sich ein- für allemal eine kleine Welt von Lebemännern und Grisetten zurechtgezimmert, um nur zuweilen aus diesen Niederungen zu falscher Tragik emporzusteigen.» [190]

Immerhin bleibt Schnitzler nicht unbeeindruckt; zu dem *Vorwurf . . . im Stoff beschränkt zu sein,* notiert er: *So drängt es mich oft, über mich selbst, oder wenigstens außer mich hinauszugehen, was der natürlichen Entwicklung nicht zustatten kommt.* [191]

Schließlich erliegt Schnitzler dem Zeitgeist; er beschließt das Jahrhundert des Historismus mit dem historischen Drama *Der Schleier der Beatrice* (1899), als wollte er in Konkurrenz zu Makarts aufwendigen Historienbildern treten: über fünf Akte wird ein angestrengt shakespearisierendes Gemälde aus der Zeit der italienischen Renaissance entworfen, in Versen, die poetisch sein wollen und doch nur geschwätzig ornamental sind. Weder erreicht Schnitzler die Ausdruckskraft von Hofmannsthals Verskunst noch wird, anders als etwa in Mussets «Lorenzaccio», die Verbindung von Inhalt und Epoche als notwendige sichtbar. Daß das Stück, das ursprünglich den Titel «Shawl» tragen und im Wien des beginnenden 19. Jahrhunderts spielen sollte, kurzerhand den historischen Faltenwurf wechseln mußte, zeigt, wie verblüffend naiv Schnitzler sich gegenüber der historistischen Verwechslung von Geschichte und Kostümfundus verhalten konnte. Allein darin, daß dem Traum ein höherer Wirklichkeitsgrad als der Realität zugesprochen wird (Freuds «Traumdeutung» erschien 1899 mit der Jahreszahl 1900), verweist das Stück auf seinen Autor. Daß der neue Burgtheaterdirektor Paul Schlenther das Stück nach einigem Hin und Her nicht annahm (die Uraufführung fand 1900 am Lobe-Theater in Breslau statt), war wohl weniger auf künstlerische Gründe zurückzuführen als auf die Tatsache, daß Schnitzler mit einem anderen historischen Stück, *Der grüne Kakadu*, in Hofkreisen in Ungnade gefallen war.

In gleichzeitig entstehenden Arbeiten jedoch setzt er die gleichsam cartesianischen Bemühungen von *Reigen* fort, den Versuch, hinter der scheinbaren Sicherheit der Fassade zu einer Schicht der Realität vorzustoßen, die als verläßliche Erkenntnisbasis dienen könnte. Am 1. März 1899 spielt das Burgtheater die Einakter *Die Gefährtin, Paracelsus* und *Der grüne Kakadu*. Jedes dieser Stücke macht die Probe auf einen anderen Bereich der Wirklichkeit: auf den des Zusammenlebens zweier Menschen, auf das Verhältnis von Traum und Wirklichkeit, schließlich auf die Eigenart einer historischen Umbruchsituation. In *Die Gefährtin*, wie Schnitzler die Umarbeitung einer Erzählung von 1894 nannte, ist deutlich das Muster von Ibsens «analytischen» Dramen übernommen. Am Ende steht die völlige psychische Veródung, das Schlußbild – *Das dunkle Zimmer bleibt eine Weile leer, dann fällt der Vorhang* [192] – zeigt eine Tabula rasa: der Konflikt ist nicht aufgelöst, er ist durch die Analyse gleichsam weggeätzt: Von den Ursachen dieser Entwicklung wird nichts sichtbar.

Das Moment des Konstruierten in diesem Stück geht wohl darauf zurück, daß Schnitzler zu genau der Ibsenschen Enthüllungstechnik folgt. In *Paracelsus* werden dagegen die neuen Gebiete sichtbar, die Schnitzler sich inzwischen erschlossen hat. Obwohl die historische Einkleidung einigermaßen zufällig bleibt, nimmt es Inhalte vorweg, die Schnitzler erst mehr als ein Vierteljahrhundert später (in der *Traumnovelle*) einholen wird. Das Stück könnte bereits als Kritik an der Psychoanalyse gelesen werden. Das Schreckbild einer zur Anpassungswissenschaft gewordenen Analyse wird vorweggenommen, wenn Paracelsus sich erbietet, Symptome ohne tieferes Eingehen auf deren Ursachen zu beseitigen:

Paracelsus: Oft sind die Fragen eines Arztes lästig, / Ich spar' Euch das und mach' Euch doch gesund.

In der ironischen Antwort des Paracelsus auf die erschrockene Abwehr *Nein, nein, ich will nicht lachen und vergnügt sein: Gefällt's dem Fräulein nicht, so lassen wir's / Etwa bei stiller Heiterkeit bewenden* [193] – wird eine zweifelhafte, gleichsam amerikanische Gesundheit sichtbar, die von einer unauffälligen Form des Wahnsinns schon nicht mehr zu trennen ist.

Nicht weniger bedeutsam ist, daß der Analytiker seine eigene Stellung unanalysiert läßt:

Paracelsus:
Es war ein Spiel! Was sollt' es anders sein?
Was ist nicht Spiel, das wir auf Erden treiben,
Und schien es noch so groß und tief zu sein!
Mit wilden Söldnerscharen spielt der eine,
Ein andrer spielt mit tollen Abergläubischen.
Vielleicht mit Sonnen, Sternen irgend wer, –
Mit Menschenseelen spiele ich. Ein Sinn
Wird nur von dem gefunden, der ihn sucht.
Es fließen ineinander Traum und Wachen,
Wahrheit und Lüge. Sicherheit ist nirgends.
Wir wissen nichts von andern, nichts von uns;
Wir spielen immer, wer es weiß, ist klug. [194]

In diesen immer wieder zitierten Worten glaubte man am ehesten des Dichters in einer bequemen Formel habhaft zu werden, ohne sich um die Distanzierung zu bekümmern – «*Wir spielen immer, wer es weiß, ist klug*», sagt Paracelsus, aber nicht ich –, die Schnitzler selbst ausgesprochen hatte. [195]

In *Paracelsus* ist Schnitzlers spätere Kritik an der Psychoanalyse vorbereitet, sie weite den Bereich des Unbewußten gegenüber dem Bewußten unzulässig aus. Die Faszination durch das Unbewußte komme der Kapitulation vor ihm nahe, der latenten Bereitschaft des Ich, zu seiner Entlastung die Verantwortung für das eigene Handeln abzuwerfen. Weil Cyprian zu Beginn des Stückes das Muster eines selbstgewissen Liberalen ist – *Vergangnes ist vergangen* [196] –, konnte überhört werden, daß er, nicht etwa Paracelsus das letzte Wort behält: *Doch was ich heut gesehn, für alle Zeit / Soll's mich vor allzu großem Stolze hüten. / Es war ein Spiel, doch fand ich seinen Sinn; – / Und weiß, daß ich auf rechtem Wege bin.* [197]

Das entspricht in der Wortwahl fast der Sentenz des Paracelsus, daß einen Sinn nur finde, wer ihn suche. Unbestritten bleibt das Wort, daß Sicherheit nirgends sei, aber weil die Vernunft hiervor nicht abdankt, ist es möglich, zu einer relativen Sicherheit zu gelangen, die nicht mehr auf Wahn beruht. Vernunft – damit gelingt Schnitzler der entscheidende Schritt über das positivistisch geprägte Weltbild seiner Zeit hinaus – ist nicht etwas, das schon in den Fakten selbst läge, sondern muß aktiv eingreifend zu diesen hinzutreten. So sind am Schluß die Positionen vertauscht; zu Recht kann Cyprian Paracelsus vorhalten: *Und was Ihr schafft, ist Wahn – doch keine Wahrheit.*[198] Der biedere Liberale, dem die Vernunft von einem Prinzip zum Dogma geworden war, behält in dem Augenblick recht, da er die Vernunft als notwendig zur Interpretation der Fakten, nicht als deren Grundlage erkennt.

Erst in der Konstellation der drei Einakter zeigt sich die Einschätzung der Realität durch Schnitzler, die sich als grundlegend auch für spätere Arbeiten erweisen wird; *Die Gefährtin* zeigt, daß die herkömmliche bürgerliche Ehe, deren scheinbare Stabilität auf der Unterdrückung von Konflikten beruht, keine Zukunft haben kann; *Paracelsus* deutet das Gewicht an, das Schnitzler der Psychologie zumißt, die zwar herkömmliche Sicherheiten zerstört, zugleich aber die Perspektive einer Neukonstruktion menschlicher Beziehungen eröffnet; *Der grüne Kakadu* schließlich enthält eine deutliche Absage an die Politik: anders als in *Paracelsus* sind im *Grünen Kakadu* Schein und Wirklichkeit so vollständig miteinander vermittelt, daß kein archimedischer Punkt außerhalb der Verwirrung sichtbar wird.

Indem Schnitzler die ironische Aufhebung der Realität universell werden läßt, verhindert er, daß aus dem Stück eindeutige Schlüsse, welcher Art immer, gezogen werden können. So scheint der junge, aus der Provinz kommende Chevalier Albin de la Tremouille, der sich von den Invektiven der Schauspieler provozieren läßt, unfähig, den Zynismus seiner Standesgenossen zu teilen. Das *Immerhin,* mit dem er auf die Frage des Dichters Rollin *Sein . . . spielen . . . kennen Sie den Unterschied so genau, Chevalier?* [199] reagiert, enthält scheinbar einen Rest von Charakterfestigkeit gegenüber dem würdelosen Treiben; andererseits aber ist seine Naivität zu diesem Zeitpunkt längst kompromittiert durch die kindische Empörung darüber, daß hungrige Bauern seinen Großonkel einen *Kornwucherer* [200] genannt haben, obwohl François ihn auf die verzweifelte Lage der Bauern aufmerksam gemacht hat. Indem er an dem vermeintlichen Schimpfwort *Kornwucherer* hängenbleibt, unfähig, es in Beziehung zur Realität zu setzen, zeigt er, der noch über Realitätssinn zu verfügen schien, die gleiche Blindheit gegenüber der Wirklichkeit wie der ihm als gegensätzlicher Charakter genau entsprechende Dichter Rollin, der vor lauter ironischer Aufgeklärtheit im Zwischenbereich von Spiel und Wirklichkeit steckenbleibt, und dem Albin, weil sein naives Weltbild noch in Ordnung ist, aus der Patsche hilft:

Rollin: . . . Wirklichkeit geht in Spiel über – Spiel in Wirklichkeit. Sehen Sie doch einmal die Marquise an. Wie sie mit diesen Geschöpfen plaudert, als wären sie ihresgleichen. Dabei ist sie . . .
Albin: Etwas ganz anderes.
Rollin: Ich danke Ihnen, Chevalier.[201]

Scheinen also der Zynismus des François, der die soziale Not sieht, ohne sich von ihr beeindrucken zu lassen, der aufgeklärte Skeptizismus des Dichters und die Naivität des Chevalier zunächst auf ganz verschiedene Charaktere zu deuten, so erweisen sich diese Unterschiede angesichts des allen gemeinsamen Fehlverhaltens gegenüber der Realität als gegenstandslos: keiner von ihnen ist in der Lage, die historische Situation zu erkennen.

Aber auch die revolutionäre Substanz der Schauspieler hält nicht stand; Grasset ist ein Revolutionär aus dem Geist der (eigenen) Rhetorik: *Hier hab' ich angefangen, Lebrêt, hier hab' ich meine erste Rede gehalten, als wenn es zum Spaß wäre . . . und hier hab' ich die Hunde zu hassen begonnen . . .*[202] Dagegen scheint, wie mehrfach betont wurde, wenigstens der Wirt Prospère ein echter Revolutionär zu sein; ihn verrät, was er aus den Schriften des Camille Desmoulins für sich zitiert:

Wirt: . . . «*Noch nie hat sich Siegern eine reichere Beute dargeboten . . . die sich für Eroberer halten, werden unterjocht, die Nation wird gereinigt werden.*»[203]

In den Begriffen von Beute und Unterjochung zeigt sich, daß die Unterdrückten längst in den Kategorien der Unterdrücker denken: verändertes Unrecht, nicht dessen Abschaffung, kündigt sich an. Prospères revolutionärer Impuls ist nicht weniger zweifelhaft als Grassets Rhetorik, die diesen verkünden läßt, der Ruf *Es lebe die Freiheit!* könne nirgends *schöner klingen, als an der Leiche eines Herzogs*[204], obwohl der Herzog gerade aus Eifersucht, dem privatesten aller Gründe, umgebracht worden ist.

Trotzdem ist bei aller Relativierung ein Faktum unbezweifelbar: die Revolution. Mag der Gang der Geschichte für Schnitzler, den liberalen Verächter der Politik, unerkennbar sein: indem er die Handlung exakt auf den Abend des 14. Juli 1789 datiert, bleibt zumindest ihr Ergebnis eindeutig. Kein anderes Datum hätte für Schnitzlers Gegenwart aktueller sein können: denn die bürgerliche Revolution, in Frankreich schon Geschichte, stand, da sie 1848 gescheitert war, in Österreich noch bevor. Schnitzler stellte wiederholt fest, daß das Zeitalter des *Absolutismus* noch nicht vorüber sei. Daß die Zensur das Stück zunächst ohne weiteres freigab – nur der Herzog von Chartres mußte den Phantasienamen Cadignan erhalten –, ist nur dadurch erklärbar, daß im Zeitalter des Historismus jedes historische Dekor (wie etwa in *Der Schleier der Beatrice*) als zufällig gelten mußte. Erst allmählich dämmerte den Hofkreisen, daß es mit diesem Historienstück wohl eine eigene Bewandtnis habe, ohne daß man der Parallelität von Geschichte und Gegenwart ganz habhaft zu werden vermochte: deshalb das Taktieren der Behörden, die zwar weitere Aufführungen verhindern, nicht jedoch zu einem Verbot sich durchringen wollten. Es gab zu viele Zweideutigkeiten in dem Stück: der Kommissär, der mit den Worten *Das geht zu weit!*[205] einschreitet, als der Herzog bereits den Dolch im Hals stecken hat, ist keineswegs geeignet, die Zweifel an der Wirksamkeit der Zensur auszuräumen, und die Frage des Albin: *Wird das auch von hier aus geleitet?*[206] (nämlich die Revolution) ist zwar naiv, aber sie verweist doch auf die andere Frage nach der möglichen Wirkung der Kunst, speziell des Theaters, auf das politische Geschehen. Indem die Behörden das Stück zwischen Le-

Josef Kainz
als Henri in
«Der grüne
Kakadu»

galität und Illegalität beließen, verhielten sie sich der tiefen Zweideutigkeit des Stücks genau entsprechend und damit – wie es sich für eine österreichische Behörde geziemte – noch in einem Akt der Unterdrückung als äußerst kunstsinnig. – Bis zur Uraufführung von *Zwischenspiel* (1905) brachte das Burgtheater kein neues Stück Schnitzlers heraus.

Der Phase des noch ungesicherten jungen Ruhms entspricht in den Jahren um die Jahrhundertwende eine Zeit privater Umstellungen. Das zunehmende Gefühl der Vereinsamung wurde von den Autoren der «Moderne» zunächst durchaus goutiert als Voraussetzung, die eigene «Sensitivität», die «Nervenstände», wie Bahr den französischen Modebegriff «états d'âme» eindeutschte, zu kultivieren. Das geistreichblasierte Bonmot Beer-Hofmanns: «Freunde? Freunde sind wir eigentlich nicht – wir machen einander nur nicht nervös»[207], ist der treffendste Ausdruck des dekadenten Genusses, der aus der Vereinsamung gezogen wurde.

Dagegen fehlt schon Schnitzlers frühesten Notizen zur Problematik der Vereinsamung jede Pose. Er beschreibt Vereinsamung als notwendige Folge der Individuation – *Als I n d i v i d u e n haben wir doch die «Verpflichtung», alles aus unserm Kreise schonungslos hinauszuwerfen, das uns in unsrer Entwicklung stört*[208] –, ohne hierin eine Quelle des Genusses zu sehen: *Unrettbar wird man sich fremd. Und dieses über*

75

*alle Maßen schreckliche Gefühl kommt – daß zwei Leute sich immer,
immer fremd bleiben müssen, daß man nie ganz ineinander hinein kann,
daß man sich eigentlich nie wirklich versteht – In der Empfindung dieser Lebenseinsamkeit sich begegnen – das ist eigentlich die letzte Hoffnung –*.[209] Daß bei dieser Grundeinstellung jede auf Dauer angelegte
menschliche Beziehung problematisch wird, liegt auf der Hand: *Ich werde langsam ein alter Junggeselle*, notierte er Ende 1896.[210] Hinzu
kommt, daß gerade in jenem Herbst die Erscheinungen des Alterns und
des körperlichen Verfalls aufhörten, für ihn bloß Gegenstände distan-
zierten Interesses zu sein.[211] Seit jener Zeit macht ihm ein Gehörleiden zu schaffen, das als Ohrensausen beginnt und sich im Laufe der
Jahre zu einem unerträglichen, nie aussetzenden Vogelgezwitscher stei-
gern wird, das nicht nur einfache Gespräche, sondern auch den Besuch
des Theaters und vor allem die Aufnahme der sehr geliebten Musik wenigstens zeitweise zur Qual zu machen droht.

Daß Schnitzler sich nun – vor allem mit dem Schauspiel *Der einsame Weg* und der Komödie *Zwischenspiel* – der Gestaltung des problematisch gewordenen Zusammenlebens in der Ehe zuwendet, ist deshalb
auch biographisch bedingt, wobei jedoch das Verhalten der Freunde
Beer-Hofmann, Bahr und Hofmannsthal, die kurz nacheinander heiraten, auf einen allgemeinen Wandel des Lebensgefühls, eine Abkehr von
der zuvor zur Schau gestellten erlesenen Einsamkeit und Bindungslo-
sigkeit, verweist; die forcierte Hinwendung zur katholischen Religion
(die Schnitzler nicht vollzog) wird wenig später folgen. Schnitzler selbst
hatte zu dieser Zeit bereits eine eheähnliche Verbindung hinter sich: die
schöne Gesangslehrerin Marie Reinhard hatte ihm 1897 ein Kind geboren, das tot zur Welt kam; als sie selbst im Frühjahr 1899 völlig uner-

wartet an einer Blutvergiftung stirbt, ist Schnitzler dem seelischen Zusammenbruch nahe: *Vor sieben Wochen ist das Geschöpf begraben worden, das ich von allen Menschen der Erde am liebsten gehabt habe, meine Geliebte, Freundin und Braut – die durch mehr als vier Jahre meinem Leben seinen ganzen Sinn und seine ganze Freude gegeben hat, – und seitdem dämmere ich hin, aber existire kaum mehr.*[212] Wie problematisch allerdings noch zu dieser Zeit für Schnitzler der Gedanke an eine Ehe war, ist aus dem Roman *Der Weg ins Freie* (1908) abzulesen, in dem das Verhältnis von Georg von Wergenthin mit Anna Rosner bis in geringe Einzelheiten der Verbindung mit Marie Reinhard nachgebildet ist.

Erst als Schnitzler die junge Schauspielerin und Sängerin Olga Gussmann (1882–1970) kennengelernt hat, beginnen die Widerstände gegen

Arthur Schnitzler

die Ehe nachzulassen, wobei eine nicht geringe Rolle gespielt haben mag, daß er in der klugen und geistreichen Künstlerin endlich die ebenbürtige Gesprächspartnerin gefunden hatte, die seine dichterische Produktion ermutigend und kritisch begleitete. Am 9. August 1902 kommt der Sohn Heinrich zur Welt, ein Jahr später wird die Ehe geschlossen und das Kind legitimiert. Während der nächsten Jahre ist das glückliche Familienleben Ausgleich für die nicht aussetzenden Mißverständnisse durch die Kritik, die finanziellen Sorgen und das zunehmende Gehörleiden: *Alles auf der Welt, jedes Gefühl läßt sich anticipiren, nur nicht das für das eigene Kind.*[213] Nach der Rückkehr von einer Reise: *Nach dem Nachtmahl mit O. spazieren. Wie gut, wieder bei ihr zu sein. – Sie ist Heimat und Sinn meines Lebens.*[214]

Insgesamt aber sind die Jahre bis zum Ausbruch des Krieges, trotz aller Mißgunst im einzelnen, für Schnitzler eine Zeit zunehmender Anerkennung. Als das Burgtheater 1910 das überlange Historiendrama *Der junge Medardus* akzeptiert, ist Schnitzler auf dem besten Wege, auch für seine Landsleute der offizielle Dichter Österreichs zu werden. (Für das Ausland, insbesondere für Rußland und die USA, hat er diesen Rang bereits seit längerer Zeit.) Auch an offiziellen Ehrungen (Bauernfeld-Preis, Grillparzer-Preis) fehlt es nicht.

Zweifellos genießt Schnitzler den endlich erreichten Ruhm, aber er richtet sich nicht heimisch in ihm ein. Aus Sorge um seine Unabhängigkeit und trotz erheblicher finanzieller Schwierigkeiten lehnt er es ab, für die «Neue Freie Presse» regelmäßig über das Burgtheater zu schreiben. Die niemals aussetzenden Angriffe der antisemitischen Presse lassen ihn die Hinfälligkeit aller Popularität nicht vergessen; charakteristisch für das geistige Klima Wiens ist eine Begebenheit, die Schnitzler allein mit dem Wort *Ekel* kommentiert: *Abd. Lanz bei uns. Erzählte, bei der Prem. der Leb. St. auf der Galerie applaudirten zwei rasend; wie ich nicht komme, riefen sie: Warum kommt der arrogante Jud nicht?*[215]

LEUTNANT GUSTLS INNERER MONOLOG

Trotz der verstärkten Wendung zum Privaten verliert Schnitzler nicht die Faktoren aus den Augen, die den privaten Bereich erst bedingen: die Dramen *Der einsame Weg* und *Zwischenspiel* sind flankiert von zwei erzählerischen Werken, in denen eine Summe der gesellschaftlichen Situation gezogen wird: *Leutnant Gustl* (1900) und *Der Weg ins Freie* (1908). Zwar war Schnitzler schon seit Jahren auch als Erzähler hervorgetreten – *Sterben* (entstanden 1892, veröffentlicht 1894), eine nahezu klinische Studie über die Persönlichkeitsveränderungen eines unheilbar an Tuberkulose Erkrankten, hatte ihn zuerst einer breiteren Öffentlichkeit bekannt gemacht und zugleich die Abwendung des Autors von aller modischen Koketterie mit dem Tode markiert –, aber hier wie in anderen Novellen hatte, wie Schnitzler später kritisierte, der *Fall* ihn *mehr interessiert als die Menschen, und ich denke das meiste aus dieser Epoche muß wie luftlos wirken*[216]. In Erzählungen wie *Blumen* (1894) und

Marie Reinhard

Die drei Elixire (1894) ist die direkte Anknüpfung an autobiographische Probleme nicht zu übersehen. Dagegen zeichnet sich die nach der Jahrhundertwende entstandene Prosa durch die Tendenz zu verstärkter Objektivierung aus.

In *Leutnant Gustl* stößt Schnitzler zur Darstellung der gesellschaftlichen Totalität vor, in dem er die formalen Mittel der Subjektivierung radikalisiert. Drei Dutzend Seiten genügen, um ein erstaunlich voll-

Olga Schnitzler, geb. Gussmann

ständiges Bild der österreichischen Realität zu entwerfen; das wird möglich durch die konsequent durchgehaltene Technik des «inneren Monologs», den Schnitzler, indem er ihn in die deutschsprachige Literatur einführt, zugleich zur äußersten Leistungsfähigkeit entwickelt (das gleiche Stilmittel, wenn auch weniger konsequent, hatte vor ihm nur Édouard Dujardin in dem Roman «Les Lauriers sont coupés», 1888, gebraucht). Hinzu kommt, daß Schnitzler – erst hierdurch gewinnt die Erzählung ihren repräsentativen Charakter – in der Titelfigur den bedeutsamen Sozialcharakter seiner Zeit ausgewählt hat: einen Leutnant der k. u. k. Armee, jener Institution, die allein noch die Einheit des Staa-

tes garantierte, in dem die zentrifugalen Kräfte allmählich die Oberhand gewannen.

Schnitzler schafft die Voraussetzung der Verbindung von individuel-
ler Psychologie und Gesellschaftsanalyse, indem er die Gedanken des
Leutnants um zwei Impulse: aggressive Neigungen und sexuelle Stimu-
li, zentriert. Gustls psychische Disposition entspricht damit der Grundtendenz des imperialistischen Staates: der gewaltsamen Realisierung des
Expansionsdrangs. Durch die Übereinstimmung der individuellen mit
der gesamtgesellschaftlichen Disposition stellt sich ein trügerisches Gefühl der Gemeinsamkeit und der Stärke ein; nachdem er gerade erst
seiner völligen Isolation innegeworden war – *Aber das geht mich nichts
an – . . . Also, was geht mich denn eigentlich an?* [217] –, empfindet er
ein unwillkürliches Gefühl der Befriedigung und der Identifikation mit
dem Staat, als er vor der Hofburg die aus Bosniaken bestehende Wache
wahrnimmt: *Die Bosniaken – schau'n gut aus – der Oberstleutnant
hat neulich g'sagt: Wie wir im 78er Jahr unten waren, hätt' keiner geglaubt, daß uns die einmal so parieren werden! . . . Herrgott, bei so was
hätt' ich dabei sein mögen – [. . .] Das ist halt zuwider, daß unsereiner
nicht dazu kommt. – Wär' doch schöner gewesen, auf dem Felde der
Ehre, fürs Vaterland, als so . . .* [218] Da Gustl den Vorsatz, sich umzu-
bringen, nicht durchführen muß, dürfte dieser Wunsch für ihn doch
noch in Erfüllung gegangen sein. Denn der Ausbruch des Weltkriegs
geht bis auf die Ereignisse des Jahres 1878 zurück, als während des Berliner Kongresses Österreich-Ungarn es gestattet wurde, die ein Jahr zuvor
in einem Geheimvertrag mit Rußland beschlossene «Okkupation» Bos-
niens und der Herzegowina zu vollziehen. Schon acht Jahre nach dem
Erscheinen der Novelle gerät Europa an den Rand des Weltkriegs, als
Österreich die «Okkupation» der beiden Gebiete in eine «Annexion»
umwandelt, und die Ermordung des Thronfolgers Franz Ferdinand (der
sich der Annexion widersetzt hatte) sechs Jahre später, die die Katastrophe schließlich auslöste, war eine direkte Folge der ungelösten Konflikte auf dem Balkan. Bereits dieses Detail läßt erkennen, wie genau jeder Gedankensplitter des Leutnants auf die historische Lage verweist,
wenn auch er selbst von diesen Zusammenhängen nichts ahnt; bezeichnenderweise sieht er die mögliche Aufgabe der Armee in der Abwehr der
«gelben Gefahr»: *. . . am liebsten möchten sie gleich 's ganze Militär
abschaffen; aber wer ihnen dann helfen möcht', wenn die Chinesen über
die kommen, daran denken sie nicht. Blödisten!* [219] Damit übernimmt er
das – von Wilhelm II. populär gemachte – ideologische Klischee, das
von den sehr viel näherliegenden Interessen des imperialistischen Staates abzulenken geeignet war.

Wie die Armee ihre Aufgabe in der Verteidigung vor einem imaginä-
ren Feind sieht, so wird sich auch der Leutnant seiner Aggressionen
nicht bewußt, er tendiert sogar dazu, seine aggressiven Neigungen als
Selbstmitleid zu erfahren: *Es ist doch fabelhaft, da sind auch die Hälfte
Juden . . . nicht einmal ein Oratorium kann man mehr in Ruhe genießen . . .* [220] Ebensowenig wird ihm klar, daß seine Aggressionen in en-
gem Zusammenhang mit sexuellen Impulsen stehen; überaus bezeichnend ist der Zusammenhang, in dem er zum erstenmal an seinen Duell-

gegner des kommenden Tages denkt: *Das Mädel drüben in der Loge ist sehr hübsch* [221], räsoniert er im Konzertsaal. Da dieser Impuls für den Augenblick sich nicht weiterverfolgen läßt, sucht er sich durch einen Blick ins Programm abzulenken, bis schließlich die zurückgedrängte Triebenergie sich einen anderen Ausweg schafft: *Warten S' nur, Herr Doktor, Ihnen wird's vergeh'n, solche Bemerkungen zu machen! Das Nasenspitzel hau' ich Ihnen herunter* ... [222] Umgekehrt vermag ein aggressiver in einen sexuellen Impuls überzugehen: nachdem er einen anderen Konzertbesucher durch einen drohenden Blick glaubt eingeschüchtert zu haben, kann die freigesetzte Energie an ein erotisches Ziel abgeführt werden: *Schaut schon weg!* ... *Daß sie alle vor meinem Blick so eine Angst hab'n* ... «*Du hast die schönsten Augen, die mir je vorgekommen sind!*» *hat neulich die Steffi gesagt* ... *O Steffi, Steffi, Steffi!* [223] Schließlich zeichnet sich der Konflikt, der beim Zusammentreffen mit dem Bäckermeister vor der Garderobe ausbricht, schon wenige Minuten vorher ab: *Na, vielleicht! Wie lang' wird der da noch brauchen, um sein Glas ins Futteral zu stecken? — «Pardon, pardon, wollen mich nicht hinauslassen?»* [224] Daß der Leutnant in der genau gleichen Situation den Rest seiner Beherrschung verliert, während er eben noch gerade die Form wahren konnte, wird wohl dadurch ausgelöst, daß er in der Zwischenzeit eine Enttäuschung hinnehmen mußte: ein Mädchen, dem er beschlossen hatte nachzugehen, muß er mit einem anderen abziehen sehen: *Hat ihm schon! So ein elender Fratz! Laßt sich da von einem Herrn abholen, und jetzt lacht sie noch auf mich herüber! — Es ist doch keine was wert* ... [225] Als gleich darauf die sexuelle Frustration in eine Beleidigung gegen den Bäckermeister umgesetzt wird, ist die Katastrophe da.

Daß das Verhalten Gustls immer wieder von Triebregungen gesteuert wird, bedeutet indessen nicht, daß sein Verhalten dadurch schon hinreichend erklärt wäre. Zwar verweisen seine scheinbar willkürlich von einem Gegenstand auf den andern überspringenden Aggressionen und Triebimpulse auf seine zentrale Charakterdeformation: seine Affektarmut, die Unfähigkeit, seine libidinösen Energien dauerhaft auf ein Objekt zu fixieren; diese wiederum ist bedingt durch die veränderte Stellung des Subjekts zur Außenwelt: im schub- und ruckweisen Vorwärtsdrängen der Assoziationen verrät sich etwas von dem verborgenen Ohnmachtgefühl des Ich, das sich keine Möglichkeit des Einflusses mehr zutraut auf eine Umwelt, die wie ein Fließband an ihm vorüberzieht. Aber eine ausschließlich psychologische Erklärung ginge an den eigentlichen Ursachen von Gustls Verhalten in ähnlicher Weise vorbei wie dieser selbst, wenn er seine völlige Orientierungslosigkeit immer wieder durch willkürliche Begründungszusammenhänge zu überspielen sucht: *Die Steffi ist eigentlich schuld, Der Ballert ist eigentlich schuld* [226]. Denn Gustls Unbehagen sitzt tiefer: es hat soziale Gründe. Charakteristisch für ihn ist die Angst, nicht «dazuzugehören»: *Was guckt mich denn der Kerl dort immer an? Mir scheint, der merkt, daß ich mich langweil' und nicht herg'hör'* ... *Ich möcht' Ihnen raten, ein etwas weniger freches Gesicht zu machen, sonst stell' ich Sie mir nachher im Foyer!* [227] Gustl fühlt, daß er nicht in den Konzertsaal paßt: längst ist der Bereich der Kunst zur Sphäre der Selbstdarstellung des Besitzbürgertums geworden, jener Bevölkerungsschicht, zu der er nicht gehört: in seiner Angst, gesellschaftlich deplaciert zu sein, findet die tiefe Unsicherheit des Kleinbürgertums ihren Ausdruck, das neidvoll miterleben mußte, wie der politische Liberalismus zum Statussymbol des Großbürgertums wurde und nun von der Angst beherrscht war, zum Proletariat abzusinken. Die Sozialdemokratie konnte kein Ausweg sein, da gerade zu ihr die Schrecken der Reproletarisierung assoziiert wurden; Gustl dürfte deshalb anfällig sein für die Propaganda der christlich-sozialen Bewegung, die zwar unzweifelhaft manche sozialen Verbesserungen herbeiführte, zugleich aber, da sie der irrationalen gesellschaftlichen Entwicklung ihr Entstehen verdankte, auf irrationale Elemente keinesfalls verzichten konnte. Hier liegen die Ursachen sowohl des Antisemitismus als auch der Aggressionen Gustls: *Überhaupt, daß sie noch immer so viel Juden zu Offizieren machen — da pfeif' ich auf'n ganzen Antisemitismus!* [228] Vor sich selbst gesteht der Leutnant ein, daß weder religiöse noch rassische, noch weltanschauliche Gründe dem Antisemitismus zugrunde liegen, sondern daß dieser seine genaue soziale Funktion hat: er dient der Sicherung des verbliebenen Besitzstandes und stiftet zugleich eine scheinhafte Identität, die als Ersatz für das verlorene bürgerliche Selbstverständnis herhalten muß.

Die Autonomie des Bürgertums ist verlorengegangen; sie überdauert lediglich in den Werken der Kunst, in denen allein das Geschehen noch sinnvoll organisiert erscheint. Aber mit dem sinnvoll strukturierten Zeitverlauf, wie er in der Musik erscheint, kann Gustl buchstäblich nichts anfangen: *Wie lange wird denn das noch dauern? Ich muß auf die Uhr schauen . . .* [229] Zu seiner Orientierung ist allein die mechanische Zeitmessung geblieben, wie er auch alle Gefühlsqualitäten, die mit Erotik verbunden sein könnten, auf den mechanischen Akt reduziert: *Ach Gott, das ist doch das einzige reelle Vergnügen . . .* [230] Dem Leutnant seine innere Öde vorzuhalten, wie es die Forschung mit Hingabe unternimmt — «Das spezifische Gewicht von Gustls Persönlichkeit hat sich auch unter dem Druck des nahen Todes nicht verändert» [231] —, ist deshalb so zutreffend wie wohlfeil. Der totalen Heteronomie, die Gustl kennzeichnet, ist er mit Notwendigkeit verfallen. Nachdem durch den ökonomischen Niedergang des Kleinbürgertums auch die väterliche Autorität gebrochen ist — daß der Vater, im Gegensatz zu Mutter und Schwester, in Gustls Gedanken kaum eine Rolle spielt, dürfte zusammenhängen mit seiner wirtschaftlichen Schwäche: er hat Gustl nicht einmal eine Karriere bei der höher angesehenen, aber auch kostspieligeren Kavallerie ermöglichen können [232] —, bleibt nur die Autorität, die das Militär zu vermitteln hat; beinahe kindlich ist Gustls momentane Erleichterung, als er beschlossen hat, dem Obersten Meldung zu machen. [233] In der militärischen Hierarchie findet der Kleinbürger Gustl alles, worauf er sonst verzichten muß: die Sicherheit eines definierbaren gesellschaftlichen Standorts und ein vages Gemeinschaftsgefühl. Die spöttische Bemerkung des Akademikers, daß nicht alle Offiziere ausschließlich aus Vaterlandsliebe zur Armee gegangen seien, muß ihn deshalb an den Wurzeln seiner Identität treffen; er kann gar nicht anders, als dessen allgemein gehaltene Worte auf sich selbst zu beziehen: *Der Doktor hat das absolut in dem Ton gesagt, als wenn er direkt mich gemeint hätt'. Er hätt' nur noch sagen müssen, daß sie mich aus dem Gymnasium hinausg'schmissen haben, und daß ich deswegen in die Kadettenschul' gesteckt worden bin . . .*[234]

Aber Gustls geborgte Identität ist so abstrakt wie die der in sich zerrissenen Gesellschaft. So ist auch der Ausdruck dieser Identität, die Ehre, ein bloß abstraktes Prinzip, das eben deshalb des äußersten Zwangs und der Ausnahmslosigkeit bedarf, um respektiert zu werden. Die Offizierehre, für die Gustl bereit ist zu sterben, reicht nicht einmal aus, um die Substanz zu einer handfesten Ideologie abzugeben: *Neulich ist in der Zeitung gestanden von einem Grafen Runge, der hat fortmüssen wegen einer schmutzigen Geschichte, und jetzt hat er drüben ein Hotel und pfeift auf den ganzen Schwindel . . .*[235] Erst später bemerkt Gustl, was für Gedanken er sich eigentlich macht: *Wenn ich wollt', könnt' ich noch immer den ganzen Krempel hinschmeißen . . . Amerika . . . Was ist das: «Krempel»? W a s ist ein «Krempel»? Mir scheint, ich hab' den Sonnenstich!* [236] Was der innere Monolog hier aus dem Bewußtseinsstrom ländet, ist die halb unbewußte Einsicht in die Scheinhaftigkeit der Ideologie, die Gustls Handeln bestimmt. Es bedürfte, so scheint an dieser Stelle abzulesen zu sein, nur einer geringen Anstrengung, um dem heteronomen Zustand zu entkommen.

Der innere Monolog, jene dem psychoanalytischen Gespräch verwandte Technik, ist an dieser Stelle in Schichten des Bewußtseins vorgestoßen, die zuvor noch unerreichbar waren; es ist bezeichnend, daß er, als Gustl noch nicht den Konflikt mit dem Bäckermeister provoziert hatte, gleichsam ausgesetzt worden war, als Gustl an seine Autoritäten appellierte: *Und dann, wie Seine Hoheit die Front abgeritten sind . . . da muß einer schon ein ordentlicher Lump sein, wenn ihm das Herz nicht höher schlägt . . .*[237] Gustl hat die Hierarchie, die ihm Halt gibt, so verinnerlicht, daß er gleichsam in Zeitungsphrasen denkt; wenig später hält dieselbe Ideologie nicht mehr stand, aber jetzt zeigt sich, daß die Furcht, den künstlichen Halt zu verlieren, an Stärke den Impuls zu eigener Verantwortung überwiegt: Gustl weist das Wort *Krempel* zurück: *Oho, bin ich vielleicht deshalb so ruhig, weil ich mir immer noch einbild', ich muß nicht? . . . Ich muß! . . . Nein, ich will!* [238]

Es ist die Genealogie der Moral, die der Leutnant noch einmal für sich allein entdeckt. Das bloße Bewußtmachen eines Zwangs, soviel wird hier deutlich, genügt nicht, ihn zu überwinden, solange der gesellschaftliche Druck auf den Individuen übermächtig ist. Deshalb ist die Skepsis so tief wie die Einsicht, die diese Novelle vermittelt.

Leutnant Gustl kostete Schnitzler seinen Offiziersrang als Oberarzt der k. u. k. Armee. Nachdem die Novelle in der Weihnachtsnummer 1900 der «Neuen Freien Presse» erschienen war, wurde ein ehrenrätliches Verfahren gegen ihren Autor angestrengt. Schnitzler erschien nicht zur Verhandlung. Das Urteil erging gegen ihn, weil er die «Standesehre» verletzt und das «Ansehen der österr. ung. Armee geschädigt und herabgesetzt» habe.[239]

DER EINSAME WEG

Im Frühjahr 1906 notiert Schnitzler im Tagebuch: *Es ist mir (wahrscheinlich allen Juden) versagt, ein absolut gutes Drama zu schreiben. Dazu gehört eins: sich innerhalb des gegebenen zu beruhigen ... Der Held des Dramas muß innerhalb der bestehenden Gesetze weiterlaufen ... Der Dramatiker mag von Vergangenheiten schwer sein; zukunftsträchtig darf er nie und nimmer sein.*[240] Das bedeutet nicht unbedingt, daß das gelungene Drama nur einen konservativen Gehalt haben könne, vielmehr meldet in diesen Sätzen sich der Zweifel an, ob den Problemen, denen er sich zuwendet, die dramatische Form überhaupt gerecht werden könne.

«Undramatisch» ist am *Einsamen Weg* bereits der Titel: wenn alle Personen nur ihrem je eigenen Weg folgen können, verschwindet tendenziell der dramatische Konflikt, der einander kreuzende Wege voraussetzt. Undramatisch sind die Ansichten, die die Personen vertreten:

Sala: ... Wenn Sie im Mittelpunkt der Erde wohnten, wüßten Sie, daß alle Dinge gleich schwer sind. Und schwebten Sie im Mittelpunkt der Welt, dann ahnten Sie, daß alle Dinge gleich wichtig sind.[241]

Undramatisch ist es, wenn Reumann die Kategorie der Schuld leugnet mit dem Argument: *Glücklich machen ist besser als schuldlos sein .. Eine Lüge, die sich so stark erwiesen hat, daß sie den Frieden eines Hauses tragen kann, ist mindestens so verehrungswürdig als eine Wahrheit, die nichts anderes vermöchte, als das Bild der Vergangenheit zu zerstören, das Gefühl der Gegenwart zu trüben und die Betrachtung der Zukunft zu verwirren.*[242] Hier bleibt der ursprüngliche Konflikt: die Tatsache, daß Felix nicht der Sohn Wegrats, sondern Fichtners ist, überhaupt folgenlos; was zählt, ist die – gelebte – Intaktheit der Familie, nicht die falsche Voraussetzung, die ihr zugrunde lag. Solche Veränderung wäre nicht möglich ohne tiefgehende soziale Umorientierungen: Reumanns humane Einstellung hat einen alle Lebensbereiche durchdringenden ökonomischen Pragmatismus zur Voraussetzung, dessen einziges Kriterium Bewährung, Effektivität ist. Schließlich und vor allem ist es undramatisch, wenn den Dramengestalten die Gegenwart überhaupt abhanden kommt: *Gegenwart ... was heißt das eigentlich?* [243] Denn der «Zeitablauf des Dramas ist eine absolute Gegenwartsfolge»[244]. (Daher meint «undramatisch» hier und in anderem Zusammenhang niemals «ungeeignet für die Bühne» oder «langweilig», sondern verweist stets auf die von Peter Szondi dargestellte, seit etwa 1880 zu beobachtende «Episierung» des Dramas, die die «absolute Gegenwartsfolge» allmählich auflöst.) Wo die Gegenwart selbst zweifelhaft wird, hebt das Drama sich selbst auf.

Diese Tendenz steht in Zusammenhang mit Schnitzlers Äußerung, daß der *Held des Dramas ... innerhalb des bestehenden Gesetzes weiterlaufen* müsse. Im traditionellen Drama bleibt noch der radikal zugespitzte Konflikt eingebettet in eine vorgegebene Wertordnung, wie es umgekehrt diese Ordnung ist, die den Konflikt erst ermöglicht. Wo dagegen – *Der einsame Weg* markiert sehr genau die Phase des Übergangs – die alte Ordnung im Verschwinden begriffen ist, treten zentrifugale Kräfte auf, die tendenziell das dramatische Personal samt seinen Problemen von der Bühne fegen. Tatsächlich werden nun aus früheren Stücken Motive aufgenommen, die nun gleichsam endgültig erledigt werden: So ist Fichtners hochmütiges Urteil über *Leute von der Art Wegrats*, sie seien nicht dazu geschaffen, wirklich zu besitzen – weder Frau noch Kinder: *Sie mögen Zuflucht, Aufenthalt bedeuten – Heimat nie* [245] –, das lediglich dessen vollendete Verblendung beweist, denn Wegrat ist die einzige Gestalt des Dramas, die *Heimat* bedeuten kann, zugleich ein Urteil über Paracelsus, der Cyprian auf die gleiche Weise abfertigte: – *glaubt Ihr, hier sei ihr Heim? / Zu Gast ist sie bei euch –* [246] Da Fichtner, der gealterte impressionistische Künstler, kläglich versagt, wird die Aufwertung der bürgerlichen Lebensform Wegrats, der sich selbst als *Kunstbeamten* bezeichnet [247], unausweichbar, zumal Wegrat der einzige ist, der menschliche Beziehungen anders denn in Kategorien des Besitzes zu denken vermag: *... unsere Kinder ... können uns ja nie gehören. Und was die andern Menschen anbelangt ... auch unsere Freunde sind doch nur Gäste in unserem Leben ...* [248]

Trotzdem liegt die eigentliche Bedeutung des Stücks nicht in der Kritik der impressionistischen Lebensform, sondern darin, daß hinter den Formen privater Entfremdung die neuen, aggressiven Verhaltensweisen der Gesellschaft sichtbar werden. So entspricht die Begründung, die Fichtner für den aggressiven Anspruch auf seinen Sohn liefert: *Verleiht es nicht schließlich auch ein gewisses Anrecht auf jemanden, wenn man seiner bedarf?* [249], einer Politik, die den moralischen Anspruch auf Weltherrschaft aus dem Bedürfnis nach neuen Märkten und neuen Rohstoffquellen ableitet. Dem entspricht der zutiefst zweideutige Charakter der Expedition, an der teilzunehmen Sala Felix Wegrat überredet. Zwar handelt es sich hierbei um ein privates, archäologisch ausgerichtetes Unternehmen, aber die wiederholte Erwähnung der militärischen Begleitung legt die Vermutung nahe, daß der *politisch-militärische Anstrich* [250] in Wirklichkeit die Hauptsache sei.

Es ist durchaus wahrscheinlich, daß dem Autor diese unterschwelligen Tendenzen verborgen blieben: desto deutlicher werden die Gefahren, die eine ziellos schweifende, an keine bestimmten Affekte mehr gebundene Subjektivität mit sich bringt. Hofmannsthal rühmt den «Ton», «in dem da in einer geheimnisvoll verdünnten Luft ganze Existenzen miteinander ringen, miteinander abrechnen, Vergangenheit und Gegenwart ineinander wechselweise aufheben und sich ineinander verwinden» [251]. Es sind die unbestimmten, nicht mehr definierbaren Sehnsüchte der Gestalten, die diesen «Ton» ausmachen. Das Gespräch, das Johanna mit ihrem Bruder darüber führt, daß *die Worte nicht dasselbe wie früher* bedeuten [252], führt in das verborgene Zentrum des Stücks. Johanna erinnert sich an ein Bild mit einer offenen, in die Ferne weisenden Landschaft: *Und wenn einer sagte «die weite Welt», oder wenn ich das Wort irgendwo las, so hab' ich immer an das Bild denken müssen. Und so ging's mir mit vielen von diesen Worten, die so großartig klingen. Gefahr, das war ein Tiger mit weitaufgesperrtem Rachen, – Liebe,*

«Der einsame Weg». Leopold Rudolf als Stephan von Sala.
Theater in der Josefstadt, Wien 1962. Regie: Heinrich Schnitzler

*das war ein Page mit blonden Locken, der vor einer Dame kniet, – der
Tod war ein schöner Jüngling mit schwarzen Flügeln und einem Schwert
in der Hand, – und Ruhm war Schall von Trompeten, Menschen, die
sich verneigen, und ein blumenbestreuter Weg. Damals konnte man freilich über alles reden, Felix. Aber jetzt sieht alles anders aus ... Ruhm
und Liebe und Tod und die weite Welt.*[253]

Es ist der Verlust der Aura der Worte, den Johanna empfindet; der
Aura, die Walter Benjamin definierte als «einmalige Erscheinung einer
Ferne, so nah sie sein mag»[254]. Er ist Ausdruck der abstrakter werden-
den Beziehungen der Menschen untereinander im Zeichen der immer
stärker durchrationalisierten ökonomischen Prozesse. In der frühkapi-
talistischen Phase hatte der dem Kaufmannsstand entflohene Wilhelm
Meister ein ähnliches Phänomen beschrieben: «Was ist reizender als der
Anblick eines Schiffes, das von einer glücklichen Fahrt wieder anlangt ...
Wir leben im Gewinn und Verlust, und wenn uns beides nur in Zahlen

zu Gesichte kommt, so macht uns das eine dunkle Furcht und dagegen das andere keine innerliche herzliche Freude.»[255] Es ist diese «dunkle Furcht», die Felix wünschen läßt, früher auf die Welt gekommen zu sein, *als es noch nicht so viel Ordnung gab, als man allerlei wagen konnte, was man heute nicht mehr wagen darf*[256]. Den Ausweg aus dem abstrakt werdenden Leben sieht er darin, der Armee beizutreten: *Jedenfalls steht mir eine wirkliche Tätigkeit bevor und eine neue weitere Welt.*[257] Im Gegensatz zu seiner Schwester, die aus einer steril gewordenen Welt den Weg nach innen antritt, bindet er seine Affekte an eine Institution, die seine Energien, ohne daß er sich dessen bewußt wurde, für die aggressive Aneignung der *weiten Welt* zu nutzen versteht. Aber auch der Weg nach innen führt zur Zerstörung: Johanna kehrt im Selbstmord ihre Aggressionen gegen sich selbst, und in ihrer wiederholt geäußerten Abneigung gegen alle, die schwächer sind als sie – *Wie eine Feindschaft regt es sich in mir gegen Menschen, die auf mein Mitleid angewiesen sind* [258] –, meldet sich bereits die faschistische Herrenmoral an, die Nietzsches Ausfälle gegen das Mitleid sich zu eigen zu machen verstand.

Im *Einsamen Weg* hat Schnitzler eine Gesellschaft im Übergang vorgestellt, der bei allen Gefährdungen aufklärerische Entwicklungen nicht fehlen: indem Felix es ablehnt, dem Besitzanspruch Fichtners zu folgen und sich als dessen Sohn zu akzeptieren – *Es ist eine Wahrheit ohne Kraft . . .*[259], dagegen sich für Wegrat entscheidet, wählt er zugleich eine Form der Gemeinschaft, die nicht mehr, wie die Familie bisher, begründet ist durch die vorrationalen, mythischen Bindungen des «Blutes». Die irrationale Verherrlichung der Armee beendet diese Entwicklung zur Autonomie. In dieser Unentschiedenheit endet das Stück.

ZWISCHENSPIEL

Das ist ja das Charakteristische aller Übergangsepochen, daß Verwicklungen, die für die nächste Generation vielleicht gar nicht mehr existieren werden, tragisch enden müssen, wenn ein leidlich anständiger Mensch hineingerät.[260]

Es ist der Schriftsteller Albertus Rhon, der die Problematik der Komödie *Zwischenspiel* zusammenfaßt (dem ersten Stück Schnitzlers, das wieder am Burgtheater – 1905 – uraufgeführt wird). Dabei fällt weniger ins Gewicht, daß diese ernsten Worte zu der Bezeichnung «Komödie» in deutlichem Widerspruch stehen (Schnitzler selbst machte sich zuweilen über seine ernsthaften Komödien lustig: *Ich bitte Sie! Lustspiel! Ich habe die größte Mühe, die Leute am Leben zu erhalten* [261]), als vielmehr die Tatsache, daß der Begriff des Tragischen nicht länger auf einen Punkt außerhalb der Zeit verweist, sondern ausdrücklich in die historische Entwicklung hineingenommen wird, ohne daß er seine Verbindlichkeit verlöre. Damit nimmt die Kunst die starke Dynamisierung der geschichtlichen Entwicklung, den beschleunigten Zerfall einer noch immer nach feudalen Prinzipien strukturierten Gesellschaft zur Kenntnis.

Zwischenspiel hat den Charakter eines Experiments: Was geschieht, wenn ein Ehepaar es unternimmt, die Institution Ehe nicht auf Konventionen, sondern auf absoluter gegenseitiger Aufrichtigkeit zu begründen. – Dazu ist zunächst notwendig, daß die Ehepartner mit gleichen Möglichkeiten ausgestattet sind. So ist es nicht Willkür, daß beide Protagonisten Künstler sind: kein anderer sozialer Status innerhalb der bürgerlichen Gesellschaft hätte für die Frau die zumindest formale Möglichkeit einer gleichberechtigten Entwicklung geliefert; Nora Helmers' Emanzipation (in Ibsens Stück) ist von vornherein zum Scheitern verurteilt, weil sie in völliger wirtschaftlicher Abhängigkeit von ihrem Mann lebt.

Indem kaum ein offenkundiger Konflikt verhandelt wird, vielmehr die Möglichkeiten des Zusammenlebens auf die Probe gestellt werden, ist auch *Zwischenspiel* wesentlich undramatisch; die entscheidenden Vorgänge vollziehen sich nicht im Dialog, sondern jenseits der gesprochenen Worte. Die Katastrophe: das Auseinanderbrechen des gemeinsamen Lebens, das schon im ersten Akt erfolgt, vollzieht sich so unauffällig, daß die Gestalten sich erst nachträglich des Geschehenen bewußt werden:

Amadeus: Sollte jetzt, mit einemmal, wirklich die Stunde da sein?
Cäcilie: Welche Stunde?
Amadeus: Nun – die wir beide so lang, auch in den schönsten Tagen vorhergesehen, die wir beinahe wie etwas Unausbleibliches erwartet haben?
Cäcilie: Sie ist da. Ja. Jetzt wissen wir, daß es vorbei ist.
Amadeus: Vorbei? . . .
Cäcilie: Ich glaube, wir sprechen die ganze Zeit von nichts anderem.[262]

Was von diesem Augenblick an den Inhalt des Stücks ausmacht, ist der Versuch, die Beziehung durch die Anwendung rationaler Begriffe, durch *Aufrichtigkeit, Objektivität, Wahrheit* zu retten.[263] Wie aber bereits die eigentliche Ursache der Entfremdung dem Dialog sich entzogen hatte, so muß auch der Versuch rationaler Bewältigung des Konflikts scheitern, weil die Begriffe, wie wahrhaftig sie auch immer gemeint sind, der Realität nicht gerecht werden. Es liegt nahe, diesen Sachverhalt mit dem Begriff der «Sprachskepsis» zu kennzeichnen, die Hofmannsthal in seinem berühmten Chandos-Brief (1901) beschrieben hatte. Aber Schnitzler geht einen entscheidenden Schritt über Hofmannsthal hinaus, indem er sich nicht in Sprachmetaphysik verliert, sondern die Gründe für das Versagen der Sprache sichtbar werden läßt: die «Wahrheit», zu der Amadeus sich – subjektiv aufrichtig – bekennt, ist unzureichend, weil die Motive, die sie allererst bedingen, nicht einbezieht. Denn hinter den Wahrheiten, die er ausspricht, steht sein Unbehagen darüber, daß in seiner Beziehung zu Cäcilie der erotische Reiz erloschen ist. So wird Rationalität zu Rationalisierung: hinter seiner moralisch anspruchsvollen «Wahrhaftigkeit» verbirgt sich das wesentlich banalere Bedürfnis nach sexueller Abwechslung. Er besinnt sich in dem Augenblick auf die getroffene Vereinbarung, da sie ihm zum Vorwand dienen kann, der es ihm gestattet, einen ganz normalen Seitensprung mit Cäcilies Einverständnis in die Wege zu leiten.

Weil Cäcilie diesen Zusammenhang ahnt, ist sie mißtrauisch gegen die Worte: *Glaubst du nicht, Amadeus, daß manche Dinge geradezu anders werden dadurch, daß man versucht sie auszusprechen?* [264] Aber sie gelangt nicht zu der Einsicht, daß die von Amadeus diktierte Emanzipation zu ihren Lasten geht. Indem sie sich den Spielregeln der von ihm vorgezeichneten und zugleich verkürzten Rationalität fügt, verzichtet sie darauf, ihre Vorbehalte wenigstens aussprechen zu können: was sie eigentlich beschäftigt, findet nur gestischen Ausdruck, wird abermals aus dem Dialog ausgeschlossen:

Amadeus: Cäcilie! (Er zieht sie plötzlich an sich.)
Cäcilie: Was tust du? (Neue Hoffnung im Blick.)
Amadeus (umarmt sie): Ich habe meiner Geliebten Lebewohl gesagt.
Cäcilie: Auf immer.
Amadeus: Auf immer. [265]

So vollzieht sich notwendig das endgültige Scheitern der Beziehung, weil der – von Amadeus durchaus ernstgemeinte – Versuch, aus der konventionellen Lebensführung auszubrechen, letzten Endes doch wieder die männliche Herrschaft befestigt. Wie sehr Amadeus von den Konventionen, die er hinter sich gelassen zu haben glaubt, bestimmt wird, zeigt sich darin, daß er die Selbständigkeit, zu der Cäcilie während der Trennung gelangt, nicht zu ertragen vermag:

Amadeus: ... Nein, du bist nicht die, die jahrelang meine Frau war; das habe ich in dem Augenblick empfunden, als du hereintratest. – ... Die, die heute kam, hat eine Stimme, die ich nie gehört, Blicke, die mir fremd sind, eine Schönheit, die ich nicht kenne, – keine bessere, glaub' ich, als jene andere, eher eine grausamere – und doch eine, glaub' ich, die mehr geschaffen ist zu beglücken. [266]

Amadeus ist nicht in der Lage, die Selbständigkeit, die Cäcilie sich erworben hat, anders zu rezipieren denn als neuen erotischen Reiz; unfähig, Cäcilies Freiheit zu respektieren, kennt er keine andere Reaktion als die des Konsums: indem er den neuen Reiz konsumiert, vernichtet er ihn. Eine Liebesbeziehung jedoch, die die Fremdheit des anderen – notwendige Voraussetzung von Freiheit – nur konsumierend zu beantworten weiß, hat ihr Ende schon von Anfang an gesetzt: sie erlischt, wenn der letzte Rest dieser Fremdheit verbraucht ist. Damit schließt sich ein Kreis: das Stück mündet in seinen Anfang. Darauf reagiert Cäcilie. Sie hat erkannt, daß das scheinbar autonome Verhalten von Amadeus noch immer bestimmt ist von den Verhaltensweisen der patriarchalischen Gesellschaft. Es ist bezeichnend, daß sie auf die Frage, warum sie ihre Freiheit nicht genutzt habe, nicht persönlich antwortet, sondern die allgemeine Form wählt: *Ich bin eine Frau, Amadeus. Und es scheint so: irgend etwas macht uns auch dann noch zögern, wenn wir schon längst entschlossen sind.* [267] Damit gibt sie zu erkennen, daß alle subjektiven Bestrebungen nach Freiheit noch immer überlagert sind von der gesellschaftlichen Totalität. Zwar endet das Stück nicht ganz ohne Hoffnung – Cäcilie läßt die Möglichkeit einer späteren Wiederannäherung offen –, aber auch nach einer längeren Phase der Trennung wird das Mißlingen sich wiederholen, wenn Amadeus nicht zur Einsicht seiner Abhängigkeit von vorgeordneten Normen gekommen sein sollte. – Schnitzler wird zwei Jahrzehnte benötigen, bis er in der *Traumnovelle* den in *Zwischenspiel* gescheiterten Versuch zu einem glücklicheren Ende führen kann.

DER WEG INS FREIE

Nach dem eher kammermusikalischen *Zwischenspiel* sollte in Schnitzlers umfangreichstem Werk, dem Roman *Der Weg ins Freie* (erschienen 1908), die Gesamtdarstellung einer Epoche versucht werden. Von Anfang an räumt der Dichter diesem Projekt besondere Bedeutung ein: *... geht es aber weiter wie bisher, so wird dieser Roman auf der großen Linie der deutschen Romane Meister, Heinrich, Buddenbrooks, Assy, liegen.*[268] Der Roman ist also – auch der Titel verweist hierauf – als Entwicklungsroman geplant, also jener Gattung zugehörig, die den Anspruch stellt, das Individuum mit der Gesellschaft zu versöhnen; ein Versuch, der nur gelingen kann, solange eine Gesellschaft noch in der Lage ist, eine Identität auszubilden, in der der einzelne sich wiedererkennen kann. (Schon in «Buddenbrooks» kongruieren Individuum und Gesellschaft in einer nur negativen Identität: dem Verfall.) Unter diesem Aspekt ist die vorsichtige Kritik bedeutsam, die Georg Brandes, der berühmte dänische Kritiker und jahrzehntelange Freund Schnitzlers, unmittelbar nach Erscheinen des Romans anmeldete: «Aber haben Sie nicht zwei Bücher geschrieben? Das Verhältnis des jungen Barons zu seiner Geliebten ist Eine Sache, und die neue Lage der jüdischen Bevölkerung in Wien durch den Antisemitismus eine andere, die mit der ersteren, scheint mir, in nicht notwendiger Verbindung steht. Die Geliebte ist nicht Jüdin. Ich ... sehe ja sehr gut die vielen Zusammenhänge ... aber nicht den strengen notwendigen Zusammenhang.»[269] Der Einwand verweist in der Tat auf die zentrale Problematik. Nach immanent literarischen Maßstäben müßte der Roman bei allem Reichtum in der Darstellung der Einzelheiten als grundsätzlich verfehlt angesehen werden. *Ich deducirte die Fehler des R(omans) aus Wurzelfehlern meiner Persönlichkeit. Meine «Weltanschauung»: «Sicherheit ist nirgends» widerspricht der Idee des Kunstwerks, das das Motto zu tragen hat: Sicherheit ist überall – oder vielmehr: «Sicherheit ist nirgends außer in mir ...»*[270] Aber der «Fehler» ist hier zum Ausdruck des Gehalts geworden, der anders nicht darstellbar wäre: im Auseinanderfallen von individuellem Schicksal und gesellschaftlichem Hintergrund tritt zutage, daß beides nicht mehr sinnvoll aufeinander zu beziehen ist, daß damit auch die Idee des Entwicklungsromans hinfällig geworden ist.

Im Salon der Familie Ehrenberg, einem der gesellschaftlichen Zentren, tritt einmal, als Folge einer Äußerung Else Ehrenbergs, eine kurze Kommunikationshemmung ein: *Das Gespräch stockte einen Augenblick, wie es leicht geschieht, wenn mit einemmal hinter einer allgemeinen Bemerkung die persönliche Nutzanwendung allzudeutlich hervorblinkt.*[271] In der rasch überspielten Unterbrechung erscheint für einen Augenblick der Hiatus an der Oberfläche, der der gesamten Handlung zugrunde liegt. Die gesellschaftlich approbierte Kommunikation bleibt nur solange intakt, als sie, bei aller scheinbaren Offenheit (die bis zum

Zynismus gehen kann), unverbindlich bleibt; sie bricht zusammen, wenn die Bereiche des Allgemeinen und des Besonderen sich überschneiden. Davon wird die Arbeit der im Roman auftretenden Schriftsteller, Edmund Nürnberger und Heinrich Bermann, beeinträchtigt, obwohl es gerade die Aufgabe der schriftstellerischen Tätigkeit wäre, Individuum und Gesellschaft miteinander zu vermitteln. Nürnberger hat in einem bereits vor längerer Zeit erschienenen Roman die Gesellschaft der Romangegenwart auf den Begriff gebracht: *Ich sag Ihnen, der war paff, wie in dem Buch eigentlich schon das ganze heutige Österreich vorausgeahnt ist.*[272] Aber sein Roman hatte keine befreiende Wirkung: Nürnberger bleibt nur die Bitterkeit des bestätigten Propheten, der *Ekel*[273], der ihn als Schriftsteller verstummen läßt, ist zugleich das Vorzeichen des Endes bürgerlicher Kunst: wo die Realität so depraviert ist, daß sie nur noch totale Ablehnung provoziert, ist es um Kunst geschehen; bürgerliche Kunst lebt von der Möglichkeit, durch die Kritik das Bessere sichtbar werden zu lassen. Trotzdem bleibt Nürnberger – neben Anna Rosner – die menschlich integerste und ansprechendste Gestalt des Romans: als Georg von Wergenthin ein geeignetes Landhaus für die bevorstehende Niederkunft Annas sucht, begleitet ihn Nürnberger, ohne zu erkennen zu geben, daß er Georgs Mystifikation durchschaut hat. *Dabei wurde immer die Fiktion gewahrt, als suchte Georg für die befreundete Familie, als glaubte Nürnberger daran, und als glaubte Georg, daß Nürnberger daran glaubte.*[274] Indem Nürnberger hier auf die Spitze treibt, was diese Gesellschaft kennzeichnet, den Fiktionscharakter der Kommunikation, erscheint für einen Augenblick ein versöhnliches Moment: Unaufrichtigkeit, ironisch in die Totale erhoben, schlägt ins Positive um und wird zu Takt.

Auch Nürnberger befürwortet die zionistische Bewegung nicht, obwohl ihn ein umfassendes Ekelgefühl vor der Gegenwart erfüllt. Sein Widerpart im Roman ist Heinrich Bermann. Dieser hat die Fähigkeit der Selbstanalyse ins Extrem getrieben. Obwohl er sich leidenschaftlich gegen den Zionismus ausspricht und seine Zugehörigkeit zu dem Land betont, in dem er aufgewachsen ist, wird gerade an ihm eine spezifisch jüdische Eigenart deutlich: *Denn was heißt Ängstlichkeit?* fragt er einmal. *Alle Möglichkeiten in Betracht ziehen, die aus einer Handlung erfolgen können, die schlimmen geradeso wie die guten.*[275] Diese Bemerkung ist nicht denkbar ohne die talmudistische Schulung, die Erziehung zu intensiver Auslegung der heiligen Schriften. Aber noch eine andere Voraussetzung der Analyse tritt hier hervor: die ständige Angstbereitschaft des Schwächeren, der inmitten einer feindseligen Umwelt jederzeit sich zu behaupten bereit sein muß.

Bermann ist allerdings nicht in der Lage, die Einsichten, zu denen er gelangt, mit der Umwelt, in der er lebt, zu vermitteln: die politische Tragikomödie, die er plant, kommt nicht zustande. Wie Nürnberger literarisch paralysiert wird durch das Gefühl des Ekels, so droht Bermann über der Analyse die Fähigkeit des Gestaltens abhanden zu kommen: «*Ich entwerfe viel, aber ich mache nichts fertig. Das Vollenden interessiert mich überhaupt nicht. Offenbar bin ich innerlich zu rasch fertig mit den Dingen.*» – «*Und den Menschen,*» fügt Else bei.[276] Es ist offenkundig, daß Schnitzler, über mancherlei autobiographische Züge hinaus, die er Bermann beilegte, in den beiden Schriftstellern die Gefahren objektivierte, von denen er sich selbst bedroht sah. Die latente Menschenverachtung, in die Bermanns Analysen immer einzumünden drohen, hat ihren Grund darin, daß für ihn – wie für Schnitzler – der Übergang von theoretischer Einsicht in gesellschaftliche Praxis überaus problematisch bleibt: *Aber lieber Freund, das Verstehen hilft ja gar nichts. Das Verstehen ist ein Sport wie ein anderer... Es ist eine Sackgasse gewissermaßen. Das Verstehen bedeutet immer ein Ende.*[277] Es ist bezeichnend, daß Bermann hier den Sport ins Spiel bringt, jene Tätigkeit, die, indem sie Anspannung und Inhaltslosigkeit verbindet, die weitgehend formalisierte Dynamik einer Gesellschaft zu bezeichnen geeignet ist, die ihren Substanzverlust durch erhöhte Geschäftigkeit auszugleichen trachtet. Demeter Stanzides, der, eine nahezu allegorische Figur, den nur äußerlichen Glanz der Gesellschaft repräsentiert – *eher wie ein Kostüm, als wie ein militärisches Kleid trug Demeter seine Uniform*[278] –, ist Sportler; *Das weite Land* und *Fräulein Else* haben unermüdliche sportliche Aktivitäten als Hintergrund. Wie der Schriftsteller Nürnberger an seinem umfassenden Ekelgefühl scheitert, so Bermann an seiner Erkenntnis der tiefen Dissoziation der Gesellschaft, die es ihm unmöglich erscheinen läßt, die Einsichten, zu denen er gelangt ist, intersubjektiv nutzbar zu machen: *Als wenn ein Mensch mit den Erfahrungen eines andern das geringste anfangen könnte! Die Erfahrungen des einen können für den andern manchmal amüsant, öfters verwirrend, aber nie lehrreich sein...*[279] Mit diesen Worten hat er sich als Schriftsteller preisgegeben, denn dessen Aufgabe wäre es, private Erfahrungen zu öffentlichen zu machen und Öffentliches in seinen privaten Auswirkungen aufzusuchen.

Bermanns Resignation ist ein eminent politischer Vorgang, in einem Roman, in dem die Auswirkungen der Politik auf private Verhaltensweisen mit Händen zu greifen sind. Trotzdem bleibt Politik nach dem Willen des Autors aus dem Romangeschehen in gleicher Weise ausgeschlossen wie der Prinz von Guastalla, der, offenbar ein ehemaliger Exponent fortschrittlicher politischer Bestrebungen, stets an der Peripherie bleibt: wiederholt in den Gesprächen erwähnt, wird er nur ein einziges Mal sichtbar, in einer Episode außerhalb des eigentlichen Bereichs des Romans (im *Süden*).[280]

Politische Überzeugung? – Das ist oft nichts anderes, als die bequeme Larve, hinter der ein Lump seine widerliche Fratze verstecken möchte, um unter dem Schutz der Maskenfreiheit auf dem politischen Faschingsrummel, den wir am Aschermittwoch Weltgeschichte zu nennen lieben, ungestraft oder gar bejubelt sein feiges Unwesen zu treiben.[281] Die verheerende Wirkung, die Politik nach Schnitzlers Auffassung auf die Menschen ausübt, wird insbesondere in den Gesprächen des alten Dr. Stauber mit seinem Sohn deutlich: obwohl das liberale politische Engagement offensichtlich aus der Empörung über die österreichischen Zustände, insbesondere den Antisemitismus, erwachsen ist, verfällt dieser zwangsläufig in die Redegewohnheiten seiner Gegner und endet bei der Darlegung seines politischen Programms zielstrebig bei der Propagierung der Euthanasie[282] – eine Vorform des Ministers Flint (ebenfalls von Hause aus Arzt) in *Professor Bernhardi*, wo liberale und faschistoide Züge schon ineinander übergehen.

Hinter Schnitzlers vehement unpolitischer Haltung verbirgt sich sein Festhalten an den freiheitlichen Tendenzen des Liberalismus. Der Liberalismus hatte durch die Annahme einer intakten Öffentlichkeit, der des Marktes, einen politikfreien privaten Bereich konstituieren können, in dem der einzelne scheinbar unbeeinflußt von äußeren Faktoren sich entwickeln konnte: die Gerechtigkeit des Marktes garantierte individuelle Autonomie. In diesem System einer prästabilierten Harmonie von Allgemeinem und Besonderem war der Politiker tendenziell überflüssig. In dem Maße nun, in dem der Markt als die Interessen ausgleichende Institution an Bedeutung verlor, bedurfte es der Eingriffe dessen, der eigentlich überflüssig zu sein hätte: des Politikers. Bermanns Vorliebe für opernhafte Elemente, seine zunächst rätselhafte Behauptung: *Politik ist das phantastischeste Element, in dem Menschen sich überhaupt bewegen können, nur, daß sie es nicht merken*[283], wird hieraus erklärbar: die Notwendigkeit von Politik in einem System vorgeordneter Harmonie nimmt wahnhafte Züge an, der Politiker, so folgert er, der ins System eingreift, kann nur aus eigennützigen Motiven handeln: er fälscht den an sich gerechten Weltlauf zu seinen Gunsten ab. Noch 1927, in dem philosophischen Diagramm *Der Geist im Wort und der Geist in der Tat*, sieht Schnitzler im *Politiker* den *negativen Gegentypus des Staatsmannes*[284], wobei er betont, daß es zwischen beiden Typen *keine Übergänge* geben könne.[285] Auch diese Unterscheidung geht auf Grundpositionen des Liberalismus zurück: der Staatsmann errichtet, gleich dem deistischen Gott der Aufklärung, ein funktionierendes Ganzes, das er, ohne einzugreifen, seiner Entwicklung überläßt; wogegen der Politiker nur i n n e r h a l b dieses harmonischen Ganzen intrigieren, seine persönlichen Interessen verfolgen kann. Der zunehmende Fatalismus – der Gestus «Da kann man nix machen» wird in den letzten Jahren zur politischen Metaphysik Österreichs – ist daher nichts anderes als der erstarrte Optimismus der Aufklärung. Die Absage an die Politik bedeutet den Verzicht auf die Hoffnung, den «Weg ins Freie» im Sinne des Bildungsromans, als Versöhnung des Individuums mit seiner Umgebung, zu vollziehen. Folgerichtig verweist der Roman auf zwei Möglichkeiten, die den Menschen noch offenstehen. Eine besteht darin, am liberalen Individualismus festzuhalten; Heinrich Bermann vertritt sie: *Für unsere Zeit gibt es keine Lösung, das steht einmal fest. Keine allgemeine wenigstens. Eher gibt es hunderttausend verschiedene Lösungen . . . Ich glaube überhaupt nicht, daß solche Wanderungen ins Freie sich gemeinsam unternehmen lassen . . . denn die Straßen dorthin laufen ja nicht im Lande draußen, sondern in uns selbst. Es kommt nur für jeden darauf an, einen inneren Weg zu finden. Dazu ist es natürlich notwendig, möglichst klar in sich zu sehen, in seine verborgensten Winkel hineinzuleuchten! Den Mut seiner eigenen Natur zu haben. Sich nicht beirren lassen.*[286] Aber wenn es hunderttausend verschiedene Lösungen gibt, gibt es in Wahrheit keine; am Schluß muß Bermann das Scheitern des Weges nach Innen eingestehen: *In mir sieht's nämlich greulich aus. Sollten Sie das noch nicht bemerkt haben? Was hilft's mir am Ende, daß in allen meinen Stockwerken die Lichter brennen? Was hilft mir mein Wissen von den Menschen und mein herrliches Verstehen? Nichts ... Weniger als nichts.*[287]

Die Alternative wäre, den «Weg ins Freie» wörtlich zu nehmen und ihn in einer planmäßigen Lösung aus allen ernsthaften und irgendwie verpflichtenden menschlichen Beziehungen zu sehen: das ist der Weg Georg von Wergenthins. Seine Reaktion auf Bermanns Geständnis besteht im Aufwallen eines starken Glücksgefühls: *Georg aber war es gut und frei zumut ... In Georgs Seele war ein mildes Abschiednehmen von mancherlei Glück und Leid, die er in dem Tal, das er nun für lange verließ, gleichsam verhallen hörte; und zugleich ein Grüßen unbekannter Tage, die aus der Weite der Welt seiner Jugend entgegenklangen.*[288] Damit endet der Roman. Kein Zweifel: von allen Romanfiguren leidet Georg am wenigsten. Trotzdem stellt auch die Lebensform, die er sich wählt, keine Lösung dar. Seine Freiheit besteht in nichts anderem als im Verzicht auf jede Entwicklung; der Roman mündet, was ihn betrifft, in den Anfang. Dort hatte es geheißen: *Während er so am Fenster stand und in den Park hinunterschaute ... empfand er es wie beruhigend, daß er zu keinem menschlichen Wesen in engerer Beziehung stand, und daß es doch manche gab, mit denen er wieder anknüpfen, in deren Kreis er wieder eintreten durfte, sobald es ihm nur beliebte.*[289] Wie es ihm mit seiner Kunst kaum ernst ist, bei der es ihm eher auf die Atmosphäre als auf die Sache ankommt, so neigt er dazu, die Menschen, denen er scheinbar nahesteht, zu bloßen Mitteln seiner Zerstreuung zu machen. Wenn er sich, als seine Beziehung zu Anna zu Ende geht, darüber wundert, daß diese Entwicklung niemanden überrascht – *Die Leute wußten alles früher als er selbst* [290] –, dann bedeutet die Tatsache, daß die Gerüchte über ihn das letzte Wort haben, eine Bestätigung der monströsen Banalität seines Charakters: alles kommt so, wie es nach Ansicht der *Leute* kommen muß, wenn ein Baron ein Verhältnis mit einem Mädchen aus kleinbürgerlichen Verhältnissen beginnt; die Konventionen – an nichts anderem orientieren sich Gerüchte – behalten das letzte Wort. Der riesige Aufwand des Romans war, was Georg von Wergenthin betrifft, umsonst: seine Geschichte hätte sich auch kurz abhandeln lassen, sie ist, strenggenommen, der Erwähnung nicht wert. Der Roman nimmt sich am Ende selbst zurück: sein enormer Umfang entpuppt sich als Ausdruck des unverhältnismäßig aufgeblähten Selbstgefühls eines spätbürgerlichen Individuums, das durch nichts begründet ist.

Der Roman führte noch zwei Jahre nach seinem Erscheinen zu einer schweren Verstimmung zwischen Schnitzler und Hofmannsthal, als dieser gestand, das Buch seinerzeit «halb zufällig halb absichtlich» in der Eisenbahn liegengelassen zu haben.[291] Es ist deutlich, was Hofmannsthal, dessen Bemühen um freundschaftliche Nähe bis zur Identifizierung mit dem Adressaten führen konnte – einen Brief unterschrieb er, mit einer für ihn überaus charakteristischen Fehlleistung, als «Ihr Arthur»[292] –, an Schnitzlers Roman abschreckte: auf ihn, der von der «Einheit der Welt sehr stark durchdrungen» war, mußte *Der Weg ins*

Freie, in dem von dieser Einheit nichts mehr übriggeblieben war, zutiefst erschreckend wirken. Was den Roman zusammenhält, ist nicht mehr eine epische Totalität, sondern allein noch das Bewußtsein des Erzählers: daher der häufige Perspektivenwechsel, der zunächst den Eindruck nahelegt, Schnitzler habe den klassischen «allwissenden Erzähler» restituiert, der nach Belieben die intimsten Gedanken aller Romanfiguren wiedergeben konnte. Indessen verbirgt sich unter der äußeren Gleichheit der genaue Gegensatz: war die Allwissenheit des Erzählers ermöglicht worden durch eine epische, überindividuelle Objektivität, der sowohl der Erzähler als auch die Romanfigur verpflichtet waren, so ist sie bei Schnitzler zum Ausdruck dessen geworden, daß es, gemäß Bermanns Wort von den *hunderttausend verschiedenen Lösungen*, eine gemeinsame Identität nicht mehr gibt. Weil diese Menschen nichts mehr miteinander verbindet, weil sie auf keine intakte gesellschaftliche Ordnung mehr verpflichtet sind, kann allein noch der Erzähler ihre Identität synthetisieren. Es ist sprechend, daß die Allwissenheit des Erzählers allein die Gestalten ausspart, die noch, wie Felician von Wergenthin, einen *vollendeten Typus* [293] darstellen, das heißt, die noch eine intakte Identität aus ihrer klar definierbaren, sozialen Herkunft ableiten können: neben Felician von Wergenthin, dem vollendeten Aristokraten, ist das nur noch bei der alten Frau Golowski der Fall, deren bürgerliches Weltbild unerschüttert ist. Vor ihrer in sich abgeschlossenen Identität verstummt der allwissende Erzähler: sie sind ihm, der schon einer anderen Gesellschaft angehört, zum vollendeten Rätsel geworden. Therese Golowski, die eine veränderte Gesellschaft anstrebt, verfällt dem indirekten Verdikt des Erzählers: sie verbindet sich ausgerechnet mit demjenigen, der den äußeren Glanz des bestehenden Systems repräsentiert, Demeter Stanzides. Dagegen wird noch eine andere Gestalt von der Allwissenheit des Erzählers nicht erfaßt, obwohl sie am stärksten sich von den Normen ihrer Herkunft löst: Anna Rosner, die aus einer Kleinbürgerfamilie stammende Katholikin. Sie, die für Georg von Wergenthin sämtliche sozialen Sicherheiten aufgibt, bleibt für den Erzähler dennoch unnahbar, weil sie allein ihre verlorene Sicherheit nicht gegen eine sozial akzeptierte Rolle eintauscht, sondern autonom, aus einer nur bei ihr vorhandenen Ich-Stärke heraus, ihre Entscheidungen trifft.

Wie ein Widerspruch zu dem Roman, in dem zutage tritt, daß es eine österreichische Gesellschaft eigentlich nicht mehr gibt, nimmt es sich aus, wenn Schnitzler zwei Jahre später, «rechtzeitig zum hundertsten Jahrestag der Schlacht bei Aspern» [294], ein breit angelegtes Schauspiel herausbringt, *Der junge Medardus*, dessen Titelheld von patriotischem Eifer gegen die napoleonische Fremdherrschaft erfüllt ist. Daß das Stück von 1910 bis 1932 auf dem Spielplan des Burgtheaters stand und zu einem der größten Erfolge überhaupt des Dichters wurde, läßt die Bereitschaft des Publikums erkennen, Schnitzler als patriotischen Dichter, als Nachfolger Grillparzers, zu akzeptieren. Tatsächlich bleibt von dem patriotischen Inhalt nicht viel übrig: der feurige Held, der auszog, Napoleon zu beseitigen, wird, nach mancherlei Wirrungen, während derer ihm seine amourösen und politischen Vorsätze durcheinandergeraten, zu dessen Retter: ein österreichischer Hamlet, dem, wie dem dänischen

Prinzen («words, words, words»), der eigene Vorsatz sich in Worten verflüchtigt: *Worte, Medardus,* muß er sich entgegenhalten lassen, *große, tönende Worte.* Dieses magere Ergebnis steht in bemerkenswertem Widerspruch zu der unmäßig aufgeblähten, personen- und aktionenreichen Handlung: erneut zeigt sich Schnitzlers erstaunliche Unsicherheit im Umgang mit historischen Stoffen; wo er nicht auf direkte Anschauung zurückgreifen kann, wird er redselig, ohne Gefühl für Proportionen; der historische Faltenwurf bleibt ohne innere Notwendigkeit: «Die Handlung, deren Trägerin Helene (mit Medardus) ist, ist stark genug um die Orchestrierung mit Vorgängen von 1809 fast entbehren zu können.»[295] So liegt die eigentliche Bedeutung des Stücks nicht in seiner Handlung, sondern in den Passagen, die die vage Kriegsbegeisterung mit der Wirklichkeit konfrontieren:

> *Plank: ... du hast so besondere Lust in den Krieg zu ziehen? ... Du hast Lust, dazuliegen mit blutenden Wunden –, schäumende Pferde über dich sprengen und dir mit den Hufen in die Gedärme treten zu lassen? ... Oder juckt's dich gar, verwundet und lebendigen Leibes mit den Toten in eine Grube geschmissen zu werden und in ihren Verwesensdüften zu krepieren?* [296]

Nicht anders wird Schnitzler vier Jahre später argumentieren.

DAS WEITE LAND

Dieses wird bleiben, notiert Schnitzler 1915 im Tagebuch, *ja man könnte fast sagen: es wird erst kommen. Empfind ich bei so vielem von mir, daß ich etwas weniger bin, als das was ich selbst einen «Künstler» nenne: – hier bin ich etwas mehr.*[297] Gemeint ist die *Tragikomödie* (Schnitzler verwendet hier zum ersten- und einzigenmal diese Gattungsbezeichnung) *Das weite Land,* das 1911 an neun Theatern zugleich uraufgeführt worden war.

Der Dichter Albertus Rhon liest die Umfrage einer Frauenzeitschrift vor, die sich nicht mehr mit der Erkundigung begnügt, ob *Wagner gekürzt oder ungekürzt aufgeführt werden solle: Da fragt eine Frauenzeitschrift: a) in welchem Alter man zuerst das Glück der Liebe genossen, b) ob man jemals perverse Neigungen verspürt habe.*[298] Die Episode offenbart den Zustand einer Gesellschaft, die zwar von der Unterscheidung von Privatem und Öffentlichem noch ausgeht, zugleich aber sie ausbeutet; das Intimste wird nur noch anerkannt, insofern es geeignet ist, der öffentlichen Indiskretion Stoff zu pikanter Konversation zu liefern. – Der Zerfall des Privaten beschleunigt sich in den letzten Jahren vor dem Krieg. Am Ende steht der angepaßte, funktionierende, unproblematische und geheimnislose Mensch, zu dem der Hofreiter seinen Sohn im angelsächsischen Milieu erziehen läßt, fern von dem *Kontinent, wo sie einen systematisch zu allerlei Sentimentalitäten und Brutalitäten erziehen, statt zum Golfspielen und Rudern* [299].

Das weite Land ist die Tragikomödie der glücklosen Emanzipation.

«Das weite Land» im Thalia-Theater, Hamburg 1964, mit Hans Paetsch (Dr. v. Aigner), Alice Lach (Frau Wahl), Loni von Friedl (Erna), Adolf Wohlbrück (Friedrich Hofreiter). Regie Georg Manker

Die Problematik, die Schnitzler noch knapp zwei Jahrzehnte zuvor, im *Märchen* und *Vermächtnis,* gestaltet und die zu Skandalen und Katastrophen geführt hatte, verschwindet. *Sie lieben ihn wohl sehr ... meinen «Herrn Gemahl»,* sagt Genia Hofreiter zu dem «modernen» jungen Mädchen Erna Wahl. *Nun ja, es ist kein Wunder. Der erste – das ist doch immerhin ein Erlebnis. Oder bedeutet das auch nichts mehr? ... Das Leben ist um so viel leichter geworden in der letzten Zeit. Als ich so jung war wie Sie, nahm man gewisse Dinge noch furchtbar ernst. Es sind nicht viel mehr als zehn Jahre seither vergangen, aber mir scheint, die Welt hat sich seitdem sehr verändert.*[300]

Kein antiaufklärerischer Impuls leitet Schnitzler im *Weiten Land,* vielmehr der Verdacht, daß Aufklärung selbst mißlang. Richtige Aufklärung wäre: Befreiung dessen, was die kulturelle Entwicklung an bewahrenswerten Inhalten hervorbrachte, von den Zwängen unreflektierter gesellschaftlicher Normen. Zwar wird im *Weiten Land* der Zusammenbruch bisher gültiger Normen absehbar, nicht jedoch auf Grund vernünftiger Einsicht, sondern weil diese aus einer feudalen Gesellschaft übernommenen Normen überflüssig werden in einer industriellen Welt, die die Gleichheit der industriellen Produktionsweise bereits als die real hergestellte Gerechtigkeit der Menschen untereinander ausgibt, während in Wahrheit die unvermindert fortbestehenden Zwänge nur sich von der Oberfläche zurückziehen. Die Gleichheit der industriellen Produktion bewirkt keine inhaltliche Veränderung, sondern den Verlust der Inhalte. Aufklärung wird formalisiert. Der Protagonist ist ein aufgeklärter Fabrikant; sein Produkt: Glühbirnen. Nichts vermöchte ihn besser zu charakterisieren.

Die haben heuer überhaupt keinen Duft mehr, stellt Hofreiter betroffen vor einem Rosenstrauch fest. *Ich weiß nicht, was das ist. Jedes Jahr schaun sie üppiger aus, aber das Duften haben sie sich ganz abgewöhnt.*[301] Die Veränderung beschränkt sich nicht auf die Rosen; wo alles auf reibungsloses Funktionieren abgestellt ist – . . . *ein guter Tennisspieler*, sagt Hofreiter, *ist ein viel edleres Menschenexemplar als ein mittelmäßiger Dichter oder General*[302] –, verliert alles an Bedeutung, was nicht in seiner Funktion aufgeht. Was ohne Funktion ist, verliert seinen Realitätsgehalt. Nicht der Selbstmord Korsakows erschüttert ihn, sondern dessen Grund, für den in seinen Denkkategorien kein Platz ist: . . . *ein Schemen, ein Phantom, ein Nichts . . . d e i n e T u g e n d*.[303] Er ahnt, daß Genias Treue zu ihm dem Tauschprinzip widerstreitet: deshalb fordert er sie auf, ihn zu betrügen.

Wo man Kant und Nietzsche *im kleinen Finger* hat[304], ist es nur natürlich, daß der Hotelportier *in dringenden Fällen*[305] dichtet, daß die tiefsten Wahrheiten von einem poetischen Hoteldirektor ausgesprochen werden: *Wir versuchen wohl Ordnung in uns zu schaffen, so gut es geht, aber diese Ordnung ist doch nur etwas Künstliches . . . Das Natürliche . . . ist das Chaos. Ja – mein guter Hofreiter, die Seele . . . ist ein weites Land, wie ein Dichter es einmal ausdrückte . . . Es kann übrigens auch ein Hoteldirektor gewesen sein.*[306] Soweit Direktor Aigner. Geist ist nicht länger Medium der Distanzierung von der bloß faktischen Realität, sondern vollzieht, zum Aperçu geschrumpft, die Anpassung an sie. Aigner und Hofreiter ergänzen einander; wie dessen Glühlichter *die Welt erobern* müssen, *sonst macht ihm die ganze Sache keinen Spaß*[307], so wird Aigner nicht ruhen, bevor das Hochgebirge nicht vollends dem Tourismus erschlossen ist: *Sie werden zugeben, daß hier noch drei Hotels stehen könnten.*[308] Erst wenn auch die Natur in die ökonomische Verwertung einbezogen ist, wird noch die Erinnerung daran schwinden, daß Aufklärung etwas anderes meinte als die technokratische Umwandlung der Qualitäten in Quantitäten.

Dann wird es allerdings auch um Hofreiters Anziehungskraft geschehen sein. Denn er bezieht die Faszination, die von ihm ausgeht, nicht aus dem, was mit dem altmodischen Ausdruck Kants als «Persönlichkeit» zu bezeichnen wäre, sondern aus der Entschlossenheit, mit der er, was das Bürgertum an Gefühlsqualitäten entwickelte, liquidiert. Seine Faszination ist die des Todes. *Man muß sagen*, bemerkt Erna, auf die Todesfälle in Hofreiters Umgebung anspielend, *er hat nicht viel Glück mit seinen Freunden.*[309] Aber auch Hofreiter wird seinen Meister finden: den Bankier Natter, dessen scharlachrotes Automobil an der Mauer des Friedhofs, auf dem Korsakow beerdigt wird, nicht umsonst großen Eindruck macht, ein Menetekel der neuen Zeit: *Es hat einen phantastischen Eindruck gemacht, an der Friedhofsmauer ... Nicht g'rad phantastisch, aber sonderbar hat's ausgeschaut ...*[310]. In Natter wird absehbar, wohin die Dynamik des Unternehmers alles Lebendige führen wird: zum abstrakten, entqualifizierten Kapital. Natter, der von seiner Frau mit Hofreiter betrogen worden ist, ist es gelungen, sich jede Gefühlsäußerung abzugewöhnen. Gegen ihn kommt Hofreiter nicht an:

Friedrich: Gerade gegen Sie sollt' ich wehrlos sein?
Natter: Zuweilen ist man's eben.
Friedrich: Ja ... gegen einen ...
Natter: Gegen einen, der das Leben fabelhaft amüsant findet ... lieber
   Hofreiter – und nur das.[311]

Er kann sich Natter nur noch angleichen: aus keinem anderen Grund fordert er den Liebhaber seiner Frau, gegen den er keinen persönlichen Groll hegt, zum Duell. *Ich denke, wir sind einig in unserer Ansicht über das Leben, nicht wahr? Zum Totlachen.*[312]
   Die Tragikomödie liefert den Schlüssel zur Entstehung der *selbstlosen Gemeinheit*[313], vor der Professor Bernhardi fassungslos stehen wird, weil er sie nicht erklären kann. Das frühere Stück führt den entsagungsvollen Prozeß vor, in dem die Menschen ihre psychischen Regungen liquidieren, um überleben zu können. Hofreiter markiert den Übergang; zweimal zeigt er noch eine unmittelbare Gefühlsäußerung. Auf Ernas Einladung an Dr. Mauer, sie in der Sommerfrische zu besuchen, reagiert er spontan:

Friedrich (ehrlich entrüstet): Ah ... da geben sich die Herrschaften
   Rendezvous ...[314]

Hofreiters Charme, seine Anziehungskraft auf Frauen, wurzelt in dieser «ehrlichen Entrüstung»: sie ist ausgesprochen kindlicher Natur, die Entrüstung des Kindes, das mit vitaler, selbstverständlicher Rücksichtslosigkeit alles für sich beansprucht. Hofreiters spätkindliche Züge machen seinen Charme aus, aber auch seinen destruktiven Charakter: er hat es nicht gelernt, zu lieben, weil für ihn die affektive Besetzung seiner Umwelt und sein Egoismus eins blieben, während das Kind hier lernen muß, zu differenzieren: «Erst später macht sich die Liebesregung vom Egoismus unabhängig. Es hat tatsächlich am E g o i s m u s   l i e b e n   g e - l e r n t.»[315] Hofreiters Charme ist tödlich, weil er zuinnerst regressiv ist.
   Noch einmal bricht bei Hofreiter ein Gefühl hervor. *Er wimmert einmal leise auf*[316] heißt es ganz am Schluß des letzten Aktes, als er sein Kind kommen hört. In dieser Regung dringt für einen Augenblick an die Oberfläche, was Hofreiter in sich hat unterdrücken müssen. Von dem Zwang, den Hofreiter auf seine Umgebung ausübt, ist er selbst nicht ausgenommen. Der Zirkel des Verhängnisses wird in keinem anderen Stück Schnitzlers gleichermaßen sichtbar.

Die Villa Sternwartestraße 71 in Wien. Hier wohnte Schnitzler
von 1910 bis zu seinem Tode 1931

TRAGÖDIE DES INDIVIDUUMS

In den Jahren vor dem Ausbruch des Krieges steht Schnitzler nicht nur auf der Höhe seines Ruhmes, sondern er hat auch endlich die finanzielle Sicherheit erreicht, die es ihm erlaubt, die immer als *unmoralisch* [317] empfundene Verquickung von literarischer Produktion und Gewinnung des Lebensunterhalts nicht mehr fürchten zu müssen. Auch das private Leben konsolidiert sich weiter: 1909 wird die sehr geliebte Tochter Lili geboren, 1910 erwirbt Schnitzler eine schöne Villa in der Sternwartestraße. Er könnte jetzt endlich die *gesunde und freche Komödie* schreiben, die ihm seit langem vorschwebte und die das Publikum von ihm erwartete. [318]

Aber die Komödie Österreichs, die Schnitzler schreibt, ist zugleich die Tragödie des Individuums. Kurz nach Ausbruch des Krieges wird er notieren: *... es fällt mir ein, daß in fast all meinen nächsten in Betracht kommenden Stoffen der Krieg mit – aber doch im Hintergrund spielt.* [319] Gemeint sind hier die erst nach Kriegsende ausgeführten Stücke *Komödie der Verführung* und *Der Gang zum Weiher.* Es ist charakteristisch, daß ihm nicht bewußt wird, wie deutlich bereits die Arbeiten der Vorkriegszeit das heraufziehende Unheil sichtbar werden lassen. In *Professor Bernhardi* kündigt sich nicht nur die unmittelbar heraufziehende Katastrophe an, es treten darüber hinaus bereits Entwicklungen zutage, die in der Nachkriegszeit bestimmend werden und in den faschistischen Terror einmünden sollten.

Diese Entwicklungen sind allerdings erst im historischen Rückblick auszumachen; für Schnitzler selbst mußten sie noch verborgen bleiben. Deshalb kann in dem Stück, in dem der beginnende Faschismus an den Gestalten Flint und Hochroitzpointner schon sichtbar wird, der Antisemitismus paradoxerweise nur eine untergeordnete Rolle spielen. Noch kann Bernhardi dem bei allen Abteilungsleitern sich anbiedernden Hochroitzpointner spöttisch entgegenhalten: *Da müssen Sie viele Patriotismen auf Lager haben.*[320] Nur ganz leise ist hier angedeutet, daß Hochroitzpointner mitarbeitet an der Zerstörung der Grundlage des Vielvölkerstaates: seiner Supranationalität; worauf der Nationalist mit seiner Betonung des «Vaterlandes» pocht, das eben zerstört er: Heimat.

Weil für Schnitzler noch nicht absehbar war, was in Hochroitzpointner bereits angelegt ist, konnte er ihn noch als komische Figur zeichnen. Zwar ist die Richtung angegeben, die die Handlung, über das – vorläufig – gute Ende hinaus nehmen wird, wenn Hochroitzpointner nach Bernhardis Suspendierung am Ende des dritten Aktes auf der Bildfläche erscheint, aber das *Oh!*[321], mit dem er glotzend in der Tür steht, ist noch kein artikuliertes faschistisches Programm. Symptomatisch aber ist eine kleine Erinnerungsstörung, die Schnitzler in diesem Zusammenhang unterläuft: Johann Meisetschläger, *ein aufgedunsener, blasser Tiroler Bauernstämmling* [322], Hochroitzpointners Modell in der Wirklichkeit, wird in Schnitzlers Erinnerung zu *Mäusetschläger*: als wäre dieser Name bereits geprägt von der ausgebildeten faschistischen Propaganda, die ihre Aggressionsobjekte «mit niedrigen Tieren und Ungeziefer» zu identifizieren pflegte.[323]

Was für den Zuschauer der Gegenwart zentral ist, ist für Bernhardi vorerst kein Thema, sondern allenfalls Ausdruck niedriger Gesinnung. Für ihn steht im Vordergrund der Vorwurf der *Religionsstörung*. Nun darf allerdings nicht übersehen werden, daß – vom Standpunkt der Kirche – diese Anklage z u R e c h t erhoben wird. Denn nur eine krampfhaft harmonistische Interpretation vermag zu verkennen, daß Bernhardis Handlungsweise in letzter Konsequenz sich tatsächlich gegen die Religion richtet. Immerhin verteidigt er die Euphorie einer Sterbenden, eine Illusion, gegenüber dem Sakrament, einer Einrichtung, die das Gegenteil einer Illusion zu sein beansprucht. Wie muß es – diese Frage wird unabweisbar von der dramatischen Situation provoziert – um das Glück im Jenseits stehen, wenn die flüchtige Illusion irdischen Glücks, die kurze Vision, der Bräutigam komme (eine deutliche Säkularisation der Vorstellung vom «himmlischen Bräutigam»), wenn diese Fieberphantasien gegenüber dem Glücksversprechen der Religion so sehr ins Gewicht fallen. Der Konflikt zwischen Bernhardi und der Kirche bricht dort auf, wo es um die Einschätzung des Sterbens geht, jenes Vorgangs, der die gebrechliche Kreatürlichkeit der Menschen endgültig bestätigt. Dieselbe Kreatürlichkeit behält in dem Stück auch das letzte Wort: *Da wär ich halt,* sagt Hofrat Winkler auf Bernhardis Frage, wie e r sich in der gleichen Situation verhalten hätte, *grad so ein Viech gewesen wie Sie.*[324] Man kann dieses Wort nicht wörtlich genug nehmen: in der Tat, Bernhardi hat als *Viech* gehandelt, will sagen als Mensch, der dem diesseitigen Leben kompromißlos bis zuletzt verbunden ist.

Arthur und Olga Schnitzler mit den Kindern Heinrich und Lili, 1910

Daher Bernhardis Zögern, als der Pfarrer ihm die Hand bietet: denn dieser will, im Gegensatz zu Bernhardi, nicht wahrhaben, daß die Antinomie ihrer Positionen unschlichtbar ist. Das macht das Moment des Unwahrhaftigen an dieser sympathischen Gestalt aus: seine Wunschvorstellung von Versöhnung hat, ohne daß er sich das eingestehen will, keine Möglichkeit in der Sache. Hier ist eine objektive Grenze der Verständigung erreicht; wer sie nicht erkennt, gerät in die Nähe der bloßen Gebärde oder des leeren Geredes. «Franz von Assisi» hieß der Pfarrer in einem Entwurf, benannt nach dem Heiligen, der sich noch mit den Tieren verständigen konnte; Franz Reder ist sein Name in der endgültigen Fassung.

Das alles klingt nicht eben nach Komödie, und man wird fragen müssen, inwiefern Schnitzler seinem Stück diese Bezeichnung dennoch geben konnte. Die saloppe Antwort dürfte die treffende sein: *Professor Bernhardi* ist eine Komödie, weil der Vorhang rechtzeitig fällt. Der Hofrat Winkler dürfte wie immer recht haben, wenn er auf Bernhardis Ankündigung, sich aus dem politischen Treiben zurückzuziehen, lakonisch erwidert: *Denn jetzt fängt die Geschichte erst an, Herr Professor, – und sie kann lang dauern!*[325] Es ist im übrigen das Irisierende, durchaus Zweideutige von Winklers Worten, die immer auch über die jeweilige Situation hinausweisen, was ihn am Schluß des Stücks Bernhardi, dem nichts bleibt als erschrockenes Zurückweichen, als Hauptfigur ablösen läßt. Schon im zweiten Akt hatte Bernhardi, *etwas geschmeichelt lächelnd*, die scherzhaft gemeinte Bemerkung des Prinzen Konstantin wiedergegeben, in früherer Zeit wäre er, Bernhardi, auf dem Scheiterhaufen geendet.[326] Schon während des Stücks werden die neuen Scheiterhaufen absehbar, die allerdings nicht mehr religiös gerechtfertigt werden. Ihr Schein ist es, der den Prospekt dieser unheimlichen Komödie ausleuchtet, nicht die Morgenröte anbrechender Humanität, die das Ende von Lessings «Nathan» verklärte. Die kurze Spanne bürgerlicher Humanität zwischen barbarischen Epochen geht ihrem Ende zu.

Schnitzler hat es mit großer Präzision verstanden, eine Typologie der Zerfallsprodukte dieses Liberalismus zu präsentieren. So ist bemerkenswert oft in diesem Stück die Rede von dem allgemeinen «Prinzip», dem das Interesse des Einzelnen sich unterzuordnen habe. Allen voran führt Flint das *Allgemeine* ständig im Munde, aber auch andere, so der unglückselige Doktor Feuermann; der Pfarrer nicht ausgenommen. Schnitzler hat auch die wohlmeinenden politischen Vorstellungen des Altliberalen Pflugfelder als Illusion entlarvt, wenn er auf dessen Vorschlag, man müsse *zum Volk* sprechen, Cyprian entgegnen läßt: *Zum Volk willst du sprechen? Zu u n s e r e r Bevölkerung!*[327] In dieser einzigen Replik, die die Dissoziation des Volkes zur Bevölkerung nachvollzieht, ist die romantische Vorstellung erledigt: es gibt kein organisches Volksganzes, es gibt lediglich den anarchischen Kampf der isolierten Individuen, aller gegen alle.

Die Vermittlung des Besonderen: des einzelnen Subjekts, und des Allgemeinen: der gesellschaftlichen Totalität, ist gestört. Ausgerechnet Hochroitzpointner ist es, dessen Worte schon zu Beginn des Stücks auf die falsche Trennung von Privatem und Öffentlichem verweisen: *Ja,*

Schwester, da draußen in der Welt kommen allerlei Sachen vor.[328] Schon hier wird die Klinik als besonderer Bereich hingestellt, der mit der übrigen Welt nur wenig gemein habe: genau das aber ist Bernhardis verhängnisvoller Irrtum. Deshalb ist Bernhardi von seinen Gegenspielern nicht abzulösen: wie diese das Individuum rücksichtslos der Allgemeinheit unterwerfen, aus der wenig später die «Volksgemeinschaft» wurde, so bleibt Bernhardis Verhalten bloß defensive Reaktion: weil er die politischen Folgen seiner Handlungsweise bloß negieren, nicht aber aufarbeiten will, bleibt er der gesellschaftlichen Totalität mehr verfallen, als er selbst ahnt, bleibt auch sein moralischer Impuls folgenlos. Sichtbar wird am Ende des Stücks, daß die Rettung des Privaten, für das Bernhardi einsteht, mißlingen muß: nicht etwa aus mangelnder Konsequenz, sondern gerade weil das Private, absolut gesetzt, von allen gesellschaftlichen Vermittlungen losgelöst wird.

Hieraus resultiert auch die eigentümliche Statik des Stücks, die es zum Antidrama macht. Eigentlich geschieht ja nichts anderes, als daß Bernhardi in den Zustand zurückstrebt, in dem er sich befand (vielmehr: sich zu befinden glaubte), bevor der Vorhang aufging. Kein Drama also, eher ein Tableau: noch einmal rückt bürgerlich liberale Humanität (wie sie in Wirklichkeit allerdings nur allzu selten ausgebildet war) zum Greifen nahe, aber die allgemeine Stagnation ist bereits erkennbar als der Indifferenzpunkt des labilen gesellschaftlichen Gleichgewichts unmittelbar vor dessen Zerfall. Gewiß ist Bernhardi nicht − auch hierin ist dem Hofrat zuzustimmen − ein *Reformator* der Gesellschaft[329]; aber auch nicht ihr Erlöser, trotz der wiederholten Verweise auf Worte Christi, die Bernhardi anführt: *Wer nicht für mich ist, ist wider mich. − Ein reuiger Sünder ist meinem Angesicht wohlgefälliger als zehn Gerechte.* − Auch abgewandelt, zu Hochroitzpointner: *Der Herr verzeihe ihnen −− sie wissen verdammt gut, was sie tun.*[330] Was immer diese Verweise zu bedeuten haben, ob sie auf die unterschwellige Hybris des auf sich selbst sich zurückziehenden Subjekts aufmerksam machen sollen oder nicht (hinzu kommt, daß die Zahl der ärztlichen Mitarbeiter am Elisabethinum genau zwölf beträgt): absehbar wird in *Professor Bernhardi* die «Dornenkrone» des autonomen Individuums, nicht seine Auferstehung.

Obwohl Schnitzler also nicht mehr daran glaubt, daß der zentrale Gedanke der Aufklärung, die Autonomie des Individuums, in Übereinstimmung mit der Entwicklung der bürgerlichen Gesellschaft verwirklicht werden könnte, gibt er die Sache der Vernunft doch nicht verloren. Wenn der Gedanke verfehlt ist, die Gesellschaft in ihrer Totalität verändern zu wollen, so ist es vielleicht nicht ebenso aussichtslos, beim einzelnen Individuum anzusetzen. Daß gerade in dieser Hinsicht Schnitzler der Auseinandersetzung mit den Schriften Freuds wichtige Anregungen verdankt, ist unverkennbar, wenn auch nicht in dem Sinne einer einfachen Übernahme psychoanalytischer Theoreme wie etwa des Ödipuskomplexes; *Frau Beate und ihr Sohn* (1913), die einzige Erzählung, in der diese für die Psychoanalyse typische Thematik im Zentrum steht, muß denn auch als eher mißlungen gelten.

Charakteristisch für Schnitzlers Verhältnis zu Freuds Tiefenpsychologie ist der produktive Widerspruch, wie schon die Novelle *Leutnant Gustl* (1900) erkennen ließ. Die entscheidende Differenz zu Freuds Technik der freien Assoziation besteht darin, daß der innere Monolog nichts an die Oberfläche bringt, was zuvor dem Unbewußten im strengen Sinne angehört hätte. Die extreme Situation schärft zwar das Bewußtsein und setzt einige der Konventionen und Denkverbote, denen sich der Leutnant üblicherweise unterwirft, zeitweilig außer Kraft, andererseits aber bringt sie keine Einsichten hervor, die ihm nicht auch durch konsequentes und unerschrockenes Nachdenken über sich selbst zugänglich gewesen wären. Dieser Schicht des Bewußtseins, die er das *Mittelbewußtsein* nennt, gilt Schnitzlers eigentliches Interesse. *Es ist das ungeheuerste Gebiet des Seelen- und Geisteslebens; von da aus steigen die Elemente ununterbrochen ins Bewußtsein auf oder sinken ins Unbewußte hinab. Das Mittelbewußtsein steht ununterbrochen zur Verfügung. Auf seine Fülle, seine Reaktionsfähigkeit kommt es vor allem an.* An der psychoanalytischen Methode kritisiert Schnitzler vor allem, daß sie *ins Unbewußte oft ohne Nötigung, lange bevor sie es dürfte,* einbiege.[331] Damit entmündigt sie das Individuum, zumindest jedoch tendiert sie dazu, ihm die Verantwortung für sich selbst schon in einem Bereich abzunehmen, der dem Bewußtsein durchaus noch zugänglich wäre. Vor allem aber ist das Mittelbewußtsein der Ort, an dem sich entscheidet, welche allgemeinen Normen, Ideologien, Werte, Fragmente von Weltanschauungen, oder auch nur Parolen, Klischees, Bilder so auf das Individuum einwirken, daß es sein Denken und Handeln nach ihnen ausrichtet. Ohne die Kenntnis des Mittelbewußtseins müßte es ein Rätsel bleiben, wie Leutnant Gustl, dem seine Vereinzelung eigentlich nicht verborgen bleibt – *Aber das geht mich nichts an* – ... *Also, was geht mich denn eigentlich an?* –, dennoch zu dem Entschluß kommen kann, einer abstrakten Norm zuliebe (die ihn ja auch *nichts angeht*), sich das Leben nehmen zu wollen.

Das *Mittelbewußtsein* ist schließlich die Instanz, in der sowohl Freiheit als auch Unfreiheit vorherrschen können: daher die überragende Bedeutung, die ihm für Schnitzlers Werk, insbesondere für die großen Erzählungen der zweiten Lebenshälfte, zukommt. «Die Schnitzlerschen Gestalten sind nicht nur ‹Dämmerseelen› oder ‹Gleitende›, sondern auch ‹Erwachende›.»[332] Dabei fällt besonders auf, daß die «erwachenden» Charaktere den Geschlechtern nicht etwa gleichgewichtig zugeschrieben werden, sondern daß es sich in der Regel um Frauengestalten handelt. Hatte Schnitzler, in bemerkenswertem Gegensatz zu dem männlich dominierenden Verhalten seiner jüngeren Jahre, schon im Frühwerk (seit dem *Anatol*) patriarchalisches Gebaren in kritischer Perspektive dargestellt, so verstärkt sich diese Tendenz in den nach der Jahrhundertwende entstehenden Werken noch erheblich. Die Differenz in der Darstellung der Geschlechter ist selbst dort unverkennbar, wo es sich, wie bei *Frau Berta Garlan* (1901) und bei *Doktor Gräsler, Badearzt* (1917) um zwei Gestalten handelt, die an Trivialität einander nichts nachzugeben scheinen. Die seit einigen Jahren verwitwete, in einem trostlosen Provinzstädtchen lebende Berta Garlan bietet alle Mittel auf, um vor sich selbst zu verschleiern, welche Motive es eigentlich sind, die sie veranlassen, mit einem längst gleichgültig gewordenen Jugendfreund, einem Geigenvirtuosen, auf dessen Namen sie in der Zeitung zufällig gestoßen war, ein Rendezvous in Wien zu vereinbaren, das dann auch in einer Absteige den insgeheim erwarteten Verlauf nimmt. Bei allem Seelenkitsch aber, den sie aufbietet, um die Erinnerungen an die etwas laue, unerfüllt gebliebene Jugendbeziehung aufzufrischen und zur einzigen großen Liebe ihres Lebens zu stilisieren, gibt es auch Momente, in denen sie der Erkenntnis ihrer Situation nahekommt: *Heute aber schien ihr, als wären diese Erinnerungen zugleich uneingelöste Versprechungen, als lägen in jenen fernen Erlebnissen verkümmerte Schicksale, ja als wäre irgendein Betrug an ihr verübt worden, seit lang, von dem Tage an, da sie geheiratet, bis zum heutigen Tag, und als wäre sie zu spät darauf gekommen, stünde nun da und könnte nichts mehr tun.*[333] Das sind Sätze, in denen die Trivialität ihres Seelenlebens durchscheinend wird auf die Grundbedingungen ihrer Existenz. Der Erzähler läßt sie jedenfalls nicht fallen und nimmt ihr nicht ihre Würde, ganz im Gegensatz zu Doktor Gräsler, dessen Identität so nichtig ist, daß die aufs Geratewohl gesprochenen Worte eines Hoteldirektors, er möge nach dem Tode seiner Schwester, die ihm den Haushalt geführt hatte, zur nächsten Badesaison auf Lanzarote eine *nette kleine, blonde Frau* mitbringen, ihm zum Schicksal werden. Das Klischeebild, das diese Worte in ihm hervorrufen – *eine hübsche, rundliche Frau in weißem Sommerkleid..., mit einem rotbäckigen Puppengesicht, das ihm irgendwie, nicht aus der Wirklichkeit, sondern etwa aus einem Bilderbuch oder einem illustrierten Familienblatt, bekannt vorkam*[334] –, findet seine Erfüllung in Gestalt einer gefälligen jungen Witwe von etwas zweifelhaftem Ruf, die ihm während des Aufenthalts in seiner Heimatstadt zufällig über den Weg läuft. Nicht nur entspricht sie in vollkommener Weise dem trivialen Wunschbild eines appetitlichen Frauchens in weißem Sommerkleid, das Gräsler in sich trägt, sie überbietet es womöglich noch durch ihren Namen: Frau Sommer. Da es schlechterdings nicht möglich ist, das Entgegenkommen noch weiter zu treiben, tut Gräsler recht daran, sein ewiges Zögern endlich einmal zu vergessen und sie vom Fleck weg zu heiraten, denn alles, was er braucht, ist eine Frau, die keinerlei Ansprüche an ihn stellt und ihn vor allem niemals und unter keinen Umständen dazu bringt, sich selbst in Frage zu stellen und die Regungen des eigenen Ich einer kritischen Prüfung zu unterziehen.

Dabei ist es nicht einmal die Verbindung mit der Witwe Sommer, durch die Gräsler zu der wohl verächtlichsten Figur wird, die Schnitzler je hervorgebracht hat, als die Begegnung mit einer anderen Frau, die seiner Eheschließung unmittelbar vorangeht. Die siebenundzwanzigjährige Sabine mit den *großen, ruhigen Augen*[335], die gern Gräslers Frau werden möchte, ist eine jener eindrucksvollen Frauengestalten, die in Schnitzlers späterem Werk eine Perspektive eröffnen, die über die mit Hoffnungslosigkeit geschlagene Welt des Romans und der beiden großen Dramen hinausweist. Während die Frauen in Schnitzlers früheren Werken – Anna Rosner im *Weg ins Freie*, aber auch Cäcilie in *Zwischenspiel* – häufig als Opfer zurückbleiben, denen nicht zu helfen ist, obwohl das ihnen angetane Unrecht durchschaubar geworden ist, entstehen später jene Frauengestalten, die nicht nur leidend reagieren, sondern eine neue, eigene Identität ausbilden, die aus der Korruptheit und Aussichtslosigkeit der männlich dominierten Welt ausbrechen. Wenn Schnitzler anläßlich der Erzählung *Casanovas Heimfahrt* (1918) bemerkt, mit diesem Werke setze eine *neue Epoche*[336] in seinem Schaffen ein, dann ist diese Äußerung vermutlich auf die Gestalt der neunzehnjährigen Marcolina zu beziehen, die unbeirrbar daran festhält, neue Formen der Erkenntnis und eine neue Moral zu entwickeln. Trotzdem dürfte die Gestalt der Sabine in künstlerischer Hinsicht die bedeutendere Leistung sein. Da Gräsler nichts so fürchtet wie die Nötigung, sich verantwortlich gegen andere und gegen sich selbst zu verhalten, muß Sabine, die seine Ich-Schwäche durchschaut, soweit wie möglich auf seine konventionell geprägten Vorstellungen eingehen, wenn sie ihn nicht von vornherein in die Flucht schlagen will. Dabei darf sie aber nicht den Eindruck erwecken, sie verrate ihre eigenen Überzeugungen oder sie lasse sich auf Kompromisse ein, die sie eigentlich nicht verantworten könnte. Schließlich ist ihr Ziel, den Doktor zu heiraten und mit ihm zusammen ein gerade zum Verkauf stehendes Sanatorium zu führen, alles andere als eine weltbewegende Utopie, so daß es auch in dieser Hinsicht zweifelhaft sein mag, ob Sabine überhaupt zu den neuartigen Frauengestalten des Schnitzlerschen Werkes zu zählen sei. Trotzdem steht eigentlich an keiner Stelle der Erzählung wirklich in Frage, daß auch die bürgerliche Sabine jene Unabhängigkeit des Denkens und jene Souveränität besitzt, durch die die großartigere Marcolina sich auszeichnet. Von entscheidender Bedeutung ist dabei nicht einmal die Tatsache, daß sie dem mit der Welt und sich selbst im unklaren lebenden Gräsler einen Brief schreibt, in dem sie ihm die Ehe anträgt; wichtiger noch ist der Brief als Dokument eines Denkens, das, durch genaue Aufmerksamkeit auf das begriffliche Instrumentarium der Sprache, jene Bereiche ausleuchtet, die dem Bewußtsein zugänglich sind. Sie vollzieht damit jenes *Reinigungswerk des Geistes*, das, bei aller Skepsis gegen die Unzulänglichkeit der Begriffe, nach Schnitzlers Überzeugung bei der Sprache anzusetzen hat: *Jedes Wort hat sozusagen fließende Grenzen, umso fließender, je mehr es einen Begriff bezeichnen soll. Diese Grenzen müssen, so weit es überhaupt möglich ist, reguliert werden.*[337] Solange Sabine diese Mühe auf sich nimmt, können ihre Intentionen nicht mißdeutet werden, denn ihre Worte zielen nicht auf Überredung, sondern auf Verständigung: Sie durchschaut zwar Gräslers Schwächen, aber solange sie sich um die äußerste ihr erreichbare Präzision des Ausdrucks bemüht, unterstellt sie ihm, daß er fähig sei, auf ihre Worte einzugehen, und beweist damit, daß sie ihn achtet; solange diese Achtung besteht, kann sie sich nichts vergeben. Als Gräsler ihr gewunden und phrasenhaft antwortet, bemerkt sie ihren Irrtum und wendet sich sofort und unwiderruflich von ihm ab.

DIE ETYMOLOGIE DER MACHTHABER

Im März 1914 notiert Schnitzler nach einem Gespräch mit der Pazifistin Bertha von Suttner: *Zum Thee kam Baronin Suttner. Über die neuen Kriegsdrohungen. Sie ist eine gute, aber doch im Grunde banale Person —*

wie es Menschen, die berufsmäßig an etwas glauben müssen – und gar
«an den Sieg der Vernunft» – ergehen muß.[338] – Im Frühsommer hält
eine Notiz seinen *Haß gegen katholisirenden Snobismus der neuen Ju-*
gend[339] fest, eine Mode, der auch die engeren Gefährten Bahr und Hofmannsthal, aber auch Karl Kraus sich angeschlossen hatten. Schnitzlers
Skepsis ist unteilbar: sie richtet sich nicht nur gegen eine neue religiöse
Dogmenbildung, sie wendet sich auch gegen Bestrebungen, die die Vernunft selbst zum Dogma erheben, das den Blick auf die Realität verstellt.
Gewiß ist die universale Skepsis – das wurde schon in *Professor Bern-*
hardi deutlich – a u c h Ausdruck der politischen Perspektivlosigkeit des
liberalen Bürgertums: aber im August desselben Jahres ist es allein diese
Skepsis, die vor dem Glauben an die Allmacht der Vernunft nicht zurück-
schreckt, die Schnitzler Vernunft bewahren läßt. Während Bahr und
Hofmannsthal, Rilke und Dehmel, Thomas Mann und Ganghofer in patriotischen Verlautbarungen schwelgen, schweigt Schnitzler. Zwar ist
auch er der Auffassung, daß durch die politische Entwicklung der Krieg
unvermeidlich[340] geworden war, aber er ist weit davon entfernt, zu akzeptieren, daß von der Explosion der Gewalt eine läuternde Wirkung
ausgehen werde. Über die *Kriegsschwärmer, die Phantasielosigkeit der*
Völker, die von den Regierungen gefördert wird. Über die Dummheit
deutscher Dichter. Hauptmann… der den Krieg gut findet, weil er «un-
gelüftete Stuben» nicht mag. (Wenn ihm der Zug den Kopf wegrisse – ja
ihm nur Zahnweh verursachte!)[341] Indem er die Phrase konfrontiert mit
dem, was sie verdeckt, läßt er erkennen, inwiefern er in der *Phantasielo-*
sigkeit die psychologische Voraussetzung der Kriegsbegeisterung sehen
kann: *Die Unfähigkeit der Menschen, selbst der phantasievollen, sich*
etwas «vorzustellen», ihre Phantasielosigkeit ist eine außerordentliche,
immer wieder von neuem überraschende. Zu erklären ist sie nur als eine
im Laufe der Zeiten allmählich entstandene innerliche Abwehr gegen-
über der von den menschlichen Sinnen als zu ertragenden Grauenhaf-
tigkeit der Welt. Könnte man sich den Tod vorstellen, so wäre das Leben
gewissermaßen unmöglich.[342] Diesen psychischen Schutzmechanismus
macht sich die *Etymologie der Machthaber*[343] zunutze: *Man sagt, er ist*
den schönen Heldentod gestorben. Warum sagt man nie, er hat eine
herrliche Heldenverstümmelung erlitten? Man sagt, er ist für das Vater-
land gefallen. Warum sagt man nie, er hat sich für das Vaterland beide
Beine amputieren lassen?[344] Die zunehmende Abstraktheit aller Lebensformen zeitigt im Krieg ihre verheerendsten Wirkungen: *ohne Haß,*
konstatiert Schnitzler, *liegen die Soldaten in den Schützengräben einan-*
der gegenüber, ohne Haß schießt die Artillerie ins Leere gewissermaßen,
in eine undifferenzierte Masse, ohne Haß planen die Stäbe in den Haupt-
quartieren, die Diplomaten, noch weiter hinten der Hof, die Regierun-
gen: Immer mehr schwindet der Begriff des Einzelmenschen.[345] Aus diesem Grund hält Schnitzler auch während der Kriegsjahre an seiner bishe-
rigen Produktion fest. Mit Erbitterung kommentiert er die Äußerungen,
denen zufolge in der nun angebrochenen «großen Zeit» die Beschäftigung mit dem einzelnen Individuum ihr Recht verloren habe: *Die Aus-*
nützung des Weltkriegs gegen das, was dieses Geschmeiß meine Deca-
dence und Skepsis nennt. Ihr idiotisches Dogma von «Heldentum», für

Fritz Kortner als Professor Bernhardi, Berlin 1930.
Foto: Walter Firner

das sie nun gar in den Schützengräben Beweise suchen.[346] Schnitzler erkennt mit beispielloser Klarheit den ideologischen Hintergrund aller Kunstfeindschaft. *Der alte Kunstgriff der Politik vom einzelnen abzusehen, mit Massen zu rechnen, im Gegensatz zum Künstler, der die Masse in die einzelnen auflöst.*[347] In einem Zeitalter, in dem die Bedeutung des Individuums schwindet, schließlich als rückständig unter Anklage gestellt wird, legen Schnitzlers Überlegungen Zeugnis ab, daß die Kunst sich von einem «bloßen Spiel der Unterhaltung»[348] zur absoluten Lebensnotwendigkeit entwickelt hat: *Statt Bilder gibt man den Menschen Worte. Statt Mehrzahl gibt man ihnen Abstrakte.*[349] Der Kunst fällt die wichtige Aufgabe zu, diesem Abstraktionsprozeß entgegenzuwirken.[350] Weil *Weltfrieden mit Menschenliebe direkt nicht das Geringste zu tun hat*[351], weigert er sich, pazifistische Appelle zu unterzeichnen. Erst in diesem Zusammenhang wird die nachsichtige Ironie ganz verständlich, mit der Schnitzler Bertha von Suttner bedacht hatte: denn wenn die Propagandisten des Krieges von dem Dogma ausgehen, daß der Krieg in der menschlichen Natur begründet sei, dann stimmen ihnen gerade hierin – gewiß gegen ihren Willen – die Pazifisten zu, die auf die Wirksamkeit moralischer Appelle vertrauen. Dagegen folgt aus Schnitzlers liberalistischem Mißtrauen gegen alle Politik, daß nicht *die Menschen... zu bessern* sind, *sondern die Organisationen*, die es ermöglichen, daß einige wenige aus Kriegen Profite ziehen können. Nicht *auf Solidarität oder*

Schnitzler im Haus Sternwartestraße, nach 1910

Verbrüderung kommt es bei dieser Neuordnung an, *wenigstens nicht im sentimentalen Sinn*, sondern auf das wohlverstandene Interesse jedes Einzelnen.[352] Es ist gerade der Verzicht auf den – durch neue Abstraktionen erkaufte – Entwurf einer Utopie, der dem Skeptiker in den Jahren kollektiver Verblendung den Blick auf die politische Realität nicht verstellt.

Schnitzler hielt, was er zum Zeitgeschehen notierte, von der Veröffentlichung zurück; Moriz Benedikt, den Herausgeber der sich durch kriegstreiberischen politischen Feuilletonismus auszeichnenden «Neuen Freien Presse», bescheidet er anläßlich der Aufforderung, etwas über den Krieg zu schreiben, mit den Worten: *Läßt sich nicht drucken.*[353] Die Distanz zur Politik bedeutet indessen nicht, daß seine literarische Produktion nicht auf die Zeit reagierte. Das wird deutlich an zwei während der Kriegsjahre entstandenen Arbeiten, der Komödie *Fink und Fliederbusch* (1917) und *Casanovas Heimfahrt* (1918). Schnitzler selbst sah die Komödie um den wendigen Journalisten, der zugleich für ein liberales und für ein klerikales Blatt schreibt, im Zusammenhang mit *Professor Bernhardi*; ein drittes Stück, *mit einem Politiker (etwa dem Grafen Niederhof)* – dem reaktionären Parlamentarier aus *Fink* –, sollte folgen.[354] Daß es zu diesem Stück nicht mehr gekommen ist, ist kein Zufall: denn schon mit *Fink* ist Schnitzler an einem Punkt angelangt, nach dem eine weitere, auf die Gegenwart bezogene dramatische Produktion kaum mehr denkbar ist. Tatsächlich kann keines der in der Nachkriegszeit entstandenen Stücke – die gedankenschwere *Komödie der Verführung* (beendet 1923) nicht ausgenommen – den bis 1918 erreichten Rang beanspruchen. Das kann – da Schnitzlers bedeutendste erzählerische Arbeiten während des letzten Lebensjahrzehnts entstehen – nicht etwa an nachlassender Gestaltungskraft liegen, sondern muß gattungsspezifische, aus der dramatischen Form selbst hervorgehende Gründe haben.

Die Journalistenkomödie ist die Tragödie der mißlungenen Aufklärung, des Zerfalls von Wahrheit und der falschen Versöhnung. *Wissen Sie, was Sie getan haben?* fragt am Schluß Leuchter, der Chefredakteur des liberalen Blattes, Fliederbusch: *Sie haben ad absurdum geführt. Ich weiß zwar noch nicht genau, was, aber Sie haben.*[355] Bezieht alle Satire ihr Recht, die schlechte Realität bloßzustellen, aus einer Rationalität, die zwar noch nicht hergestellt, aber doch beschreibbar ist, dann kündigen diese Worte das Ende aller Satire an. Wo nicht mehr angebbar ist, in wessen Namen etwas ad absurdum geführt wird, wird aller Widerspruch zum unverantwortlichen Scherz, werden die Positionen austauschbar: dann ist das Drama, das auf einen wie immer gearteten Gegensatz angelegt ist, am Ende seiner Möglichkeiten angelangt.

Fink und Fliederbusch ist indessen das Drama von der Identität der Gegensätze. Wie das Wort Wilhelms II., er kenne nur noch Deutsche, keine Parteien mehr, eine nur scheinbare Versöhnung der Gesellschaft zum Zwecke der Ableitung aller Aggressionen nach außen einleitete, so markieren die Parolen des Journalisten Kajetan die vollendete falsche Versöhnung: *Tod und Leben, Laster und Tugend, Weisheit und Einfalt, Kunst und Natur, irgendwie identisch. Neue Entdeckung. Oder alte*

Giacomo Casanova, 63 Jahre alt. Bildnis von Berka

Wahrheit. Wie Sie wollen. Bald Gemeingut. Philosophisches Werk unter der Feder: Identität der Gegensätze.[356]

Molières «Misanthrope» Alceste steht am Ende allein gegen eine noch durchaus feudale Welt, weil er deren scheinhaftes Gebaren nicht akzeptiert und auf der Identität von Sein und Scheinen beharrt: ein früher Bürger. Er wirkt komisch, ist aber nicht lächerlich, weil die Substantialität, auf die er verweist, in der Zukunft sich entfalten wird. Der späte Bürger Bernhardi, der gleichfalls allein bleibt, hat dagegen die Grenze der Lächerlichkeit fast erreicht: er verteidigt eine Position, die ohnehin verloren ist. Schon unter dem Personal von *Fink und Fliederbusch* wäre für ihn kein Platz mehr; für den Grafen Niederhof haben *Überzeugungen* nur mehr den Rang von *fixen Ideen*, Bernhardi wäre bereits der *Monomane*, der die rechtzeitige Entwicklung zum *Sportsman* verpaßt hätte.[357]

Was die Lage so aussichtslos macht, ist die Tatsache, daß die fortschrittlichen Errungenschaften des Bürgertums nicht etwa ausdrücklich zurückgenommen werden. Was Fliederbusch gegen den Grafen vorbringt, seine Attacke gegen den *albern würdelosen Snob* Fink[358] ist ja durchaus «wahr», insofern der Snobismus – Schnitzler sah in ihm ein Grundübel seiner Zeit[359] –, weil er sich an einer historisch überholten Klasse orientiert, der Entsubstantialisierung des Bürgertums Vorschub leistet. «Wahr» ist auch das Plädoyer des Grafen für Toleranz – *sein Standpunkt hat schließlich geradeso seine Berechtigung – wie der Ihrige*[360] –, insofern Gerechtigkeit nicht denkbar ist ohne Distanz zur Sache, ohne die urliberale Erwägung, daß «jedes Ding zwei Seiten» hat, eine Maxime, in der sich in der Frühzeit des Bürgertums die polemische Abkehr vom Absolutheitsanspruch der Religion bzw. der absolutistischen Staatsverfassung ankündigte. Indem das Bürgertum sich jedoch erneut am Absolutismus orientierte, verloren diese Wahrheiten ihren Gehalt; in der Phrase, die einen Sachverhalt entwertet, ohne ihn zu widerrufen, wird die Abhängigkeit aller Wahrheit vom gesellschaftlichen Kontext sichtbar.

Weil das liberale Bürgertum seine Aufgabe nicht mehr darin sieht, Widerstand gegen die Gewalt des Staates anzumelden – *Wir sind nicht dazu da, die Gegensätze zu verschärfen, wir sind da, die Gegensätze auszugleichen*[361], sagt programmatisch der Chefredakteur des liberalen Blattes –, kann es zur falschen Versöhnung kommen, die auf die Unterdrückung von Kritik verzichten kann, weil diese tendenziell jeden Ansatzpunkt verliert. Es ist deshalb nur konsequent, wenn die reaktionärste Gestalt in diesem Stück, Graf Niederhof, zugleich die fortschrittlichste ist. Er ist der nicht unbegründeten Auffassung, *daß gerade ein seelisch so stark engagierter Politiker von vornherein im Nachteil sein müßte gegenüber einem andern, der – kein Fanatiker, – der vielmehr imstande wäre, seine inneren Kräfte vollkommen fürs – Metier verfügbar zu behalten, für das Technische seines Berufes, – ohne eben den größeren Teil dieser Seelenkräfte an sentimentale Nebenzwecke verschwenden zu müssen*[362].

Solche Ansichten des *staatserhaltenden*[363] Aristokraten aus dem Herrenhaus lassen keine Zweifel aufkommen über seine erfolgreiche Karriere über das Ende der Staatsordnung hinaus, der er seine Privilegien verdankt: der Wandel zum von aller Geschichte emanzipierten, illusionslosen Manager, der alle humanen Inhalte für sich als *sentimentale Nebenzwecke* überwunden, für die anderen aber als «human relations» neu institutionalisiert und der Produktion als Schmiermittel zugeführt hat, dürfte sicher sein. – Nicht die Ablösung eines dunklen Abschnitts der historischen Entwicklung steht zu erwarten, eher das Ende von Geschichte überhaupt, der Rückfall in neue Mythen. Die Namen Satan, Leuchter, Styx enthalten ein mythisches Moment, das seinen geschichtsfeindlichen Inhalt zum Schluß des Stückes hervorkehrt: Kajetan, der es *immer gesagt* hat, will nicht umsonst die Nachricht von der gelungenen *Identität der Gegensätze* nach *Amerika* telegrafieren.[364]

Nicht nur die politischen Ereignisse, auch die formalen, durch den Expressionismus herbeigeführten Neuerungen scheinen an der Novelle *Casanovas Heimfahrt* (1918) spurlos vorbeigegangen zu sein: die sehr genaue, jeder Abschweifung abholde, in ihrer Klarheit der Atmosphäre der italienischen Landschaft sich angleichende Prosa dieser Novelle scheint sich am deutlichsten am «klassischen» Stil der Gattung zu orientieren. Auf den Einwand der *Umständlichkeit* hatte Schnitzler sehr entschieden reagiert: *Erzählen heißt ihnen nun umständlich sein. Expressionistischer Wahn! – Und nach den Menschenseelen möchten sie auch die*

Landschaft abschaffen so daß nur der Film übrigbleibt.[365] Zweifellos ist gerade in der «klassischen» Geschlossenheit der Form die Antwort des Autors auf die totale Korruptheit der Zeit zu sehen. Es ist, als solle der Stil Distanz herstellen zum Inhalt: zu der Geschichte von dem alternden Abenteurer, der nur noch durch Bestechung und Betrug zu seinem Ziel gelangen kann. Daß Casanova, dessen Memoiren Schnitzler *mit oft entzückter Antheilnahme* gelesen hatte[366] (auch die Komödie *Die Schwestern oder Casanova in Spa* ging aus dieser Beschäftigung hervor), in seinen späteren Lebensjahren als Spitzel für die reaktionären Machthaber seiner Heimatstadt Venedig tätig war, ein *trauriger Nachtrag*, gab wohl den Anstoß für die Erzählung: Casanova, dessen glanzvolles, dem Diesseits zugewandtes Leben ein Stück gelebte Aufklärung war, das ihn Voltaire ebenbürtig an die Seite stellte, hatte, indem er denunzierte, was er einst liebte, die Aufklärung widerrufen; Schnitzler läßt ihn aus diesem Grunde mit der Abfassung eines bigotten Pamphlets gegen Voltaire beschäftigt sein. (Nur eine gegen alle aufklärerischen Inhalte verblendete Germanistik konnte in dieser jammervollen Tätigkeit einen Hinweis auf den «uomo universale» sehen, dessen «glänzender Geist» ihn «befähigt», «sich mit den Größten auf allen Gebieten zu messen».[367]) Der große Liebhaber, dessen Glück darin bestanden hatte, nicht nur zu genießen, sondern vor allem Glück zu schenken, vergeht sich an der Liebe. Indem er, die betrogene Marcolina über seine Identität im unklaren lassend, sich selbst zum bloßen Objekt erniedrigt, nimmt er zurück, was allein in der Liebe verwirklicht ist: die Einheit von Individuation und Geschlecht. In der Gestalt des alternden Abenteurers, der sein eigenes Leben durchstreicht, um Erfolg zu haben, spiegelt sich die Korruptheit der Epoche, deren Zeitgenosse Schnitzler ist; daß Casanova – neben Marcolina, die er täuscht – nur noch in der Lage ist, ein dreizehnjähriges Mädchen, das nicht weiß, wie ihm geschieht, zu verführen, weist trübe voraus auf die Praktiken der kommenden Machthaber, die sich des ganz Jungen versichern müssen, um dem ganz Alten wieder zur Herrschaft verhelfen zu können.

REPUBLIK ÖSTERREICH

Da Schnitzler, obwohl er ihren Optimismus kaum mehr teilt, dennoch in der Tradition der europäischen Aufklärung steht, wird es ihm relativ leicht, den Untergang des alten Staates zu verschmerzen. Während Hofmannsthals geistige Voraussetzungen in der höfisch-feudalen Vergangenheit liegen – das hat Schnitzler wohl im Auge, wenn er wiederholt von dessen *Snobismus* spricht; konsequent lehnt er Hofmannsthals Nachkriegslustspiel «Der Schwierige» ab –, kann Schnitzler die alte Staatsform, in der der *Absolutismus* bis ins 20. Jahrhundert überdauert hat, ohne Wehmut verabschieden: *Man müßte ernsthaft versuchen, eine neue Epoche einzuleiten,* notiert er schon 1915.[368] *So wird die Friedensarbeit, historisch gesehen, nichts anderes zu bedeuten haben, als eine weitere Etappe auf dem Weg, den die Demokratie bis zu ihrem endgülti-*

gen Sieg über den Absolutismus im weitesten Sinn zu gehen hat. Dies aber scheint mir der Sinn der ganzen Weltgeschichte. Wir sind erst am Anfang.[369] Dazu aber wäre es notwendig, die Vergangenheit als abgeschlossen zu betrachten; Schnitzler, der zutiefst davon überzeugt ist, daß alle Staaten an diesem Krieg schuldig[370] waren, fordert, daß um der Zukunft willen die Erörterung der Schuldfrage keine Rolle bei der Herstellung des Friedens spielen dürfe: So sonderbar es klingt, bei dem künftigen Friedenskongreß dürfte von Politik im rückschauenden Sinn nicht gesprochen werden. Die Schuldfrage darf nicht aufgerollt werden, denn bis wohin müßte man die Geschichte rückwärts verfolgen, um zu einem vollkommen gerechten Urteil zu gelangen.[371]

Unter dem Eindruck des Versailler Diktats jedoch muß Schnitzler feststellen, daß die neue Epoche ganz anders eingeleitet wird, als er es sich vorgestellt hatte: Die Friedensbedingungen der Entente für uns. – Worte sind nichtig. – Nicht was hier geschieht, empfind ich als das ungeheuerliche – Triumphe sind dazu da um ausgekostet zu werden. Aber die Phrasen von Gerechtigkeit und Völkerfrieden, die das was wir jetzt erleben, eingeleitet haben und noch begleiten – die sind das Neue an der Sache. Grausamkeit, Machtrausch, Schurkerei, Dummheit – das wiederholt sich in allen «großen Epochen der Geschichte», auch Lüge... aber Lüge, die sich im Augenblick selbst, auch für den Blindesten als Lüge demaskirt – Lüge ohne Zweck, – Lüge, die nicht einmal mehr Hohn ist, – kaum mehr Phrase; kurz die Lüge an sich – ohne Zweck, ohne Witz, ohne Sinn, ohne Größe, – die erleben wir zum ersten Mal.[372] Was Schnitzler hier mit Schrecken erfährt, ist, daß noch die Ideologien zu verblassen beginnen: so ausschließlich wird das Geschehen von bloßer Machtausübung diktiert, daß selbst der Schein der Gerechtigkeit überflüssig zu werden beginnt. Indem die bürgerliche Ideologie das Bestehende rechtfertigte, maß sie es, wie abstrakt immer, doch an der Norm einer als verbindlich anerkannten Gerechtigkeit; an großer bürgerlicher Literatur war es darzustellen, daß das Bürgertum seinem eigenen Anspruch noch keineswegs genügte: insofern blieb sie angewiesen auf das, was sie bekämpfte. Wenn nun die Nachkriegsgesellschaft sich anschickte, auf ihre Ideologien zu verzichten und sie durch blanken Zynismus zu ersetzen, dann war der Zeitpunkt abzusehen, an dem bürgerliche Kunst sich geschlagen geben mußte. Hiervon bleiben Schnitzlers im letzten Lebensjahrzehnt entstehenden Arbeiten nicht unberührt.

Obwohl für Schnitzler der Zusammenbruch des alten Reiches keine persönliche Katastrophe bedeutet, braucht er doch mehrere Jahre, bis seine Produktion wieder an den bereits erreichten Rang anknüpfen und darüber hinaus der veränderten Zeit Rechnung tragen kann. Persönliche Schwierigkeiten kommen hinzu: 1921 wird, nach Jahren deprimierender Auseinandersetzungen, die Ehe geschieden. Längst überwundene wirtschaftliche Sorgen tauchen wieder auf und verlassen den Dichter bis zu seinem Tode nicht mehr. Dagegen scheinen die von nationalistischem Pöbel inszenierten Krawalle um die Aufführung des Reigen in Wien und Berlin (1921) Schnitzler weniger berührt zu haben: er hatte den Zyklus zwar zur Bühnenaufführung freigegeben, möglicherweise aus dem Gefühl der Verpflichtung heraus, der neuen Toleranz der nicht ganz neuen

Epoche eine Chance der Bewährung zu geben, aber seine Skepsis scheint groß genug gewesen zu sein, sich von den Exzessen wenigstens nicht überraschen zu lassen. Obwohl der Prozeß um die Berliner Aufführung, in dem – ein juristisches Kuriosum, das die Entschlossenheit der politischen Reaktion zeigte – auch die Schauspieler angeklagt waren, mit Freispruch für alle Beteiligten endete, verfügt Schnitzler, daß der *Reigen* für immer von der Bühne fernzuhalten sei.

Merkwürdig schwach (bei gelungenen Details) wirkt, was Schnitzler in den ersten Nachkriegsjahren vollendet: das Drama *Der Gang zum Weiher* (beendet 1923, uraufgeführt 1931), das der Autor selbst sehr schätzte, trägt die Spuren der persönlichen Krise, die ein kontinuierliches Arbeiten kaum je erlaubte. Abermals mindern die Verse Schnitzlers Eigenstes: die Präzision des Gedankens und seines Ausdrucks. Vor allem aber bleibt das Motiv, das dem Stück den Titel gab: Leonildas heidnisches Ritual, folgenlos; Leonilda benimmt sich später so normal wie nur irgend ein junges Mädchen. Das Motiv bleibt stehen als wunderliches, schlecht metaphysisches Rudiment, in deutlichem Widerspruch zu Schnitzlers erklärter Abneigung, *sich ins metaphysische hineinzuschwindeln und zu flüchten, solang man noch innerhalb des rationalistischen Rede und Antwort zu stehen hat*[373]. Einzig in der Absage des Freiherrn an jeden Determinismus:

> *– wahrlich,*
> *Mich litt's nicht einen Tag in solcher Welt,*
> *Die nichts von Schuld und doch von Sühne wüßte,*
> *Nichts vom Verdienst und doch vom Lohn der Tat*[374]

mag eine Vorwegnahme der Aufforderung zu verantwortlichem Handeln gesehen werden, wie es später in der *Traumnovelle* (1926) gestaltet wird; vielleicht auch eine erst latente Kritik an der kapitalistischen Wirtschaftsordnung, die von der *Komödie der Verführung* (1924) über *Fräulein Else*, *Spiel im Morgengrauen* bis zu *Therese* (1928) immer verhalten, aber doch als deutliche Tendenz erkennbar, entfaltet wird.

Für die Öffentlichkeit rückt Schnitzler allmählich in die Rolle des zwar anerkannten, aber nicht mehr ganz «zeitgemäßen» Autors. Da er (das Fragment *Zug der Schatten* ausgenommen) seine Stoffe weiter aus der Zeit bis um 1. August 1914 wählt, wird die Phrase vom «Dichter des süßen Mädels» allmählich abgelöst durch «Dichter einer versunkenen Welt». *Für mich hat jetzt das Völkchen eine neue Formel gefunden: Daß ich nämlich eine «versunkene Welt» gestalte, für die sich kein Mensch mehr interessire. (Man darf nur Dramen von 1924 schreiben – haben Sie das gewußt?). Auch sind Tod und Liebe unwürdige Sujets; – nur Grenzregulierungen, Valutenänderungen, Steuerfragen, Diebstähle und Hungerrevolten interessiren den ernsten (insbesondere ernsten deutschen) Mann.*[375] Trotzdem bleiben die Erfahrungen der Kriegs- und Nachkriegsjahre nicht ohne Einfluß auf seine Arbeiten: die *Komödie der Verführung* (1924), deren Handlung am 1. August 1914 endet, ist zentriert um *Valutenänderungen*, die es dem ebenso begabten wie korrupten Bankpräsidenten Westerhaus als einzigem gestatten, den Ausbruch der

Katastrophe exakt vorherzusagen, ohne daß er indessen den eigenen Ruin abwenden könnte: die Unausweichlichkeit der Entwicklung als ganzer wie der Unberechenbarkeit der einzelnen Krise ist in dieser Konstellation eindrucksvoll zusammengestellt – überzeugender jedenfalls als in der Datierung des Scheiterns von Aurelie und Falkenir auf den Tag des Kriegsausbruchs. Die Absicht des Autors ist offenkundig: die erotischen Verstrickungen sollen in enger Verflechtung mit der politischen Katastrophe vorgeführt werden. Nicht ausgeschlossen, daß Schnitzler hierdurch – unbewußt – das Klischee von der «versunkenen Welt» widerlegen wollte. Allerdings ist es gerade diese überdeutliche Symbolik, aus der dem Stück ein Moment des Gewollten erwächst: die Verbindung von Individualpsychologie und Politik ist zu vermitteln, als daß die allzu direkte Beziehung zu überzeugen vermöchte. Trotzdem ist das Stück innerhalb von Schnitzlers Werk bedeutsam: es ist der Übergang zu den großen Arbeiten der letzten Jahre, die scheinbar die Themen der Vorkriegszeit aufnehmen, in Wahrheit aber bestimmt sind durch Erfahrungen, denen die permanente Krise wesentlich ist. – Das mythische Moment, in *Der Gang zum Weiher* noch funktionslos, gewinnt, mit seinen Märchen- und Nixenmotiven, in *Komödie der Verführung* seine genaue Bedeutung: es steht für die Krise der auf einer noch immer irrationalen Gesellschaftsordnung gegründeten Rationalität, die die schillernden Produkte der Fäulnis für Zeichen einer neuen Blüte nimmt. Nicht das Scheitern des Liebespaares steht am Ende des Stücks, sondern eine Pantomime, die kaum mehr zu sein scheint als eine Arabeske: der alte Casanova-Darsteller Fenz nähert sich dem nixengleichen, kindlichen Mädchen Gilda, er *beginnt leise wieder die Champagnerarie zu trällern, dann langsam die Anhöhe hinauf, zu Gilda hin. Gilda erwartet ihn lächelnd.*[376] Die verhängnisvolle Entwicklung der Nachkriegszeit: die Korrumpierung des Jüngsten durch das Älteste, in *Casanovas Heimfahrt* bereits angedeutet, steht am Ende von Schnitzlers letzter politischer Komödie.

FRÄULEIN ELSE

Schon die Erzählung *Fräulein Else* (1924) zeigt, wie unsinnig der Vorwurf ist, Schnitzler habe nach dem Krieg nur noch Variationen von bereits Gestaltetem hervorgebracht. Zwar knüpft die Erzählung, in der der innere Monolog dominiert, formal an *Leutnant Gustl* an, aber Else gehört ihrer psychischen Konstitution nach eher der Nachkriegsgeneration an, die, nach dem Zerfall der alteuropäischen Ordnung, bereits zutiefst von ökonomischer Unsicherheit und umfassender Orientierungslosigkeit geprägt ist. Diese Spannung zwischen der (historischen) Zeit der Handlung und der Vermittlung der jüngsten Erfahrungen ist für Schnitzlers Spätwerk, in dem die längere erzählende Prosa dominiert, grundlegend: in *Spiel im Morgengrauen* (1925) hat das ehemalige «süße Mädel» Leopoldine alle ihm angetane Schmach aggressiv nach außen gekehrt und zahlt, zur eiskalten Geschäftsfrau geworden, ihren Peinigern das erlittene Unrecht heim. Auch sie zählt zu Schnitzlers neuem Frauentypus; indem sie sich jedoch darauf beschränkt, die Gewaltverhältnisse, unter denen sie gelitten hatte, kritiklos zu reproduzieren, versagt sie schließlich als Mensch und treibt ihren früheren Liebhaber in den Selbstmord. – Aber auch in formaler Hinsicht reproduziert Schnitzler nicht einfach die frühere Novelle; während das Denken des in beengten Verhältnissen aufgewachsenen Kleinbürgers Gustl, der von Anfang an nicht die Möglichkeit hatte, sich in andere Rollen zu versetzen, von unmittelbaren sozialen Zwängen geprägt ist: *Ich muß! Ich muß! Nein, ich will!*[377], hält Else bis kurz vor ihrem Zusammenbruch an der für ihre Schicht charakteristischen Illusion subjektiv freien Handelns fest: *Aber ich muß nicht. Ich muß überhaupt gar nichts... Aber ich bin nicht verpflichtet... Ich kann noch immer tun, was ich will.*[378] Das durch den Zwang, Dorsday anbetteln zu müssen, verursachte starke Unlustgefühl bekämpft sie, indem sie den peinlichen Auftritt wiederholt «probt»: *Eben erhalte ich einen Brief, Herr von Dorsday.*[379] Die antizipierende Imagination, die Gustl in dieser Form kaum möglich wäre, verschafft ihr momentane Erleichterung: «Das Denken ist ein probeweises Handeln mit kleinen Energiemengen.»[380] Erst ihr Zusammenbruch macht offenbar, daß auch sie, letzten Endes nicht weniger als Gustl, äußeren Zwängen unterliegt. Die Autonomie des bürgerlichen Subjekts hat nur noch aufschiebende, keineswegs mehr befreiende Wirkung.

Nie werde ich unsere Existenz verstehen.[381] Schnitzlers Novelle entsteht in den Jahren, da Heidegger die Existenzphilosophie begründet. Im Gegensatz zum Existentialismus jedoch, der die Desorientiertheit der Nachkriegsgeneration ontologisch verbrämt, verrät dieser Gedanke Elses dessen ideologische Funktion: *Existenz* ist hier durchaus bezogen auf die konkrete wirtschaftliche Situation, die durch zweifelhafte Transaktionen des Vaters aufrechterhaltene scheinhafte Wohlhabenheit, die gleichermaßen geeignet ist, den Vater als *genialen Menschen* wie, im Falle des Scheiterns, zum Verbrecher zu machen. Wie es dem *genialen* Anwalt gelungen ist, aus einer Straf- eine *Zivilsache* zu machen, so entscheidet auch über sein eigenes Schicksal der mehr oder weniger zufällige Erfolg, keineswegs die Moral.

Zwischen solchen Widersprüchen, die durch keine verbindlichen Normen mehr schlichtbar sind, treibt Elses Psyche dem Kollaps zu. Die starke, noch beinahe kindliche Bindung an den Vater, die ihre Träume verraten, steht in starkem Kontrast zu der Tatsache, daß der Vater es ist, der Else zu Dorsday treibt. Andererseits scheint Dorsday einige Ähnlichkeit mit dem Vater zu haben, dessen ökonomische Ohnmacht in verwirrendem Widerspruch steht zu Dorsdays Macht, der zumindest hierdurch an die Stelle des Vaters treten kann; erst die Phantasien des Einschlafens bringen Elses Affekte wieder in Ordnung: den von Dorsday empfangenen Handkuß – *Heiße Lippen. Pfui!* – kann sie nun, bei nahezu ausgeschalteter Zensur, auf den Vater übertragen: *Küss' mir doch nicht die Hand. Ich bin ja dein Kind, Papa.*

Elses Konflikt ist mehr als eine individuelle Fehlentwicklung: er steht für eine historische Situation, in der die überkommenen Autoritäten zerfallen sind, ohne daß die Menschen schon die Möglichkeiten hätten, ihr

Verhalten autonom zu bestimmen. Die Reste der unverarbeiteten Bindungen geben keinen Halt mehr, sie vollenden die Verwirrung: der in den Grundstrukturen unveränderten Gesellschaft entspricht im individuellen Bereich die auf halbem Wege stagnierende Emanzipation. Elses Sehnsucht nach schrankenloser sinnlicher Erfüllung – *Ein Luder, ja –*, die bezeichnenderweise schon abgelöst ist von der Möglichkeit einer personalen Objektivation (*Ich glaube, ich kann mich nicht verlieben. Eigentlich merkwürdig. Denn sinnlich bin ich gewiß.*) – wird durch äußeren Zwang pervertiert zu der Nötigung, sich zu verkaufen: *Ein Luder will ich*

sein, aber nicht eine Dirne. Dieser Konflikt wiegt schwer, aber er reichte nicht aus, Else zusammenbrechen zu lassen; immerhin macht sie sich schon mit dem Gedanken vertraut, für wirtschaftliche Sicherheit auf Erfüllung zu verzichten (*Ach Fred ist im Grunde nichts für mich. Kein Filou! Aber ich nähme ihn, wenn er Geld hätte.*). Daher wäre sie vielleicht sogar bereit, sich an Dorsday im konventionellen Sinne zu verkaufen. Dieser mag das spüren: *Und – was ich mir diesmal kaufen will, Else, so viel es auch ist, Sie werden nicht ärmer dadurch, daß Sie es verkaufen.* Dorsday – er ist Kunsthändler! – fordert jedoch das Unverkäufliche: Elses Bild und damit den einzigen Halt, bei dem sie in ihrer Not Zuflucht suchen kann: *Bin ich wirklich so schön wie im Spiegel? Ach kommen Sie doch näher, schönes Fräulein. Ich will Ihre blutroten Lippen küssen. Ich will Ihre Brüste an meine Brüste pressen... Leb' wohl, mein heißgeliebtes Spiegelbild. Wie du im Dunkel leuchtest.*[382] Wenn dem germanistischen Normalbewußtsein zu dieser Stelle einfällt, Elses Verhältnis zu ihrem Spiegelbild sei «gewiß nicht normal»[383], so ist dem zuzustimmen, allerdings mit verändertem Vorzeichen: Gewiß ist ihr Narzißmus nicht «normal», denn er ist produktiv geworden; dem bedrohten Ich dieses «Fräuleins» – eines «gesellschaftlichen und sozialen Nichts also», wie Antonia Maria Caputo in ihrer inspirierten Interpretation dieser Novelle bemerkt[384] –, gelingt es hier mit äußerster Anstrengung, ein Bild von sich zu entwerfen, das einen Augenblick lang sich von ihr abzulösen und selbständiges Dasein zu gewinnen scheint. Schon hier wird erkennbar, daß unter den Frauen und Mädchen, die in Schnitzlers Spätwerk über die ausweglos scheinende Realität hinausweisen, Else die exponierteste ist, und zwar im doppelten Sinn dieses Wortes: Sie ist aufs äußerste gefährdet, aber sie ist auch am weitesten fortgeschritten auf einem Wege, der vielleicht zu einer neuen Form von Identität führen könnte. Else verkörpert beides, die Hoffnung auf eine andere Zukunft und die Möglichkeit des endgültigen Scheiterns. Daher gibt es in der Novelle kein Zeichen der Hoffnung, das nicht zugleich eines der Krankheit wäre und kein Zeichen der Krankheit, das nicht eines der Hoffnung wäre.

«Wie scheint doch alles Werdende so krank»[385]: Gibt es bei Schnitzler eine Gestalt, die mit diesem Vers Georg Trakls zu charakterisieren wäre, so ist es Fräulein Else. Daß das Bild, das sie von sich selbst entwirft, das Produkt eines exzessiven Narzißmus sei, ist ebensowenig zu bestreiten wie die Tatsache, daß es sich bei ihrem Zusammenbruch um einen hysterischen Anfall handelt, der durch den labilen körperlichen Zustand, in dem sie sich gerade befindet – *Freilich, es sind gerade diese Tage*[386] –, von Anfang an vorbereitet wird; es kommt hinzu, daß es sich bei der hysterischen Aktion um ein Krankheitsbild handelt, bei dem nie mit letzter Sicherheit anzugeben ist, welcher Anteil an ihm bewußter Inszenierung (möglicherweise sogar in betrügerischer Absicht[387]) zuzuschreiben ist. Sogar ihre Selbstmordpläne scheinen eher ein Spiel als letzter Ernst zu sein. Allerdings wirkt ihr Denken und Tun in dieser Hinsicht so suggestiv und überzeugend, daß, seit dem Erscheinen der Novelle, der letale Schluß noch nie ernsthaft in Zweifel gezogen wurde: seit jeher gilt es als ausgemacht, daß Else aus dem Schlaf, in den sie nach Einnahme einer starken Dosis Veronal versinkt, nie mehr erwachen wird: «Die Erzählung endet mit dem Tod der Protagonistin».[388] Im Gegensatz jedoch zu Else, für die der Gedanke an den Tod zunächst nicht mehr als eine Assoziation unter anderen ist – (*Beinah schon dunkel. Nacht, Grabesnacht. Am liebsten möcht' ich tot sein. – Es ist ja gar nicht wahr.*) –, geht Dr. med. Schnitzler, zu ihrem Glück, sehr viel sorgfältiger mit diesem Komplex um. *Gott sei Dank, daß ich die Pulver habe … Sind sie noch alle da? Ja, da sind sie. Eins, zwei, drei, vier, fünf, sechs. Ich will sie ja nur ansehen, die lieben Pulver. Es verpflichtet ja zu nichts. Eins, zwei – aber ich bringe mich ja sicher nicht um. Fällt mir gar nicht ein. Drei, vier, fünf – davon stirbt man noch lange nicht. Es wäre schrecklich, wenn ich das Veronal nicht mit hätte. Da müßte ich mich zum Fenster hinunterstürzen und dazu hätt' ich doch nicht den Mut. Aber das Veronal, – man schläft langsam ein, wacht nicht mehr auf, keine Qual, kein Schmerz. Vorgestern habe ich auch ein Pulver genommen und neulich sogar zwei.*[389] Else ist also im Besitz von sechs Tabletten bzw. *Pulvern*, und sie bestätigt ausdrücklich, daß hierin ihr gesamter Vorrat besteht. Zwar bleibt offen, ob sie tatsächlich nur fünf *Pulver* in Wasser auflöst oder ob sie, ohne sich dessen bewußt zu werden, auch das letzte in das Glas fallen läßt – im Hinblick auf die Wirkung jedoch ist diese Unklarheit (die einzige an dieser entscheidenden Stelle) ohne Bedeutung. Da eine Tablette Veronal 0,25 Gramm Diäthylbarbitursäure enthält, nimmt Else höchstens 1,5 Gramm dieses Wirkstoffes ein, dessen tödliche Dosis bei etwa 4 bis 6 bis 12 Gramm liegt; Else ist an das Präparat gewöhnt und im übrigen gesund, daher würden auch sechs Gramm jedenfalls nicht ausreichen, sie ernstlich in Gefahr zu bringen. Soviel zu der «tödlichen Dosis Veronal».[390] Selbstverständlich weiß auch Else, daß die wenigen Tabletten, die nach vollbrachter Tat ihr die vorübergehende Flucht aus der widerwärtigen Realität ermöglichen sollen, sie nicht umbringen werden, aber das hindert sie natürlich nicht, nach ihrer Art allerlei entlastende Phantasien zu dem Stichwort «Veronal» zu entwickeln. Ganz ähnlich verhält sie sich, wenn sie sich zum Lesen auf ein Fensterbrett setzt und sich sofort nicht nur zu Tode stürzen sieht, sondern zugleich auch noch die entsprechende Zeitungsmeldung phantasiert. Angesichts der Lebhaftigkeit ihrer Einbildungskraft ist daher nicht auszuschließen, daß sie am Schluß vielleicht selbst daran glaubt, eine tödliche Menge des Schlafmittels geschluckt zu haben.

Bis zum Erwachen, an dem zu zweifeln es keinen Anlaß gibt. Aber wenn auch die wohltuende Wirkung des Veronal vergehen wird und Else in die triste und leere Realität zurückkehren muß, als wäre nichts geschehen – den pikanten Zwischenfall im Hotel wird man ihr bald nachgesehen haben –, so wird, was in den Stunden der größten Einsamkeit ihr flüchtig durch den Kopf ging, dennoch nicht spurlos getilgt sein. Anders als für Leutnant Gustl, der *Orgel auch* konstatiert und daraufhin beschließt, das Oratorium, das ihn eigentlich entsetzlich langweilt, *wunderschön* zu finden – *da kann man gar nichts sagen*[391] –, bedeutet die Erfahrung vollkommener Schönheit, die Else kurz vor dem Schwinden des Bewußtseins erlebt, einen Augenblick der Erfüllung, in dem es keine Einsamkeit und keine Entfremdung mehr gibt: *Was ist denn das? Ein ganzer Chor? Und Orgel auch? Ich singe mit. Was ist denn das für ein Lied? Alle singen mit.*

Die Wälder auch und die Berge und die Sterne. Nie habe ich etwas so Schönes gesehen. Noch nie habe ich eine so helle Nacht gesehen.[392] Diesen flüchtigen Augenblick der Erfüllung hält das literarische Werk fest; hierin besteht sein Glücksversprechen, das auf eine andere, bessere Welt verweist. Zugleich aber nimmt Schnitzler diesem Moment der Erfüllung jedes affirmative Moment, indem er ihn nicht mehr sein läßt als einen glückseligen Traum. Schnitzlers glaubenslose Metaphysik verliert sich nicht in einem unbestimmten Jenseits, sondern verdichtet sich zu einem Kraftzentrum, das auf die Wirklichkeit zurückstrahlt. Und Fräulein Else? Auch wenn sie träumt, sie fliege, ein Engel ist sie jedenfalls nicht, eher schon: ein Biest.

TRAUMNOVELLE

«P. S. über Ihre Traumnovelle habe ich mir einige Gedanken gemacht.»[393] Der Satz, von Einverständnis und Diskretion gleichermaßen geprägt, ist charakteristisch für das Verhältnis, das sein Schreiber zu Schnitzler hatte. Sigmund Freud, seit «vielen Jahren» sich «der weitreichenden Übereinstimmung bewußt, die zwischen Ihnen und meinen Auffassungen mancher psychologischer und erotischer Probleme besteht», hatte dennoch jahrzehntelang sich gescheut, die persönliche Bekanntschaft des Autors zu suchen, mit dem ihn nicht nur die gemeinsamen Lehrer Ernst Brücke und Theodor Meynert verbanden. Erst zum 60. Geburtstag des Dichters gibt Freud einen Teil seiner Zurückhaltung auf: «Ich meine, ich habe Sie gemieden aus einer Art von Doppelgängerscheu... Ihr Determinismus wie Ihre Skepsis – was die Leute Pessimismus heißen –, Ihr Ergriffensein von den Wahrheiten des Unbewußten, von der Triebnatur des Menschen, Ihre Zersetzung der kulturell-konventionellen Sicherheiten, das Haften Ihrer Gedanken an der Polarität von Lieben und Sterben, das alles berührte mich mit einer unheimlichen Vertrautheit.»[394] Bis hierher läßt Freud die Charakteristik, die er von Schnitzler entwirft, ohne weiteres für sich selbst gelten; aber sofort, als setzte sich die kaum ausgesprochene «Doppelgängerscheu» erneut durch, folgt die Distanzierung: «So habe ich den Eindruck gewonnen, daß Sie durch Intuition – eigentlich aber in Folge feiner Selbstwahrnehmung – alles das wissen, was ich in mühseliger Arbeit an anderen Menschen aufgedeckt habe.»[395] Den vagen Begriff der «Intuition» kann Freud nicht stehenlassen – die Präzision seines Denkens zwingt ihn, die Quelle anzugeben, aus der nach seiner Erfahrung die wesentlichen psychologischen Einsichten stammen: aus dem eigenen Ich. «Psychoanalyse», hatte er in der ersten der «Vorlesungen zur Einführung in die Psychoanalyse» (1916) programmatisch geschrieben, «erlernt man zunächst am eigenen Leib, durch das Studium der eigenen Persönlichkeit.»[396] Offensichtlich nötigt Freud die archaische Furcht vor dem Doppelgänger zu der – wohl halb unbewußten – Unaufrichtigkeit, die Herkunft der eigenen Erkenntnisse aus der Selbstbeobachtung abzustreiten.

Indessen ist es wahrscheinlich gerade die Herkunft der psychoanalytischen Erkenntnisse aus der «Selbstwahrnehmung», die es Schnitzler ermöglichte, den Einwand zu formulieren, der seine kritischen Äußerungen zur Analyse zusammenfaßt: ...*ich gestehe dem Unbewußten nicht so große Macht zu, – die Erklärer, besonders die Psychoanalytiker biegen zu rasch in diese Gasse.*[397] Der «Determinismus», den Freud nicht ohne Grund an erster Stelle nennt, die aus der positivistischen Wissenschaft hervorgegangene Überzeugung, daß nichts ohne Grund geschehe – erst sie ermöglichte ja die wissenschaftliche Untersuchung noch der scheinbar zufälligsten Fehlleistungen –, wäre total, wenn das Unbewußte sich der Erkundung durch den Willen zu absoluter Aufrichtigkeit völlig verschlösse. Im Bestreben, die Verantwortung für das eigene Handeln zu früh dem Unbewußten zuzuschreiben, sieht Schnitzler den willkommenen Vorwand, moralisches Handeln auszuschließen.

Schon Bernhardis Wunsch, an Stelle einer politischen Rechtfertigungsschrift einen Traktat über die *Willensfreiheit* zu schreiben[398], geht auf diese Erwägungen zurück; was in dem Drama noch einigermaßen unvermittelt und wie ein Rückzug Bernhardis aus der politischen Verantwortung erscheint, wird erst in der *Traumnovelle* (1926) gestaltet. Wie Adam und Cäcilie in *Zwischenspiel* sind auch Albertine und Fridolin bestrebt, keine Geheimnisse voreinander zu haben; anders als jene aber blenden sie die Bedingungen nicht aus, die den Störungen ihres Zusammenlebens zugrunde liegen. Auch Adam und Cäcilie wissen, daß es Triebregungen gibt, die sie, allem grundsätzlichen Einverständnis ungeachtet, zu anderen Verbindungen treiben. *Und selbst wenn man immer der Sieger bliebe,* meint Amadeus, *wäre das noch ein Glück, um das man so oft kämpfen und immer zittern müßte? Ein Glück für uns, die ein so hohes gekannt haben?*[399] Dieselbe Verdrossenheit ist es, die Fridolin die Rückkehr nach Hause scheuen läßt, als er erfahren hat, daß Albertine während eines Ferienaufenthalts der erotischen Attraktion eines Dänen kaum hatte widerstehen wollen. Aber im Gegensatz zu Amadeus lernt er an Albertines Traum und an den eigenen Erlebnissen, daß die Wirklichkeit der nicht domestizierbaren Triebwelt nicht das letzte ist: *So gewiß, als ich ahne,* sagt Albertine, *daß die Wirklichkeit einer Nacht, ja daß nicht einmal die eines ganzen Menschenlebens zugleich auch seine innerste Wahrheit bedeutet.*[400] In der Unterscheidung von *Wahrheit* und *Wirklichkeit,* die die Fortdauer der Gefährdung jeglichen Zusammenlebens durch das chaotische Unbewußte nicht im mindesten verleugnet, ohne ihm doch den Rang von «Wahrheit» zuzuerkennen, ist der blinde Determinismus überwunden. Nicht durch moralische Sprüche. Die Differenz von Wahrheit und Wirklichkeit muß erlebt und affektiv verarbeitet werden. Fridolins Vorsatz nach den Erlebnissen der Nacht: *Ich will dir alles erzählen*[401] ist qualitativ verschieden von der Absichtserklärung des Amadeus, der seine Ehe *vor allem auf vollkommene Aufrichtigkeit gegründet* sehen will, weil die Erfahrung der Widerstände, die solcher Aufrichtigkeit entgegenstehen, durch die Aufarbeitung des Unbewußten durchlebt worden ist. Daß *Wahrheit* nicht aufgeht in naturwissenschaftlicher *Wirklichkeit* – Schnitzler streift hier den aristotelischen Gedanken der Entelechie –, legt den Grund zu verantwortlichem und bedingt freiem Handeln, das nicht ungefährdet zwar, aber doch frei ist von unbegründetem Optimismus wie von fatalistischer Unterwerfung unter die bloße Macht der Tatsachen.

«UND EIGENTLICH WAR ES GESTERN»

Noch im Jahre 1932 schreibt Freud über die «Weiblichkeit»: «Ein Mann um die Dreißig erscheint als ein jugendliches, eher unfertiges Individuum... Eine Frau um die gleiche Lebenszeit aber erschreckt uns häufig durch ihre psychische Starrheit und Unveränderlichkeit... Wege zu weiterer Entwicklung ergeben sich nicht; es ist, als wäre der ganze Prozeß bereits abgelaufen, bliebe von nun an unbeeinflußbar, ja als hätte die schwierige Entwicklung zur Weiblichkeit die Möglichkeiten der Person erschöpft.»[402] Der Satz könnte auch dienen zur Beschreibung der Therese Fabiani, die, in Schnitzlers letzter großer Arbeit (*Therese. Chronik eines Frauenlebens*, 1928), nur wenige Jahre jenseits der Dreißig, ihre Möglichkeiten erschöpft sieht: *Lebensabend, dachte sie, das Wort stand plötzlich vor ihr, und da sie ihm gleichsam ins Auge sah, lächelte sie ein wenig trüb. Abend? War es schon so weit?*[403] Aber während Freud, im Gegensatz zum dynamisch-genetischen Prinzip seiner Psychologie, doch einem unveränderlich patriarchalischen Weltbild verpflichtet blieb, zeigt Schnitzlers Roman, wie wenig natürlich der vorzeitige Alterungsprozeß ist, keineswegs allein durch die biologische «Weiblichkeit» bedingt.

Der große Roman, der das Leben Thereses in 106 kurze Kapitel zerlegt, steht der Form wie dem Inhalt nach in Schnitzlers Werk einzigartig da.

1930

Der Autor selbst war zunächst eher skeptisch: *Dieser Roman nimmt eine sonderbare Stellung in meiner Gesamtproduction an. Im ganzen hab ich mir ihn eher abgerungen; – und warum eigentlich. Nur die Grundidee, und in manchen Details hat er innere Notwendigkeit, als «Arbeit» kaum.*[404] Was Schnitzler an dem Roman gestört haben mag, dürfte die Tatsache sein, daß er kaum mehr der Kategorie des «Werkes», dessen Form aus dem Inhalt notwendig hervorgeht und mit diesem ein sinnvolles Ganzes ergibt, zu entsprechen scheint. So entspricht die strenge Symmetrie der *Traumnovelle* – sie führte ursprünglich den Arbeitstitel *Doppelnovelle* – dem Verhältnis der beiden Ehepartner zueinander, die bei allen Verwirrungen immer einander zugewandt bleiben und ihr Handeln aufeinander ausrichten; die Form enthält hier vorab das Versprechen der Versöhnung. Dagegen ist die Einteilung in kurze Kapitel dem Leben Thereses, die immer allein bleibt, durchaus äußerlich und zufällig (notwendig nur insofern, als die Form hier nur noch Ausdruck eines vollkommen entfremdeten Lebens ist): Die Kapiteleinteilung folgt über weite Teile den willkürlich wechselnden Stellungen des Kinderfräuleins, verweist also auf die Unmöglichkeit der Kontinuität von Erfahrung und damit auf das Zerbrechen der Identität. Die Technik des Romans gleicht sich der des Films an, die Kapitel entsprechen den Schnitten, die jede Konstruktion von Sinn zerschlagen und dadurch jenen «choc» beim Zuschauer auslösen, von dem Benjamin spricht.[405] Daß Schnitzler dem Zwang der Sache folgte: der neuen Erfassung der Realität, nicht einer bewußten Entscheidung, bezeugt seine Besorgnis, der Roman werde *gegen Ende allzu düster*[406]. So umfassend Schnitzlers Skepsis immer war: das Versprechen von Sinn, das die aufeinander bezogenen Teile einer Konstruktion geben – in *Casanovas Heimfahrt* war es ja allein die klassische Novellenform, die der allgemeinen Korruptheit Widerstand leistete –, wird erst in seinen letzten Werken aufgekündigt. So hatte er 1917 die vollständig ausgearbeitete Novelle *Wahn*, die den allmählichen Ausbruch einer Verfolgungspsychose beschreibt, beiseite gelegt mit dem *Entschluß es nicht zu veröffentlichen*[407]. *Das rein pathologische ist nun einmal für die Kunst verloren*[408], hatte er während der Arbeit notiert. Die Novelle sei, *durch das pathologische Sujet, nicht ganz zu rechtfertigen*[409]: weil in ihr nicht genau auszumachen ist, was objektive Realität ist und was das kranke Subjekt nur in der Einbildung als Bedrohung erlebt. Daß die Novelle erst 1931 erscheint (unter dem Titel *Flucht in die Finsternis*), zu einer Zeit, da die allgemeine Orientierungslosigkeit die bevorstehende Zerschlagung des rationalen Subjekts bedrohlich ankündigt, ist deshalb nicht ohne innere Konsequenz.

Natürlich spielen hierbei auch finanzielle Sorgen eine Rolle. Denn nach *Fräulein Else*, dem letzten großen Erfolg, beginnt das Klischee vom «Dichter einer versunkenen Welt» sich als wirtschaftliche Bedrohung auszuwirken: *Unerfreulicher Contostand… Nur neue Bücher werden gekauft. – Keine Aufführungen meiner Stücke.*[410] «Ihm hatte es nicht geholfen», schrieb Heinrich Mann, «daß er die öffentlichen Dinge verachtete: sie wußten ihn zu treffen. Sie fanden ihn wehrlos, ratlos, als einen Spielball des Glücks. Das sollte verboten sein vor der Würde eines alten Meisters.»[411] Die Uraufführung von *Im Spiel der Sommerlüfte*

(1929), das alte Motive aufgreift, sie aber in einer Schwebe läßt, die sonst nur von Tschechov erreicht wurde – *Die Russen könnten es spielen*[412] –, bleibt ein Achtungserfolg. Die Konflikte zwischen den Geschlechtern, an denen Schnitzlers Gestalten früher zugrunde gingen, bleiben hier folgenlos, ohne Katastrophe, aber auch ohne Sehnsucht: freudlose Emanzipation. – Zahlreiche Verfilmungen, vor allem in Amerika, aber auch in Österreich und Deutschland (*Fräulein Else* [1929] mit Elisabeth Bergner) wenden die drückendsten finanziellen Sorgen immer wieder ab. *Nichts von alldem ahnten wir heute vor 30 Jahren. Und eigentlich war es gestern.*[413]

Am 26. Juli 1928 nimmt die Tochter Lili, seit einem Jahr in Venedig mit einem italienischen Offizier verheiratet, im Alter von achtzehn Jahren sich das Leben. Nach dieser Katastrophe beginnt Schnitzler ernstlich zu altern. *Mit jenem Julitag war mein Leben doch zu Ende. Die andern wissens nicht – und manchmal ich selber auch nicht.*[414] Am 21. Oktober 1931 stirbt Arthur Schnitzler in Wien an den Folgen einer Gehirnblutung.

Heinrich Mann hat festgehalten, was für Schnitzlers Leben bestimmend war: die Auseinandersetzung mit seiner Zeit und die Treue zum Werk; beides wäre nicht ohne einander. «Kampf allein tut es nicht, was bleibt denn von den Kämpfen. Fortzuleben verdienen die schönen Werke und fordern, daß ihrer gebrechlichen, bedrohten Ursprünge gedacht wird. Ich ehre Sie, lieber Arthur Schnitzler.»[415]

ANMERKUNGEN

1 Vgl. Heinrich Mann: «Ein Zeitalter wird besichtigt». Berlin 1947. S. 229

2 Friedrich Engels an Victor Adler am 11. Oktober 1893; Marx-Engels-Werke Bd 39. Berlin 1973. S. 134

3 *Jugend in Wien*. Eine Autobiographie. Hg. von Therese Nickl und Heinrich Schnitzler. Wien–München–Zürich 1968. S. 13

4 Ebd., S. 14 f

5 Ebd., S. 15

6 Vgl. das Kapitel *Schicksale und Wille* im *Buch der Sprüche und Bedenken* in: *Gesammelte Werke. Aphorismen und Betrachtungen*. Hg. von Robert O. Weiss. Frankfurt a. M. 1967. S. 30–40, vgl. a. S. 202, 217

7 *Jugend in Wien*, a. a. O., S. 48

8 Vgl. Stefan Zweig: «Die Welt von gestern». Gütersloh 1960. S. 15

9 In: *Paracelsus. Gesammelte Werke. Die Dramatischen Werke* Bd. 1. Frankfurt a. M. 1962. S. 498

10 Vgl. Zweig, a. a. O., S. 29

11 Vgl. Johann Wolfgang von Goethe: «Wilhelm Meisters Lehrjahre» V, 3. In: Goethe, Werke. Hamburger Ausgabe Bd VII. 5. Aufl. Hamburg 1962. S. 289–293

12 *Jugend in Wien*, a. a. O., S. 30

13 Ebd.

14 Ebd., S. 32

15 Ebd., S. 31 f

16 Henrik Ibsen: «Ein Volksfeind». Stuttgart 1970. S. 64

17 Vgl. Jürgen Habermas: «Der deutsche Idealismus der jüdischen Philosophen». In: Habermas, «Philosophisch-politische Profile». Frankfurt a. M. 1971. S. 37–66, bes. S. 44

18 *Jugend in Wien*, a. a. O., S. 44, 45

19 Ebd., S. 44

20 Vgl. Hartmut Scheible: «Diskretion und Verdrängung. Zu Schnitzlers Autobiographie». In: «Frankfurter Hefte» 25 (1970), S. 129–134

21 *Jugend in Wien*, a. a. O., S. 15

22 Ebd., S. 17

23 Ebd., S. 18

24 Ebd., S. 19 f

25 Ebd., S. 27 f

26 Ebd., S. 26

27 Ebd., S. 25

28 Ebd.

29 Zweig, a. a. O., S. 45

30 *Jugend in Wien*, a. a. O., S. 77

31 Ebd., S. 36

32 Ebd., S. 37

33 Ebd., S. 36

34 Sigmund Freud: «Das Unbehagen in der Kultur». In: Freud, Studienausgabe Bd. IX. Frankfurt a. M. 1974. S. 198

35 *Jugend in Wien*, a. a. O., S. 41

36 Ebd., S. 43

37 Ebd., S. 53

38 Ebd., S. 93, vgl. a. S. 75

39 Tagebuch, 25. Mai 1880

40 Tagebuch, 27. Oktober 1879

41 *Jugend in Wien*, a. a. O.

42 Ebd., S. 95

43 Tagebuch, 2. Januar 1880

44 Vgl. Arnold Hauser: «Sozialgeschichte der Kunst und Literatur». München 1967. S. 952 bis 956

45 Tagebuch, 21. Juni 1880

46 Tagebuch, 14. April 1880

47 Tagebuch, 4. Mai 1880

48 *Jugend in Wien*, a. a. O., S. 190 f

49 Tagebuch, 17. Mai 1880

50 Tagebuch, 25. September 1880

51 Tagebuch, 18. Mai 1880

52 *Jugend in Wien*, a. a. O., S. 125

53 Tagebuch, 28. April 1880

54 Tagebuch, 15. April 1881

55 Tagebuch, 17. Mai 1882

56 *Jugend in Wien*, a. a. O., S. 165, 166

57 Ebd., S. 165

58 Stefan Großmann: «Ich war begeistert». Berlin 1931. S. 150 f; zit. n. Martin Swales: «Arthur Schnitzler». Oxford 1971. S. 6

59 Tagebuch, 1. August 1883

60 *Jugend in Wien*, a. a. O., S. 168

61 Vgl. ebd., S. 143

62 Ebd., S. 150

63 Tagebuch, 26. März 1883

64 *Jugend in Wien*, a. a. O., S. 190

65 Tagebuch, 7. Mai 1885

66 Tagebuch, 7. Mai 1883

67 *Jugend in Wien*, a. a. O., S. 94

68 Ebd., S. 146

69 Ebd., S. 146 f

70 Ebd., S. 361

71 Ebd., S. 155

72 An Olga Waissnix am 27. Januar 1893. In: «Liebe, die starb vor der Zeit». Arthur Schnitzler – Olga Waissnix. Ein Briefwechsel. Hg. von Therese Nickl und Heinrich Schnitzler. Wien–München–Zürich 1970. S. 267

73 *Jugend in Wien*, a. a. O., S. 276

74 Ebd.

75 An Olga Waissnix am 12. November 1886, a. a. O., S. 50

76 Tagebuch, 1. Mai 1886

77 Ebd.

78 Vgl. *Jugend in Wien*, a. a. O., S. 216

79 Tagebuch, 1. Mai 1886

80 Tagebuch, 3. März 1885

81 Tagebuch, 7. Mai 1885

82 Tagebuch, 10. März 1887

83 Tagebuch, 21. Juni 1887

84 *Jugend in Wien*, a. a. O., S. 287

85 Ebd.

86 Tagebuch, 12. Mai 1884; *Jugend in Wien*, a. a. O., S. 184

87 An Olga Waissnix, August 1888, a. a. O., S. 144

88 Vgl. Tagebuch, 28. Juni 1880; vgl. Brief an Olga Waissnix, 22. Dezember 1886, a. a. O., S. 59

89 In: *Anatol. Dramatische Werke* Bd. 1, a. a. O., S. 46

90 An Olga Waissnix, September 1890, a. a. O., S. 224

91 Ebd.

92 An Olga Waissnix am 8. April 1893, a. a. O., S. 272

93 In: *Er wartet auf den vazierenden Gott. Gesammelte Werke. Die Erzählenden Schriften* Bd 1. Frankfurt a. M. 1961. S. 12

94 Ebd., S. 13

95 An Olga Waissnix, Februar 1887, a. a. O., S. 70

96 An Olga Waissnix am 13. April 1888, a. a. O., S. 124

97 In: *Anatol*, a. a. O., S. 34

98 Hermann Bahr: «Dialog vom Tragischen. Das unrettbare Ich». In: Bahr: «Zur Überwindung des Naturalismus. Theoretische Schriften 1887–1904». Hg. von Gotthard Wunberg. Stuttgart–Berlin–Köln–Mainz 1968 (= Sprache und Literatur. 46). S. 186

99 *Jugend in Wien*, a. a. O., S. 310

100 Vgl. Dr. J. S. [= Johann Schnitzler] Rezension von: Richard von Krafft-Ebing, «Eine experimentelle Studie auf dem Gebiet des Hypnotismus». In: «Internationale Klinische Rundschau» 4 (1890), col. 1234–1237.

101 *Jugend in Wien*, a. a. O., S. 319

102 Ebd., S. 48

103 Tagebuch, 9. Oktober 1891

104 Olga Waissnix an Schnitzler am 22. Juni 1893, a. a. O., S. 275

105 Olga Waissnix an Schnitzler am 30. September 1896, a. a. O., S. 315

106 Olga Waissnix an Schnitzler am 14. Dezember 1889, a. a. O., S. 178 f

107 Tagebuch, 19. September 1890

108 An Olga Waissnix am 28. Januar 1887, a. a. O., S. 67 f

109 *Anatol*, a. a. O., S. 36

110 *Anatols Größenwahn. Dramatische Werke* Bd. 1, a. a. O., S. 107

111 Ebd., S. 113

112 In: *Anatol*, a. a. O., S. 54 f

113 *Anatols Größenwahn*, a. a. O., S. 112

114 Ernst Mach: «Populärwissenschaftliche Vorlesungen». Wien 1923. S. 36

115 *Anatol*, a. a. O., S. 69

116 *Anatols Größenwahn*, a. a. O., S. 110

117 Tagebuch, 25. Juli 1891

118 *Anatol*, a. a. O., S. 51

119 An Olga Waissnix am 14. November 1890, a. a. O., S. 235 f

120 *Das Märchen. Dramatische Werke* Bd. 1, a. a. O., S. 198

121 Tagebuch, 20. September 1892

122 An Olga Waissnix, März 1890, a. a. O., S. 184

123 Vgl. Richard Specht: «Arthur Schnitzler. Der Dichter und sein Werk». Berlin 1922. S. 86

124 Tagebuch, 16. Dezember 1891

125 Tagebuch, 21. April 1892

126 Johann Wolfgang von Goethe: «Faust. Der Tragödie Zweiter Teil» V. 12066. In: Goethe, Werke. Hamburger Ausgabe Bd III, S. 363

127 In: *Das Märchen*, a. a. O., S. 165 f

128 Ebd., S. 150 f

129 Ebd., S. 162

130 Ebd., S. 135

131 Ebd., S. 142

132 Tagebuch, 11. März 1892

133 Tagebuch, 16. April 1892

134 *Das Märchen*, a. a. O., S. 137

135 *Freiwild. Dramatische Werke* Bd. 1, a. a. O., S. 283 f

136 Georg Wilhelm Friedrich Hegel: «Vorlesungen über die Ästhetik». In: Hegel, Sämtliche Werke. Jubiläumsausgabe. Hg. von Hermann Glockner, Stuttgart 1964. Bd. 13, S. 176 (Hervorhebung im Original)

137 In: *Freiwild*, a. a. O., S. 310 f

138 Goethe, «Wilhelm Meisters Lehrjahre», a. a. O., S. 291

139 In: *Freiwild*, a. a. O., S. 311

140 Ebd., S. 323

141 Ebd., S. 308

142 Diese Auffassung wurde von Schnitzler selbst vertreten, vgl. «Rundfrage über das Duell» in: *Aphorismen und Betrachtungen*, a. a. O., S. 321–323.

143 Otto Brahm an Schnitzler am 21. September 1896. In: «Der Briefwechsel Arthur Schnitzler – Otto Brahm». Hg. von Oskar Seidlin. Berlin 1953.

144 An Otto Brahm am 30. September 1896, a. a. O., S. 50

145 Ebd., S. 51

146 Tagebuch, 28. März 1912

147 Maximilian Harden: «Das Vermächtniß». In: «Die Zukunft» 1898, S. 135

148 *Das Vermächtnis. Dramatische Werke* Bd. 1, a. a. O., S. 464

149 Ebd., S. 433

150 Ebd., S. 428

151 Tagebuch, 1. Dezember 1894

152 Tagebuch, 28. Oktober 1894

153 Tagebuch, 14. März 1895

154 Tagebuch, 28. Oktober 1894

155 An Otto Brahm am 4. Januar 1898, a. a. O., S. 65

156 An Hugo von Hofmannsthal am 10. Dezember 1903. In: «Hugo von Hofmannsthal – Arthur Schnitzler. Briefwechsel». Hg. von Therese Nickl und Heinrich Schnitzler. Frankfurt a. M. 1964. S. 179

157 Hugo von Hofmannsthal an Schnitzler am 9. August 1895, a. a. O., S. 58 (Die Konjektur «aufgehen» – statt: «ausgehen» – folgt einem freundlichen Hinweis von Frau Therese Nickl, Wien [Gespräch am 1. Mai 1975].)

158 An Hugo von Hofmannsthal am 17. August 1895, a. a. O., S. 59

159 An Hugo von Hofmannsthal am 29. Juni 1896, a. a. O., S. 68
160 In: *Liebelei. Dramatische Werke* Bd 1, a. a. O., S. 219
161 Ebd., S. 227
162 Ebd., S. 251
163 Ebd., S. 252
164 Vgl. Swales, a. a. O., S. 198
165 In: *Liebelei*, a. a. O., S. 261
166 Vgl. Reinhard Urbach: «Arthur Schnitzler». Velber 1968 (= Friedrichs Dramatiker des Welttheaters. 56). S. 45: «Der Tod ist eine Möglichkeit, aber nicht die einzige.» In ähnlicher Weise äußert Urbach auch Zweifel am Tod von Fräulein Else.
167 *Liebelei*, a. a. O., S. 252
168 Ebd., S. 263
169 An Olga Waissnix am 26. Februar 1897, a. a. O., S. 317
170 Hugo von Hofmannsthal an Schnitzler am 15. Februar 1903, a. a. O., S. 167
171 Vgl. Heinz Politzer: «Diagnose und Dichtung». In: «Forum», Jg. 9/1962, H. 101, S. 217 f, H. 102, S. 266 f, bes. S. 219
172 Vgl. Erna Neuse: «Die Funktion von Motiven und stereotypen Wendungen in Schnitzlers ‹Reigen›». In: «Monatshefte für deutschen Unterricht» 64 (1972), S. 356–370
173 *Reigen. Dramatische Werke* Bd. 1, a. a. O., S. 327
174 Ebd., S. 329
175 Ebd., S. 379
176 Ebd., S. 390
177 Ebd., S. 387
178 Ebd.
179 Ebd., S. 389
180 Ebd., S. 370
181 Ebd., S. 390
182 Ebd., S. 346
183 Ebd., S. 331
184 Ebd., S. 376
185 Ebd., S. 330
186 Ebd., S. 335
187 Ebd., S. 336
188 Ebd., S. 342
189 Ebd., S. 373
190 Karl Kraus: «Die demolirte Litteratur» [1897]. Steinbach 1972. S. 19
191 Tagebuch, 10. Januar 1896
192 *Die Gefährtin. Dramatische Werke* Bd 1, a. a. O., S. 514
193 *Paracelsus*, a. a. O., S. 482
194 Ebd., S. 498
195 Zit. n. Urbach, «Arthur Schnitzler», a. a. O., S. 59
196 *Paracelsus*, a. a. O., S. 477
197 Ebd., S. 498
198 Ebd., S. 480
199 In: *Der grüne Kakadu. Dramatische Werke* Bd 1, a. a. O., S. 541
200 Ebd., S. 531
201 Ebd., S. 541
202 Ebd., S. 519
203 Ebd., S. 520
204 Ebd., S. 551
205 Ebd., S. 550
206 Ebd., S. 537
207 Zit. n. Manfred Diersch: «Empiriokritizismus und Impressionismus. Über Beziehungen zwischen Philosophie, Ästhetik und Literatur um 1900 in Wien». Berlin 1973. S. 133
208 An Olga Waissnix, Februar 1891, a. a. O., S. 255
209 An Olga Waissnix, Anfang Oktober 1890, a. a. O., S. 228
210 Tagebuch, 20. Dezember 1896
211 Vgl. Tagebuch, 4. Dezember 1902
212 An Georg Brandes am 8. Mai 1899. In: «Arthur Schnitzler – Georg Brandes. Briefwechsel». Hg. von Kurt Bergel. Berkeley 1956. S. 75
213 Tagebuch, 15. Februar 1907
214 Tagebuch, 2. September 1909
215 Tagebuch, 24. März 1903
216 Vgl. Anm. 156
217 *Leutnant Gustl. Erzählende Schriften* Bd 1, a. a. O., S. 355

218 Ebd., S. 362
219 Ebd., S. 340
220 Ebd., S. 342
221 Ebd., S. 337
222 Ebd., S. 338
223 Ebd.
224 Ebd., S. 342
225 Ebd., S. 343
226 Ebd., S. 338, 339
227 Ebd., S. 338
228 Ebd., S. 338f
229 Ebd., S. 337
230 Ebd., S. 359
231 Heinz Politzer, Nachwort. In: *Leutnant Gustl*. Frankfurt a. M. 1962. S. 127
232 Vgl. *Leutnant Gustl*, a. a. O., S. 355
233 Vgl. ebd., S. 345
234 Ebd., S. 341
235 Ebd., S. 354
236 Ebd., S. 361
237 Ebd., S. 341
238 Ebd., S. 361
239 Vgl. Otto P. Schinnerer: «Schnitzler and the Military Censorship. Unpublished Correspondence». In: «The Germanic Review» 5 (1930), S. 238–246
240 Tagebuch, 7. April 1906
241 *Der einsame Weg. Dramatische Werke* Bd. 1, a. a. O., S. 769
242 Ebd., S. 773, 775
243 Ebd., S. 817
244 Peter Szondi: «Theorie des modernen Dramas». Frankfurt a. M. 1968, S. 17
245 *Der einsame Weg*, a. a. O., S. 821
246 *Paracelsus*, a. a. O., S. 487
247 *Der einsame Weg*, a. a. O., S. 769
248 Ebd., S. 809
249 Ebd., S. 826
250 Vgl. ebd., S. 782f
251 Vgl. Szondi, a. a. O.
252 *Der einsame Weg*, a. a. O., S. 804
253 Ebd., S. 805
254 Walter Benjamin: «Das Kunstwerk im Zeitalter seiner techni-
255 Johann Wolfgang von Goethe: «Wilhelm Meisters theatralische Sendung». München 1962 (= dtv Gesamtausgabe. 14). S. 100
256 *Der einsame Weg*, a. a. O., S. 761
257 Ebd., S. 822
258 Ebd., S. 804
259 Ebd., S. 813
260 *Zwischenspiel. Dramatische Werke* Bd. 1, a. a. O., S. 925
261 Tagebuch, 18. Dezember 1909
262 *Zwischenspiel*, a. a. O., S. 911
263 Ebd., S. 902, 918, 910
264 Ebd., S. 909
265 Ebd., S. 915
266 Ebd., S. 937
267 Ebd., S. 955
268 Tagebuch, 6. Januar 1906
269 Georg Brandes an Schnitzler, Ende Juni 1908, a. a. O., S. 95
270 Tagebuch, 29. November 1907
271 *Der Weg ins Freie. Erzählende Schriften* Bd 1, a. a. O., S. 785
272 Ebd., S. 694
273 Ebd., S. 826
274 Ebd., S. 770
275 Ebd., S. 849
276 Ebd., S. 692
277 Ebd., S. 842
278 Ebd., S. 689
279 Ebd., S. 835
280 Ebd., S. 820
281 *Aphorismen und Betrachtungen*, a. a. O., S. 90
282 Vgl. *Der Weg ins Freie*, a. a. O., S. 906
283 Ebd., S. 806
284 *Aphorismen und Betrachtungen*, a. a. O., S. 147
285 Ebd., S. 138
286 *Der Weg ins Freie*, a. a. O., S. 833
287 Ebd., S. 958
288 Ebd.
289· Ebd., S. 640
290 Ebd., S. 941
291 Hugo von Hofmannsthal an

Schnitzler am 19. Oktober 1910, a. a. O., S. 256

292 Hugo von Hofmannsthal an Schnitzler am 19. September 1909, a. a. O., S. 246

293 *Der Weg ins Freie*, a. a. O., S. 666

294 Urbach, a. a. O., S. 85

295 Hugo von Hofmannsthal an Schnitzler am 7. November 1909, a. a. O., S. 247

296 *Der junge Medardus. Gesammelte Werke. Die Dramatischen Werke* Bd 2. Frankfurt a. M. 1962. S. 53

297 Tagebuch, 14. Juni 1915

298 *Das weite Land. Dramatische Werke* Bd 2, a. a. O., S. 283 f

299 Ebd., S. 233 f

300 Ebd., S. 312

301 Ebd., S. 235

302 Ebd., S. 245

303 Ebd., S. 261

304 Ebd., S. 231

305 Ebd., S. 265

306 Ebd., S. 281

307 Ebd., S. 226

308 Ebd., S. 279

309 Ebd., S. 224

310 Ebd., S. 220

311 Ebd., S. 306

312 Ebd., S. 310

313 *Professor Bernhardi. Dramatische Werke* Bd 2, a. a. O., S. 453

314 In: *Das weite Land*, a. a. O., S. 246

315 Sigmund Freud: «Vorlesungen zur Einführung in die Psychoanalyse». In: Freud, Studienausgabe Bd. I. 2. Aufl. Frankfurt a. M. 1970. S. 208

316 *Das weite Land*, a. a. O., S. 320

317 Tagebuch, passim

318 An Otto Brahm am 7. Januar 1897, a. a. O., S. 57

319 Tagebuch, 13. September 1914

320 *Professor Bernhardi*, a. a. O., S. 341

321 Ebd., S. 418

322 *Jugend in Wien*, a. a. O., S. 158

323 Vgl. Theodor W. Adorno: «Die Freudsche Theorie und die Struktur der faschistischen Propaganda». In: Adorno, «Kritik. Kleine Schriften zur Gesellschaft». Frankfurt a. M. 1971. S. 34–66

324 *Professor Bernhardi*, a. a. O., S. 463

325 Ebd., S. 461

326 Ebd., S. 369

327 Ebd., S. 422 (Hervorhebung im Original)

328 Ebd., S. 339

329 Ebd., S. 463

330 Ebd., S. 416, 424, 359

331 *Über Psychoanalyse*. In: Protokolle '76. Wiener Halbjahresschrift für Literatur, bildende Kunst und Musik 2. S. 283

332 Antonia Maria Caputo: «Arthur Schnitzlers späte Werke». Diss. München 1983, S. 13

333 *Frau Berta Garlan. Erzählende Schriften* Bd 1, a. a. O., S. 427

334 *Doktor Gräsler, Badearzt. Erzählende Schriften* Bd 2, a. a. O., S. 114

335 Bd 2, a. a. O., S. 118

336 Tagebuch, 25. Dezember 1917

337 *Aphorismen und Betrachtungen*, a. a. O., S. 26

338 Tagebuch, 10. März 1914

339 Tagebuch, 1. Juni 1914

340 *Aphorismen und Betrachtungen*, a. a. O., S. 189

341 Tagebuch, 6. März 1915

342 *Aphorismen und Betrachtungen*, a. a. O., S. 201

343 Ebd., S. 220

344 Ebd.

345 Ebd., S. 219

346 Tagebuch, 15. November 1914

347 *Aphorismen und Betrachtungen*, a. a. O., S. 203

348 Hegel, a. a. O., Bd. 12, S. 84

349 *Aphorismen und Betrachtungen*, a. a. O.

350 Vgl. Hartmut Scheible: «Zur Be-

351 gründungsproblematik der Literaturdidaktik». In: «Diskussion Deutsch» 5 (1974), H. 17, S. 261–276

351 *Aphorismen und Betrachtungen*, a. a. O., S. 209

352 Ebd., S. 214 f

353 Tagebuch, 28. November 1915

354 Vgl. Tagebuch, 15. November 1917

355 *Fink und Fliederbusch. Dramatische Werke* Bd 2, a. a. O., S. 645

356 Ebd., S. 563

357 Ebd., S. 630, 632; vgl. Hartmut Scheible: «Deichsel als Lautverschieber. Zu einer hessischen Fassung von Molières ‹Misanthrope›». In: Frankfurter Rundschau, 23. Oktober 1972

358 Ebd., S. 584

359 Vgl. *Jugend in Wien*, a. a. O., S. 326

360 *Fink und Fliederbusch*, a. a. O., S. 627

361 Ebd., S. 575

362 Ebd., S. 629

363 Ebd., S. 598

364 Ebd., S. 648

365 Tagebuch, 23. Dezember 1917

366 Tagebuch, 23. Februar 1915

367 Vgl. William H. Rey: «Arthur Schnitzler. Die späte Prosa als Gipfel seines Schaffens». Berlin 1968. S. 32

368 *Aphorismen und Betrachtungen*, a. a. O., S. 202

369 Ebd., S. 223

370 Ebd., S. 207

371 Ebd., S. 202

372 Tagebuch, 3. Juni 1919

373 Tagebuch, 10. Dezember 1918

374 *Der Gang zum Weiher. Dramatische Werke* Bd 2, a. a. O., S. 801

375 An Georg Brandes am 14. Dezember 1924, a. a. O., S. 142

376 *Komödie der Verführung. Dramatische Werke* Bd 2, a. a. O., S. 974

377 *Leutnant Gustl*, a. a. O., S. 361

378 *Fräulein Else. Gesammelte Werke. Die Erzählenden Schriften* Bd 2, Frankfurt a. M. 1961

379 Ebd., S. 335

380 Sigmund Freud: «Neue Folge der Vorlesungen zur Einführung in die Psychoanalyse». In: Studienausgabe Bd I, a. a. O., S. 524

381 *Fräulein Else*, a. a. O., S. 337

382 Ebd., S. 343, 340, 347, 381, 349, 325, 349, 335, 346, 365, 367

383 Rey, a. a. O., S. 53

384 Caputo, a. a. O., S. 249

385 G. Trakl: «Dichtungen und Briefe». Hg. von W. Killy u. H. Szklenar. Bd. I, Salzburg 1969, S. 50

386 *Fräulein Else*, a. a. O., S. 327

387 Vgl. Manfred Schneider: «Liebe und Betrug. Die Sprachen des Verlangens». München–Wien 1992, S. 318–321

388 Rolf Allerdissen: «Arthur Schnitzler». München 1985, S. 34

389 *Fräulein Else*, a. a. O., S. 333, 363

390 Allerdissen, a. a. O., S. 49

391 *Leutnant Gustl*, a. a. O., S. 339, 341

392 *Fräulein Else*, a. a. O., S. 392. Für freundliche Auskünfte zum Thema «Veronal» dankt der Autor Herrn Prof. Dr. Ernst Mutschler, Pharmakologisches Institut der Universität Frankfurt, und Frau Apothekerin Ruth Krämer-Klink, Frankfurt.

393 Sigmund Freud an Schnitzler am 25. Mai 1926. «Neue Rundschau» 66 (1955), S. 100

394 Sigmund Freud an Schnitzler am 14. Mai 1922, a. a. O., S. 97

395 Ebd.

396 a. a. O., S. 95

397 Tagebuch, 9. März 1915

398 *Professor Bernhardi*, a. a. O., S. 461

399 *Zwischenspiel*, a. a. O., S. 910

400 *Traumnovelle. Erzählende Schrif-*
ten Bd 2, a. a. O., S. 503
401 Ebd.
402 Freud, «Neue Vorlesungen...»,
a. a. O., S. 564
403 *Therese. Erzählende Schriften*
Bd. 2, a. a. O., S. 830
404 Tagebuch, 12. Dezember 1926
405 Vgl. Benjamin, a. a. O., S. 160f
406 Tagebuch, 1. März 1927
407 Tagebuch, 1. Dezember 1917
408 Tagebuch, 28. November 1913
409 Tagebuch, 2. April 1915
410 Tagebuch, 27. Dezember 1926
411 Mann, a. a. O., S. 233
412 Tagebuch, 10. Februar 1929
413 An Hugo von Hofmannsthal am
9. Oktober 1925, a. a. O., S. 382
414 Tagebuch, 3. Oktober 1929
415 Mann, a. a. O., S. 234

ZEITTAFEL

1862   15. Mai: Arthur Schnitzler in Wien, Jägerzeile 16 geboren (seit 1862
        Praterstraße). Eltern: Prof. Dr. Johann Schnitzler (1835–93), Laryn-
        gologe, Direktor der Allgemeinen Wiener Poliklinik, und Louise
        Schnitzler geb. Markbreiter (1838–1911)
1865   13. Juli: Geburt des Bruders Julian (gest. 1939)
1867   20. Dezember: Geburt der Schwester Gisela (gest. 1953)
1871–1879 Besuch des Akademischen Gymnasiums
1879   8. Juli: Reifeprüfung (mit Auszeichnung). – 30. August–15. Septem-
        ber: Reise nach Amsterdam (über Frankfurt a. M., Ems, Köln). – **R**
        Herbst: Beginn des Medizinstudiums in Wien
1880   13. November: Erste Veröffentlichung (*Liebeslied der Ballerine*) in
        «Der Freie Landesbote» (München). – 15. November: Aufsatz *Über
        den Patriotismus* (ebd.)
1882   1. Oktober: Dienstantritt als Einjährig-Freiwilliger im Garnisonsspi-
        tal Nr. 1 in Wien
1885   30. Mai: Promotion zum Dr. med. – August: Reise nach Mailand. – **R**
        Ab September: Assistenzarzt im Allgemeinen Krankenhaus und in
        der Poliklinik
1886 24J. 6. Januar: Festspiel zum 25. Promotionsjubiläum des Vaters. – April: **R**
        Schnitzler lernt in Meran, wo er sich wegen eines Tuberkuloseverdachts aufhält, die Wirtin des «Thalhofes» in Reichenau, Olga Waiss- **O**
        nix (1862–97), kennen. – 1. November: Sekundararzt bei Theodor
        Meynert (Psychiatrie). – Ab November: Veröffentlichung von Ge-
        dichten und Prosa (Skizzen, Aphorismen) in der «Deutschen Wo-
        chenschrift» und in «An der schönen blauen Donau»
1887   1. Januar: Redakteur an der «Internationalen Klinischen Rundschau»
        (begr. von Johann Schnitzler)
1888   Bei O. F. Eirich (Wien) erscheint als Bühnenmanuskript *Das Aben-*
  Olga v. *teuer seines Lebens. Lustspiel in einem Aufzuge.* – 5. April–12. Mai:
        Studienreise nach Berlin. – 21. Mai–25. August: Studienreise nach **R**
        London. Die *Londoner Briefe* erscheinen als «Original-Korrespon-
        denz der ‹Internationalen Klinischen Rundschau›». – Ab Herbst
        1893: Assistent des Vaters an der Poliklinik. Beschäftigung mit Sug-
        gestion und Hypnose
1889   *Über funktionelle Aphonie und deren Behandlung durch Hypnose
        und Suggestion* in «Internationale Klinische Rundschau». Beginn des
        Verhältnisses mit der Schauspielerin Marie (Mizi) Glümer **O**
        (1873–1925). – *Amerika, der Andere, Mein Freund Ypsilon, Episode*
1890   Schnitzler kommt in nähere Berührung mit Literatenzirkeln («Jung
        Wien»); er lernt Hugo von Hofmannsthal (1874–1929), Felix Salten
        (1869–1947), Richard Beer-Hofmann (1866–1945), Hermann Bahr
        (1863–1934) kennen. – Veröffentlichungen: *Alkandis Lied, Die
        Frage an das Schicksal, Anatols Hochzeitsmorgen*
1891   13. Mai: Uraufführung von *Das Abenteuer seines Lebens* am Theater
        in der Josefstadt (Wien). – Veröffentlichungen: *Das Märchen* (Büh-
        nenmanuskript), *Denksteine, Reichtum, Weihnachtseinkäufe*
1892   Erster Kontakt mit Karl Kraus (1874–1936). – Veröffentlichungen:

Der Sohn. Aus den Papieren eines Arztes (später ausgeführt zu dem Roman *Therese* [1928]) *Anatol* (mit dem Prolog von Loris [= Hugo von Hofmannsthal])

1893   2. Mai: Tod des Vaters. Schnitzler verläßt die Poliklinik und eröffnet eine Privatpraxis. – 14. Juli: Uraufführung von *Abschiedssouper* am Stadttheater Bad Ischl. – 1. Dezember: Uraufführung von *Das Märchen* am Deutschen Volkstheater (Wien) mit Adele Sandrock als Fanny Theren. Erster Skandal um Schnitzler

1894   12. Juli: Erste Begegnung mit der Gesangslehrerin Marie Reinhard (1871–99). – Beginn des Briefwechsels mit dem dänischen Kritiker, Literarhistoriker und historischen Schriftsteller Georg Brandes (1842–1927). – Veröffentlichungen: *Blumen* (Erzählung; Versuch – wie in *Das Märchen* –, die Erlebnisse mit Marie Glümer literarisch zu verarbeiten). *Die drei Elixiere, Sterben* (in «Neue Deutsche Rundschau», die Buchausgabe 1895 bei S. Fischer macht Schnitzler als Erzähler einem größeren Publikum bekannt), *Der Witwer, Das Märchen* (Buchausgabe)

1895   9. Oktober: Uraufführung von *Liebelei* am Burgtheater (Wien). – Beginn des Briefwechsels mit Otto Brahm (1856–1912), dem Direktor des Deutschen Theaters (Berlin). – Veröffentlichung: *Die kleine Komödie*

1896   26. Januar: Erste öffentliche Aufführung von *Die Frage nach dem Schicksal* am Carola-Theater (Leipzig). – 4. Februar: Erstaufführung von *Liebelei* am Deutschen Theater. – Schnitzler lernt Alfred Kerr (1867–1948) kennen. – 4. Juli–29. August: Nordlandreise. – 25./26. Juli: Besuch bei Henrik Ibsen in Christiania. – 3. November: Uraufführung von *Freiwild* am Deutschen Theater. – Veröffentlichungen: *Liebelei, Ein Abschied, Die überspannte Person*

1897   4. November: Tod von Olga Waissnix. – 27. November: Prager Erstaufführung von *Freiwild*. – Veröffentlichungen: *Die Frau des Weisen, Der Ehrentag, Halbzwei, Die Toten schweigen*

1898   13. Januar: Uraufführung von *Weihnachtseinkäufe* in den Sofien-Sälen (Wien). – 26. Januar: Uraufführung von *Episode* am Ibsen-Theater (Leipzig). – 11. Juli–3. September: Reise mit dem Fahrrad durch Österreich, die Schweiz, Oberitalien (z. T. gemeinsam mit Hofmannsthal). – 8. Oktober: Uraufführung von *Das Vermächtnis* am Deutschen Theater; 30. November: Wiener Erstaufführung am Burgtheater. – Veröffentlichungen: *Die Frau des Weisen. Novelletten* (enthält: *Die Frau des Weisen, Ein Abschied, Der Ehrentag, Blumen, Die Toten schweigen*), *Freiwild* (sämtlich bei S. Fischer, mit dem seit 1895 ein Generalvertrag besteht), *Paracelsus*

1899   1. März: Uraufführung der Einakter *Paracelsus, Die Gefährtin, Der grüne Kakadu* am Burgtheater. – 18. März: Marie Reinhard stirbt an einer Sepsis nach Blinddarmdurchbruch. – 27. März: Bauernfeld-Preis «für Ihre Novellen und dramatischen Arbeiten». – 11. Juli: Schnitzler notiert im Tagebuch die erste Begegnung mit der Schauspielerin Olga Gussmann (1882–1970), seiner späteren Frau. – Veröffentlichungen: *Der grüne Kakadu, Um eine Stunde*

1900   1. Dezember: Uraufführung von *Der Schleier der Beatrice* am Lobe-

Theater (Breslau). – Veröffentlichungen: *Der blinde Geronimo und sein Bruder, Leutnant Gustl* (in «Neue Freie Presse» vom 25. Dezember), *Reigen* («Als unverkäufliches Manuskript gedruckt» in 200 Exemplaren auf eigene Kosten)

1901   14. Juni: Wegen der Veröffentlichung von *Leutnant Gustl* wird Schnitzler nach einem ehrenrätlichen Verfahren der Offiziersrang abgesprochen. – 13. Oktober: Uraufführung von *Anatols Hochzeitsmorgen* im Langenbeck-Haus (Berlin). – Veröffentlichungen: *Frau Berta Garlan, Lebendige Stunden, Sylvesternacht*

1902   Uraufführung des Einakterzyklus *Lebendige Stunden* am Deutschen Theater (*Die Frau mit dem Dolche, Die letzten Masken, Literatur*). – 9. August: Geburt des Sohnes Heinrich. – 18.–20. Oktober: Schnitzler mit Otto Brahm bei Gerhart Hauptmann in Agnetendorf. – Veröffentlichungen: *Die Fremde, Andreas Thameyers letzter Brief, Die griechische Tänzerin, Exzentrik, Lebendige Stunden*

1903   17. März: Bauernfeld-Preis für den Zyklus *Lebendige Stunden*. – 25. Juni: Das Münchner Studententheater Akademisch-Dramatischer Verein, das die *Reigen*-Dialoge IV–VI uraufgeführt hatte, zieht sich Sanktionen von seiten der Regierung zu. – 26. August: Schnitzler heiratet Olga Gussmann, die Mutter seines Sohnes Heinrich. – 12. September: Uraufführung von *Der Puppenspieler* am Deutschen Theater. – Veröffentlichungen: *Der Puppenspieler, Die grüne Krawatte, Reigen*

1904   13. Januar: Uraufführung von *Der einsame Weg* am Deutschen Theater. – 16. März: Buchausgabe von *Reigen* in Deutschland verboten. – Uraufführung von *Der tapfere Cassian* am Kleinen Theater (Berlin; Direktion: Max Reinhardt). Der für denselben Abend vorgesehene Einakter *Das Haus Delorme* wird von der Zensur verboten. – Veröffentlichungen: *Der tapfere Cassian, Das Schicksal des Freiherrn von Leisenbohg*

1905   28. Januar: Erstaufführung von *Freiwild* am Deutschen Volkstheater (Wien). – 12. Oktober: Uraufführung von *Zwischenspiel* am Burgtheater. – Veröffentlichungen: *Das neue Lied, Die Weissagung, Zum großen Wurstel*

1906   24. Februar: Uraufführung von *Der Ruf des Lebens* am Lessing-Theater (Berlin; Direktion: Otto Brahm). – 16. März: Uraufführung von *Zum großen Wurstel* am Lustspiel-Theater (Wien, Prater); ab 4. April Übernahme in das Theater in der Josefstadt

1907   Veröffentlichungen: *Die Geschichte eines Genies, Der tote Gabriel*

1908   15. Januar: Grillparzer-Preis (für *Zwischenspiel*). – Veröffentlichungen: *Der Weg ins Freie, Komtesse Mizzi oder der Familientag, Der Tod des Junggesellen*

1909   5. Januar: Uraufführung von *Komtesse Mizzi* am Deutschen Volkstheater (Wien). – 13. September: Geburt der Tochter Lili. – 30. Oktober: Uraufführung von *Der tapfere Cassian* (Singspiel mit Musik von Oscar Straus) am Neuen Stadttheater (Leipzig). – Veröffentlichung: *Der tapfere Cassian*

1910   22. Januar: Uraufführung von *Der Schleier der Pierrette* (Pantomime mit Musik von Ernst von Dohnányi) am Königlichen Opernhaus

(Dresden). – 17. Juli: Einzug in das von Schnitzler erworbene Haus Sternwartestraße 71, Wien XVIII (Währing). – 18. September: Uraufführung von *Liebelei* (Oper mit Musik von Franz Neumann) in Frankfurt a. M. – 24. November: Uraufführung von *Der junge Medardus* am Burgtheater. – Veröffentlichung: *Der Schleier der Pierrette*

1911   9. September: Tod der Mutter. – 14. Oktober: Uraufführung von *Das weite Land* zugleich am Lessing-Theater (Berlin), Lobe-Theater (Breslau), Residenztheater (München), Deutsches Landestheater (Prag), Altes Stadttheater (Leipzig), Schauburg (Hannover), Stadttheater Bochum, Burgtheater. – Veröffentlichungen: *Die dreifache Warnung, Der Mörder, Die Hirtenflöte, Das Tagebuch der Redegonda*

1912   10. Februar: Uraufführung von *Marionetten* (*Der Puppenspieler, Der tapfere Cassian, Zum großen Wurstel*) am Deutschen Volkstheater (Wien). – 13. Oktober: Uraufführung von *Reigen* in Budapest (in ungarischer Sprache) verboten. – 25. Oktober: Die am Deutschen Volkstheater (Wien) geplante Uraufführung von *Professor Bernhardi* kommt durch ein Verbot der Zensur nicht zustande. – 28. November: Uraufführung von *Professor Bernhardi* am Kleinen Theater (Berlin; Direktion: Viktor Barnowsky). Otto Brahm stirbt am gleichen Abend. Schnitzlers allmählicher Rückzug vom Theater dürfte mitbedingt sein durch den Verlust des Freundes. – Veröffentlichungen: Zum 50. Geburtstag erscheinen bei S. Fischer *Gesammelte Werke* in zwei Abteilungen (*Erzählende Schriften*, 3 Bde. = *Theaterstücke*, 4 Bde.)

1913   Veröffentlichung: *Frau Beate und ihr Sohn*

1914   22. Januar: Premiere von «Elskovsleg» (= *Liebelei* [erster Film nach einer Vorlage von Schnitzler]). – 27. März: Raimund-Preis für *Der junge Medardus*. – Veröffentlichungen: *Die griechische Tänzerin und andere Novellen*

1915   12. Oktober: Uraufführung der Einakter *Komödie der Worte* (*Stunde des Erkennens, Große Szene, Das Bacchusfest*) zugleich am Burgtheater, Neuen Theater (Frankfurt a. M.), Hoftheater (Darmstadt)

1916   15. Mai: Uraufführung von *Denksteine* im Volksbildungshaus der Wiener Urania (Wohltätigkeitsabend zugunsten der Kriegsfürsorge)

1917   14. November: Uraufführung von *Fink und Fliederbusch* am Deutschen Volkstheater (Wien). – Veröffentlichung: *Doktor Gräsler, Badearzt*

1918   21. Dezember: Erstaufführung von *Professor Bernhardi* am Volkstheater (Wien). (Die Zensur war nach dem Ende der Monarchie abgeschafft worden.) – Veröffentlichung: *Casanovas Heimfahrt*

1919   Veröffentlichung: *Die Schwestern oder Casanova in Spa*

1920   26. März: Uraufführung von *Die Schwestern oder Casanova in Spa* am Burgtheater. – 8. Oktober: Volkstheaterpreis für *Professor Bernhardi*. – 23. Dezember: Uraufführung von *Reigen* am Kleinen Schauspielhaus (Berlin)

1921   1. Februar: Erstaufführung von *Reigen* in den Kammerspielen des Volkstheaters (Wien). – 17. Februar: Nach einem Tumult während einer *Reigen*-Aufführung in Wien werden weitere Aufführungen polizeilich verboten (Verbot aufgehoben am 17. Februar 1922). – 22. Februar: In Berlin organisierter spontaner Skandal während einer *Reigen*-Aufführung. – 26. Juni: Scheidung der Ehe. – 11. September: Premiere des amerikanischen Stummfilms «The Affairs of Anatol». – September: Anklageerhebung wegen Erregung öffentlichen Ärgernisses gegen Direktion, Regisseur und Schauspieler des Kleinen Schauspielhauses. – 8. November: Freispruch aller Beteiligten

1922	16. Juni: Nach Sigmund Freuds Brief zum 60. Geburtstag von Schnitzler erstes längeres Zusammentreffen. – Veröffentlichungen: Aus Anlaß des 60. Geburtstages werden die *Erzählenden Schriften* und die *Theaterstücke* um je einen Band ergänzt
1923	5. Oktober: Wiener Premiere des Stummfilms «Der junge Medardus»
1924	11. Oktober: Uraufführung von *Komödie der Verführung* am Burgtheater. – Veröffentlichungen: *Komödie der Verführung, Fräulein Else*
1925	Veröffentlichungen: *Die Frau des Richters, Traumnovelle*
1926	21. Juni: Burgtheaterring (gestiftet vom Journalisten- und Schriftstellerverein Concordia). – 27. Dezember: In Berlin letztes Zusammentreffen mit Freud. – 31. Dezember: Uraufführung von *Sylvesternacht* (einmalige Vorstellung der «Schauspieler des Theaters in der Josefstadt»). – Veröffentlichungen: *Der Gang zum Weiher, Spiel im Morgengrauen*
1927	15. März: Premiere des Stummfilms «Liebelei» in Berlin. – 30. Juni: Lili Schnitzler heiratet den italienischen Hauptmann Arnoldo Capellini. – Veröffentlichungen: *Buch der Sprüche und Bedenken, Der Geist im Wort und der Geist in der Tat*
1928	März: Premiere des Stummfilms «Freiwild» in Berlin. – 26. Juli: Die Tochter Lili nimmt sich in Venedig das Leben. – 27.–31. Juli: Flug nach Venedig zum Begräbnis der Tochter. – Veröffentlichungen: Ergänzung der *Erzählenden Schriften* um zwei weitere Bände (Bd. 5: Erstausgabe von *Therese. Chronik eines Frauenlebens*)
1929	«Fräulein Else» (Stummfilm) mit Elisabeth Bergner (Else) und Albert Steinrück (Dorsday). – 21. Dezember: Uraufführung von *Im Spiel der Sommerlüfte* am Volkstheater (Wien)
1930	Veröffentlichung: *Im Spiel der Sommerlüfte*
1931	14. Februar: Uraufführung von *Der Gang zum Weiher* am Burgtheater. – 19. September: Premiere des Tonfilms «Daybreak» (= *Spiel im Morgengrauen*). – 21. Oktober: Arthur Schnitzler stirbt in Wien nach einer Gehirnblutung.

ZEUGNISSE

EHRENRATH

Der Beschuldigte, Oberarzt Dr. Arthur Schnitzler im Verhältnis der Evidenz des k. k. Landwehr-Infanterie-Regimentes Klagenfurt No 4 hat die Standesehre dadurch verletzt, daß er, als dem Officiersstande angehörig, eine Novelle verfaßte und in einem Weltblatte veröffentlichte, durch deren Inhalt die Ehre und das Ansehen der oesterr. ung. Armee geschädigt und herabgesetzt wurde, sowie daß er gegen die persönlichen Angriffe der Zeitung «Reichswehr» keinerlei Schritte unternommen hat.

Ehrenrath für Landwehr-Oberofficiere und
Cadetten in Wien, Beschluß, 26. April 1901

KARL KRAUS

Daß Medizin und Dichtung sich in ihm wundersam verknüpfen, ist uns bis zum Unwohlsein von den Feuilletonisten auseinandergesetzt worden.

1912

HEINRICH MANN

Schnitzler: das ist überaus süßes Leben und das bittere Sterbenmüssen. Schnitzler: das ist grausames Wissen um unsere Nichtigkeit zwischen den Abgründen und Schwermut über so vieles, das wir wohl vermocht hätten, aber versäumt haben. Schnitzler: das ist auch wieder Jubel, gehaltenes, zartes, mitleidendes Mitjubeln bei unseren vergänglichen Freuden, unseren Eintagsschönheiten, unserem Glück, über das kein Gott wacht. Veredeltes neunzehntes Jahrhundert ist Schnitzler, glaubenslos, einsam, resigniert und trotz allem heiter, warme Menschlichkeit im kalten Schicksal, gewitzter Geist mit so viel Anmut. Er ist beste Zeitseele und bestes Wien. So stellte ihn seine Stadt in sein Jahrhundert. So ward er Meister.

1922

SIGMUND FREUD

Ich meine, ich habe Sie gemieden aus einer Art von Doppelgängerscheu. Nicht etwa, daß ich sonst so leicht geneigt wäre, mich mit einem anderen zu identifizieren oder daß ich mich über die Differenz der Begabung hinwegsetzen wollte, die mich von Ihnen trennt, sondern ich habe immer wieder, wenn ich mich in Ihre schönen Schöpfungen vertiefe, hinter deren poetischem Schein die nämlichen Voraussetzungen, Interessen und Ergebnisse zu finden geglaubt, die mir als die eigenen bekannt waren. Ihr Determinismus wie Ihre Skepsis – was die Leute Pessimismus heißen –, Ihr Ergriffensein von den Wahrheiten des Unbewußten, von der Triebnatur des Menschen, Ihre Zersetzung der kulturell-konventionellen Sicherheiten, das Haften Ihrer Gedanken an der Polarität von Lieben und Sterben, das alles berührte mich mit einer unheimlichen Vertrautheit... Ja ich glaube, im Grunde Ihres Wesens sind Sie ein psychologischer Tiefenforscher, so ehrlich unparteiisch und unerschrocken wie nur je einer war, und wenn Sie das nicht wären, hätten Ihre künstlerischen Fähigkeiten, Ihre Sprachkunst und Gestaltungskraft, freies Spiel gehabt und Sie zu einem Dichter weit mehr nach dem Wunsch der Menschen gemacht.

1922

Schnitzler als Hauskäufer. Der Volkssturm schreibt: Der Schweineliterat Arthur Schnitzler, dessen Reigenaufführung seinerzeit durch einen Volkssturm vereitelt wurde, hat sich in Baden-Baden ein Haus erworben. Während das deutsche Volk darbt und verelendet, lassen seine Henker und Vergifter es sich wohlergehen.

Warnsdorfer Zeitung, 1924
(Von Schnitzler am 21. 2. 1924 im Tagebuch notiert mit der einleitenden Bemerkung: «*Zur Charakteristik unserer Zeit muß doch einmal wörtlich eine Notiz aus der Warnsdorfer Ztg citirt werden.*»)

JOSEPH ROTH

Was nun im besonderen Arthur Schnitzler betrifft, so scheint hier zwar nicht die Gelegenheit gegeben, ihn literarisch zu werten, aber immerhin zu bemerken, daß er repräsentativ für eine Epoche, ein Land, eine Monarchie war und ist; daß seine dramatische und epische Leistung mit den lächerlichen privaten Konfessionen und Reportagen der «jungen Generation» nicht zu vergleichen ist; daß seine Sprache der dichterische Reiz der Melancholie auszeichnet und nicht der blanke, nackte Schimmer einer Tatsachenhäufung und nicht das Rufzeichen-Pathos politischer Anklagen.

1930

ALBERT SCHULZE VELLINGHAUSEN

Welcher Kraft das Intime fähig sein kann! Wir alle drohen den Blick dafür zu verlieren: daß das Private nicht nur romantische Zuflucht ist für die Devise «Nichts hören und sehen»; daß es immer noch Sitz ist des wirklichen Lebens, Denkens, Nachdenkens, Produzierens; Ort für Liebe und Leid außerhalb der «publicity». Ort auch für jene Tragik im Schatten, deren Summa den Boden der öffentlichen Tragödie bereitet. Wo das Private nicht funktioniert, siedelt sich das Verhängnis an.

So wäre denn – o circulus vitiosus – das Intime mit seiner Kraft des Nehmens und Gebens doch auch politisch. Arthur Schnitzler zeichnet das Private wie stimmlos, im Halbton, als unauffällige Konversation. Er zeichnet ohne Pathos, aber unbestechlich; unerbittlich. Was nach Harmlosigkeit, nach Wiener Kolorit, nach weichem Charme klingt, erweist sich plötzlich als eisenfest. Das Intime bei Schnitzler hat erstaunliche Kraft.

BIBLIOGRAPHIE

Siglen:

AILLG. – Annali dell Istituto de Lingue e Letterature Germaniche. Parma
DD. – Diskussion Deutsch. Zeitschrift für Deutschlehrer aller Schulformen in Ausbildung und Praxis. Frankfurt/M.
DU. – Der Deutschunterricht. Beiträge zu seiner Praxis und wissenschaftlichen Grundlegung. Stuttgart
GQu. – The German Quarterly. Cherry Hill/N. J.
GR. – The Germanic Review. Devoted to studies dealing with the Germanic languages and literature. New York
GRM. – Germanisch-romanische Monatsschrift. Heidelberg
IASL. – Internationales Archiv für Sozialgeschichte der deutschen Literatur. Tübingen
JIASRA. – Journal of the International Arthur Schnitzler Research Association. Binghamton/N. J.
LfL. – Literatur für Leser. München
LK. – Literatur und Kritik. Österreichische Monatsschrift. Salzburg
M. – Merkur. Deutsche Zeitschrift für europäisches Denken. Stuttgart
MAL. – Modern Austrian Literature, Journal of the International Arthur Schnitzler Research Association. Riverside
Neoph. – Neophilologus. An international journal devoted to the study of modern and medieval language and literature, including general linguistics, literary theory and comparative literature. Groningen
NRs. – Neue Rundschau. Frankfurt/M.
OGS. – Oxford German Studies. Oxford
ÖGL. – Österreich in Geschichte und Literatur. Graz
PMLA. – Publications of the Modern Language Association of America. New York
SchillerJb. –Jahrbuch der Deutschen Schiller-Gesellschaft. Stuttgart
ZfdPh. – Zeitschrift für deutsche Philologie. Berlin

1. Bibliographische Hilfsmittel und Forschungsberichte

BERLIN, JEFFREY B.: An Annotated Arthur Schnitzler Bibliography 1965–1977. With an Essay on The Meaning of the «Schnitzler-Renaissance». Foreword by Sol Liptzin. München 1978
Arthur Schnitzler Bibliography 1977–1981. In: MAL., 15, 1982.1, S. 61–83
D'ALESSANDRO, SIMONETTA: La conoscenza di Arthur Schnitzler in Italia. Traduzioni e critica 1959–1984. Graz 1985
ALLEN, RICHARD H.: An Annotated Arthur Schnitzler Bibliography. Editions and Criticisms in German, French and English 1879–1965. Chapel Hill 1966
FARESE, GIUSEPPE: Arthur Schnitzler alla luce della critica recente (1966–1970). In: Studi Germanici 1971, S. 234–268
PERLMANN, MICHAELA L.: Arthur Schnitzler [Kap. 1: Bibliographisches]. Stuttgart 1987, S. 1–18

SEIDLER, HERBERT: Die Forschung zu Arthur Schnitzler seit 1945. In: ZfdPh., 95, 1976, S. 567–595

THOMÉ, HORST: Sozialgeschichtliche Perspektiven der neueren Schnitzler-Forschung. In: IASL., 13, 1988, S. 158–187

URBACH, REINHARD: Schnitzler-Kommentar. Zu den Erzählenden Schriften und Dramatischen Werken. München 1974

2. Werkausgaben

Gesammelte Werke in Einzelbänden, (S. Fischer Verlag) Frankfurt/M.
Aphorismen und Betrachtungen. Hg. von ROBERT O. WEISS, (1977) 1981
Die Dramatischen Werke, 2 Bde, (1962) 1981
[Bd. 1: Alkandi's Lied. Anatol. Anatols Größenwahn. Das Märchen. Die überspannte Person. Halbzwei. Liebelei. Freiwild. Reigen. Das Vermächtnis. Paracelsus. Der grüne Kakadu. Der Schleier der Beatrice. Sylvesternacht. Lebendige Stunden. Der einsame Weg. Marionetten. Zwischenspiel. Der Ruf des Lebens. Komtesse Mizzi oder der Familientag. Die Verwandlung des Pierrot.]
[Bd. 2: Der tapfere Kassian (Singspiel). Der junge Medardus. Das weite Land. Der Schleier der Pierrette. Professor Bernhardi. Komödie der Worte. Fink und Fliederbusch. Die Schwestern oder Casanova in Spa. Der Gang zum Weiher. Komödie der Verführung. Im Spiel der Sommerlüfte.]
Entworfenes und Verworfenes. Aus dem Nachlaß. Hg. von REINHARD URBACH, 1977
Die Erzählenden Schriften, 2 Bde, (1961) 1981
[Bd. 1: Welch eine Melodie. Er wartet auf den vazierenden Gott. Amerika. Erbschaft. Mein Freund Ypsilon. Der Fürst ist im Haus. Der Andere. Reichtum. Der Sohn. Die drei Elixiere. Die Braut. Sterben. Die kleine Komödie. Komödiantinnen. Blumen. Der Witwer. Ein Abschied. Der Empfindsame. Die Frau des Weisen. Der Ehrentag. Die Toten schweigen. Um eine Stunde. Die Nächste. Leutnant Gustl. Der blinde Geronimo und sein Bruder. Frau Berta Garlan. Andreas Thalmeyers letzter Brief. Wohltaten, still und rein gegeben. Ein Erfolg. Legende. Boxeraufstand. Die grüne Krawatte. Die Fremde. Freiherr von Leisenbogh. Die Weissagung. Das neue Lied. Der Weg ins Freie. Geschichte eines Genies. Der Tod des Junggesellen. Der tote Gabriel. Das Tagebuch der Redegonda. Der Mörder.]
[Bd. 2: Die dreifache Warnung. Die Hirtenflöte. Frau Beate und ihr Sohn. Doktor Gräsler, Badearzt. Der letzte Brief eines Literaten. Casanovas Heimfahrt. Fräulein Else. Die Frau des Richters. Traumnovelle. Spiel im Morgengrauen. Abenteurernovelle. Therese. Der Sekundant. Flucht in die Finsternis.]
Gesammelte Werke in Einzelausgaben, 15 Bde. (nach: Gesammelte Werke), Frankfurt/M. (Fischer Taschenbuch Verlag) 1977–79
Das erzählerische Werk. In chronologischer Ordnung; ungekürzte, nach den ersten Buchausgaben durchgesehene Ausgaben, Frankfurt/M. (Fischer Taschenbuch Verlag) 1988–91
Medizinische Schriften. Zusammengest. und mit e. Vorwort samt Anmerk. versehen von HORST THOMÉ. Wien–Darmstadt 1988
Über Psychoanalyse. In: Protokolle '76. Wiener Halbjahrsschrift für Literatur, bildende Kunst und Musik 2, S. 277–284
Tagebücher 1879–1931 [ca. 10 Bde.]. Unter Mitwirkung von Peter Michael

Braunwarth [u. a.] hg. von der Kommission für literarische Gebrauchsformen der Österreichischen Akademie der Wissenschaften, Obmann: Werner Welzig, Wien (Vlg. der Österreichischen Akademie der Wissenschaften) 1981 ff; bisher erschienen:

[1879–1892; Wien 1987, 488 S.]
[1893–1902; Wien 1989, 502 S.]
[1909–1912; Wien 1981, 459 S.]
[1913–1916; Wien 1983, 432 S.]
[1917–1919; Wien 1985, 427 S.]
[1920–1922; Wien 1993, 500 S.]

Jugend in Wien. Eine Autobiographie. Hg. von Therese Nickl und Heinrich Schnitzler. Frankfurt/M. ²1985 [Erstveröffentl.: Wien–Zürich 1968] [als Fischer Taschenbuch: Frankfurt/M. ⁴1988]

3. Einzelschriften und Fragmente

Anatol [Anatol Zyklus. Anatols Größenwahn. Das Abenteuer seines Lebens]. Texte und Materialien zur Interpretation besorgt von Ernst L. Offermanns. Berlin 1964 [= Komedia 6]

Die Braut. Traumnovelle. Nachwort von Hartmut Scheible. Stuttgart 1976

Das Haus Delorme. Eine Familienszene. Hg. von Reinhard Urbach: In: Ver Sacrum 1970, S. 46–55 [auch in: Dilly...; vgl.: Briefe]

Hugo von Hofmannsthal – ‹Charakteristik aus den Tagebüchern›. Mitgeteilt und kommentiert von Bernd Urban in Verb. mit Werner Volke. Freiburg i. Br. 1975

Die letzten Masken, Literatur, Stunde des Erkennens. 3 Einakter. Nachwort von Hartmut Scheible. Stuttgart 1983

Notizen zu Lektüre und Theaterbesuchen (1879–1927). Hg. und komment. von Reinhard Urbach. In: MAL., 6, 1973. 3/4, S. 7–39

Ritterlichkeit. Fragment. Aus dem Nachlaß hg. von Renate R. Schlein. Bonn 1975

Traumnovelle. Mit e. Nachwort von Hilde Spiel. Frankfurt/M. 1981

Das Wort. Aus dem Nachlaß hg. und eingel. von Kurt Bergel. Frankfurt/M. 1966

Zug der Schatten. Aus dem Nachlaß hg. und eingel. von Françoise Derré. Frankfurt/M. 1970

4. Briefe

Briefe, 2 Bde., Frankfurt/M. (S. Fischer) 1981/84
[Bd. 1, 1875–1912, Hg. von Therese Nickl und Heinrich Schnitzler, 1981]
[Bd. 2, 1913–1931, Hg. von Peter Michael Braunwarth, Richard Miklin, Susanne Pertlik und Heinrich Schnitzler, 1984]

Ihre liebenswürdige Anfrage zu beantworten. Briefe zum «Reigen». Hg. und komment. von Reinhard Urbach. In: Ver Sacrum 1974

An Unpublished Letter about «Der blinde Geronimo und sein Bruder». ([Hg. von] Jeffrey B. Berlin.) In: GRM., 37, 1987, S. 227–229

Raoul Auernheimer/Arthur Schnitzler – Raoul Auernheimer. The correspondence of Arthur Schnitzler and Raoul Auernheimer with Raoul Auernheimer's aphorisms. Hg. von DONALD G. DAVIAU und JORUN B. JOHNS. Berkeley 1972

Hermann Bahr / The Letters of Arthur Schnitzler to Hermann Bahr. Ed., annot., and with an introd. by DONALD G. DAVIAU. Chapel Hill 1978

Richard Beer-Hofmann / WEBER, EUGENE: The Correspondance of Arthur Schnitzler and Richard Beer-Hofmann. In: MAL., 6, 1973.3/4, S. 40–51

Wilhelm Bölsche / Briefe an Wilhelm Bölsche. Hg. von ALOIS WOLDAU. In: Germanica Wratislaviensa, H. 77, Breslau 1987, S. 456–466

Otto Brahm / Der Briefwechsel Arthur Schnitzler – Otto Brahm. Hg., eingel. und erl. von OSKAR SEIDLIN. Tübingen 1975

Dilly. Adele Sandrock und Arthur Schnitzler. Geschichte einer Liebe in Briefen, Bildern und Dokumenten. Zusammengestellt von RENATE WAGNER. Wien–München (1975) 1981 [als Taschenbuch: Frankfurt/M. 1983]

Freud, Sigmund: Briefe an Arthur Schnitzler. Hg. von HEINRICH SCHNITZLER. In: Neue Rundschau, 66, 1955, S. 95–106

Hugo von Hofmannsthal – Arthur Schnitzler, Briefwechsel. Hg. von THERESE NICKL und HEINRICH SCHNITZLER. Frankfurt/M. 1964 [als Taschenbuch: Frankfurt/M. 1983]

Josef Körner / Briefe an Josef Körner (20. März 1926, 19. Januar 1931, 8. April 1931). In: LK., 12, 1967, S. 78–87

Karl Kraus und Arthur Schnitzler. Eine Dokumentation von REINHARD URBACH. In: LK., 49, 1970, S. 513–530

Thomas Mann – Arthur Schnitzler. Briefwechsel. Hg. und komment. von HERTHA KROTKOFF. In: MAL., 7, 1974.1/2, S. 1–33

Franz Nabl – Arthur Schnitzler. Briefwechsel. Hg. von REINHARD URBACH. In: Studium Generale, 24, 1971, S. 1256–1270

Theodor Reik / «... als die Psychoanalytiker sich träumen lassen». Vier unveröffentlichte Briefe Arthur Schnitzlers an den Psychoanalytiker Theodor Reik. Mitgeteilt und komment. von Bernd Urban. Biberach an der Riss 1975 (Programm der Veranstaltungsreihe Wege und Gestalten)

Theodor Reik / BERLIN, JEFFREY B., und ELISABETH J. LEVY: On the Letters of Theodor Reik to Arthur Schnitzler [Mit Textpublikation]. In: The psychoanalytic review, 65, New York 1978, S. 109–130

Theodor Reik / BERLIN, JEFFREY B., und HANS ULRICH LINDKEN: Theodor Reiks unveröffentlichte Briefe an Arthur Schnitzler. Unter Berücksichtigung einiger Briefe Reiks an Richard Beer-Hofmann [Mitarb.] Elizabeth J. Levy [Mit Textpublikation]. In: LK., 18, 1983, S. 182–197

Max Reinhardt / Arthur Schnitzler – Max Reinhardt. Der Briefwechsel Arthur Schnitzlers mit Max Reinhardt und dessen Mitarbeitern. Hg. von RENATE WAGNER. Salzburg 1971

Rainer Maria Rilke – Arthur Schnitzler. Briefwechsel. Hg. von HEINRICH SCHNITZLER. In: Wort und Wahrheit, 13, 1958, S. 283

Arthur Schnitzler – Richard Beer-Hofmann. Briefwechsel 1891–1931. Hg. von Konstanze Fliedl. Wien–Zürich 1992

Fritz von Unruh / Der Briefwechsel Fritz von Unruhs mit Arthur Schnitzler. Hg. von ULRICH K. GOLDSMITH. In: MAL., 10, 1977.3/4, S. 69–127

Olga Waissnix / Liebe, die starb vor der Zeit. Arthur Schnitzler – Olga Waissnix. Briefwechsel. Hg. von THERESE NICKL und HEINRICH SCHNITZLER. Vorwort von Hans Weigel. Wien–München–Zürich 1970

ABELS, NORBERT: Sicherheit ist nirgends. Judentum und Aufklärung bei Arthur Schnitzler. Königstein/Ts. 1982

Akten des internationalen Symposiums «Arthur Schnitzler und seine Zeit». Hg. von GIUSEPPE FARESE. Jahrbuch für Internationale Germanistik Reihe A Bd. 13. Bern–Frankfurt/M.–New York 1985
[Vito Attolini: Arthur Schnitzler im Filmschaffen von Max Ophüls. Alfred Doppler: Der Wandel der Darstellungsperspektive in den Dichtungen Arthur Schnitzlers. Mann und Frau als sozialpsychologisches Problem. Giuseppe Farese: Untergang des Ich und Bewußtsein des Endes bei Arthur Schnitzler. Eduard Goldstücker: Kafkas Kritik an Schnitzler. Rolf-Peter Janz: Professor Bernhardi – «eine Art medizinischer Dreyfus»? Die Darstellung des Antisemitismus bei Arthur Schnitzler. William M. Johnston: Der Wiener Impressionismus. Eine neue Wertung einer einst beliebten Kategorie. Thomas Koebner: Casanovas Wiederkehr im Werk von Hofmannsthal und Arthur Schnitzler. Klaus Laermann: Spiel im Morgengrauen. Peter de Mendelssohn: Arthur Schnitzler und sein Verleger. Renate Möhrmann: Schnitzlers Frauen und Mädchen. Zwischen Sachlichkeit und Sentiment. Walter Müller-Seidel: Moderne Literatur und Medizin. Zum literarischen Werk Arthur Schnitzlers. Wendelin Schmidt-Dengler: Inflation der Werte und Gefühle. Zu Arthur Schnitzlers «Fräulein Else». Hilde Spiel: Im Abgrund der Triebwelt oder Kein Zugang zum Fest. Zu Schnitzlers «Traumnovelle». Reinhard Urbach: Arthur Schnitzlers dramatischer Altersstil – «Komödie der Verführung». Christian Wagenknecht: «Um den Reigen». Karl Kraus und Arthur Schnitzler.]

ALLERDISSEN, ROLF: Arthur Schnitzler: Impressionistisches Rollenspiel und skeptischer Moralismus in seinen Erzählungen. Bonn 1985

ANGRESS, RUTH K.: Schnitzlers «Frauenroman» *Therese*. In: MAL., 10, 1977. 3/4, S. 265–282

ARENS, DETLEV: Untersuchungen zu Arthur Schnitzlers Roman *Der Weg ins Freie*. Frankfurt/M.–Bern–New York 1981 (Europäische Hochschulschriften Bd. 466)

Arthur Schnitzler. Sein Leben, sein Werk, seine Zeit. Hg. von HEINRICH SCHNITZLER, CHRISTIAN BRANDSTÄTTER und REINHARD URBACH. Frankfurt/M. 1981

ASPETSBERGER, FRIEDBERT: Der Prozeß gegen die Berliner Aufführung des «Reigen», 1922. In: Akzente, 12, 1963, S. 211–230
«Drei Akte in einem». Zum Formtyp von Schnitzlers Drama. In: ZfdPh., 85, 1966, S. 285–208
Wiener Dichtung um die Jahrhundertwende. Beobachtungen zu Schnitzlers und Hofmannsthals Kunstformen. In: Studi Germanici, 8, 1970, S. 410–451
Arthur Schnitzlers «Der Weg ins Freie». In: Sprachkunst 4/1973, H. 1/2, S. 65–80

AUCLÈRES, DOMINIQUE: Arthur Schnitzler tel que je l'ai connu. In: JIASRA. 2/1963, Nr. 2

BAYERDÖRFER, HANS-PETER: Vom Konversationsstück zur Wurstlkomödie. Zu Arthur Schnitzlers Einaktern. In: SchillerJb., 16, 1972, S. 516–575

BEHARRIELL, FREDERICK J.: Schnitzler: Freuds Doppelgänger. In: LK., 19, 1967, S. 546–555

BENDER, PETRA: Raum- und Zeit-Kategorien des Seins und des Bewußtseins: Untersuchungen an ausgewählten Dramen Arthur Schnitzlers. Diss. München 1979

BERLIN, JEFFREY B. : The Treatment of Truth in the Dramatic Work of Henrik Ibsen and Arthur Schnitzler. Diss. State Univ. of New York at Binghamton 1976

BIE, OSKAR [u. a.]: Arthur Schnitzler. Zu seinem sechzigsten Geburtstag (15. Mai 1922). In: NR., 33, 1922, S. 498–513

BIECHELE, WERNER: Jüdische Intellektuelle im Spannungsfeld von bürgerlichem Demokratie-Verständnis und antisemitischem Rassenwahn. Bemerkungen zu Arthur Schnitzlers «Professor Bernhardi» und Friedrich Wolfs «Professor Mamlock». In: Germanistisches Jahrbuch DDR–VRP, 8, Warszawa 1989, S. 77–90

BLACKALL, ERIC A.: Tobias Klenk. In: Austriaca, Beiträge zur österreichischen Literatur. Festschrift für H. Politzer. Hg. von WINFRIED KUDSZUS [u. a.]. Tübingen 1975, S. 267–284

BLUME, BERNHARD: Das nihilistische Weltbild Arthur Schnitzlers. Diss. Stuttgart 1936

BLUMENBERG, HANS: Schnitzlers Philosophie. In: NZZ, Nr. 110 [15. 5. 87], S. 45/46

BOSSINADE, JOHANNA: «Wenn es aber... bei mir anders wäre». Die Frage der Geschlechterbeziehungen in Arthur Schnitzlers *Reigen*. In: Aufsätze zu Literatur und Kunst der Jahrhundertwende. Hg. von GERHARD KLUGE. Amsterdam 1984, S. 273–328

BRINSON, C. E. J.: Searching for Happiness. Towards an Interpretation of Arthur Schnitzler's *Doktor Gräsler. Badearzt.* In: MAL., 16, 1983.2, S. 47–63

CAPUTO, ANTONIA MARIA: Arthur Schnitzlers späte Werke. Studien zu seiner Erzählkunst. Diss. München 1983

CHIARINI, PAOLO: L'«Anatol» di Arthur Schnitzler e la cultura viennese «fin de siecle». In: Studi Germanici (Nuova Serie), 1, 1963, S. 222–252
Introduzione [= Einleitung zu: Arthur Schnitzler: Anatol. Introduzione, testo e versione a cura di Paolo Chiarini]. Rom 1967, S. V–L

DANGEL, ELSBETH: Das Elend der Übersetzung. Bemerkungen zu Dominiques Auclères Schnitzlerübersetzungen. In: MAL., 17, 1984.1, S. 49–57
Wiederholung als Schicksal. Arthur Schnitzlers Roman «Therese. Chronik eines Frauenlebens». München 1985

DERRÉ, FRANÇOISE: L'Œuvre d'Arthur Schnitzler. Imagerie viennoise et problèmes humains. Paris 1966

DETHLEFSEN, DIRK: Überlebenswille: Zu Schnitzlers Monolognovelle *Leutnant Gustl* in ihrem literarischen Umkreis. In: Seminar. A journal of Germanic studies, 17, Toronto 1981, S. 50–72

DIERSCH, MANFRED: Empiriokritizismus und Impressionismus. Über Beziehungen zwischen Philosophie, Ästhetik und Literatur um 1900 in Wien. Berlin 1973
Arthur Schnitzler. In: Österreichische Literatur des 20. Jahrhunderts. Einzeldarstellungen. Red. und Gesamtbearb.: HANNELORE PROSCHE. Berlin 1988, S. 50–70

DOPPLER, ALFRED: Das Konversationsstück bei Arthur Schnitzler und Hugo von Hofmannsthal. In: Sprachthematik in der österreichischen Literatur des 20. Jahrhunderts. Hg. vom Institut für Österreichkunde. Wien 1974, S. 69–82

Wirklichkeit im Spiegel der Sprache. Aufsätze zur Literatur des 20. Jahrhunderts in Österreich. Wien 1975
«Der Ästhet als Bösewicht?» Schnitzlers Schauspiel *Der einsame Weg*. In: MAL., 12, 1979, s. 1–18

ECKERT, WILLEHAD PAUL: Arthur Schnitzler und das Wiener Judentum. In: Emuna. Horizonte. Zur Diskussion über Israel und das Judentum, 8, Frankfurt/M. 1973, S. 118–130

FARESE, GIUSEPPE: Individuo e società nel romanzo «Der Weg ins Freie» di Arthur Schnitzler. Rom 1969 [= Studi di Filologia Tedesca. 3]
Introduzione [= Einleitung zu: Arthur Schnitzler: Novelle. Introduzione scelta e versione a cura di Giuseppe Farese]. Rom 1971, S. V–CXV

FLIEDL, KONSTANZE: Verspätungen. Schnitzlers *Therese* als Anti-Trivialroman. In: SchillerJb., 33, Stuttgart 1989, S. 323–347

FRITSCHE, ALFRED: Dekadenz im Werk Arthur Schnitzlers. Frankfurt/M.–Bern 1974

GEISSLER, ROLF: Bürgerliche Literatur am Ende. Epochalisierung am Beispiel von drei Erzählungen Schnitzlers. In: GEISSLER: Arbeiten am literarischen Kanon. Paderborn–München–Wien–Zürich 1982, S. 115–137

GLASER, HORST ALBERT: Casanova bei Hofmannsthal und Schnitzler. In: Autorität und Sinnlichkeit. Studien zur Literatur- und Geistesgeschichte zwischen Nietzsche und Freud. Hg. von KAROL SAUERLAND, Frankfurt/M.–Bern–New York 1986, S. 57–73

GODÉ, MAURICE: *Le retour de Casanova* d'Arthur Schnitzler. In: Cahiers d'études germaniques, 8, Aix-en-Provence 1984, S. 99–121

GUTT, BARBARA: Emanzipation bei Arthur Schnitzler. Berlin 1978

HINCK, VALERIA: Träume bei Arthur Schnitzler. Diss. Feuchtwangen 1986

HINDERER, WALTER: Der Aufstand der Marionetten: Zu Arthur Schnitzlers Groteske *Der grüne Kakadu*. In: Zeitgenossenschaft. Zur deutschsprachigen Literatur im 20. Jh. Festschrift für E. Schwarz zum 65. Geb. Hg. von PAUL MICHAEL LÜTZLER. Frankfurt/M. 1987, S. 12–32

HORWATH, PETER: Arthur Schnitzlers «Professor Bernhardi». Eine Studie über Person und Tendenz. In: LK., 12, 1967, S. 88–104; 13, 1967, S. 183–193

IMBODEN, MICHAEL: Die surreale Komponente im erzählenden Werk Arthur Schnitzlers. Bern–Frankfurt/M. 1971

JANDL, ERNST: Die Novellen Arthur Schnitzlers. Diss. Wien

JANZ, ROLF-PETER, und KLAUS LAERMANN: Arthur Schnitzler: Zur Diagnose des Wiener Bürgertums im Fin de siècle. Stuttgart 1977

JUST, GOTTFRIED: Ironie und Sentimentalität in den erzählenden Dichtungen Arthur Schnitzlers. Berlin 1968

KAINZ, FRIEDRICH: Arthur Schnitzler und Karl Schönherr. In: Deutsch-Österreichische Literaturgeschichte. Ein Handbuch zur Geschichte der deutschen Dichtung in Österreich-Ungarn Bd. IV. Wien 1937, S. 1745–1781

KAMMER, MANFRED: Das Verhältnis Arthur Schnitzlers zum Film. Diss. Aachen 1983

KANN, ROBERT: The Image of the Austrian in Arthur Schnitzler's Writings. In: HERBERT W. REICHERT und HERMAN SALINGER (Hg.): Studies in Arthur Schnitzler. Chapel Hill 1963
Die historische Situation und die entscheidenden politischen Ereignisse zur Zeit und im Leben Arthur Schnitzlers. In: LK., 17, 1982, S. 19–25

KAPP, JULIUS: Arthur Schnitzler. Leipzig 1912

KAULEN, HEINRICH: Antisemitismus und Aufklärung. Zum Verständnis von Arthur Schnitzlers *Professor Bernhardi*. In: ZfdPh., 100, 1981, S. 177–198

KELLER, URSULA: Böser Dinge hübsche Formel. Das Wien Arthur Schnitzlers. Berlin 1984

KERR, ALFRED: Arthur Schnitzler. In: KERR: Die Welt im Drama. Köln–Berlin 1954, S. 98–113

KESTING, MARIANNE: Arthur Schnitzler. In: KESTING: Entdeckung und Destruktion. Zur Strukturwandlung der Künste. München 1970, S. 123–141

KILIAN, KLAUS: Die Komödien Arthur Schnitzlers. Sozialer Rollenzwang und kritische Ethik. Düsseldorf 1972 (= Literatur in der Gesellschaft. 7)

KIWIT, WOLFRAM: «Sehnsucht nach dem Roman». Arthur Schnitzler als Romancier. Bochum 1991

KLEMPERER, VICTOR: Arthur Schnitzler. In: Bühne und Welt, 13, 1910/11, S. 355–368

KLUGE, GERHARD: Die Dialektik von Illusion und Erkenntnis als Strukturprinzip des Einakters bei Arthur Schnitzler. In: SchillerJb., 18, 1974, S. 482–505

KNORR, HERBERT: Experiment und Spiel – Subjektivitätsstrukturen im Erzählen Arthur Schnitzlers. Frankfurt/M.–Bern–New York 1988

KOHN, HANS: Karl Kraus. Arthur Schnitzler. Otto Weininger. Aus dem jüdischen Wien der Jahrhundertwende. Tübingen 1962 (= Schriftenreihe Wissenschaftlicher Abhandlungen des Leo Baeck Institute of Jews from Germany. 6)

KÖRNER, JOSEF: Arthur Schnitzlers Gestalten und Probleme. Zürich–Wien–Leipzig 1921
Arthur Schnitzlers Spätwerk. In: Preußische Jahrbücher 208/1927, Bd. 1, S. 53–83; Bd. II, S. 153–163

KRAUS, KARL: Die demolirte Literatur. Mit e. Nachwort von Dieter Kimpel. Steinbach 1972 (= Deutsche Satiren. 4)

KROTKOFF, HERTHA: Themen, Motive und Symbole in Arthur Schnitzlers «Traumnovelle». In: MAL., 5, 1972.1/2, S. 70–95

LANTIN, RUDOLF: Traum und Wirklichkeit in der Prosadichtung Arthur Schnitzlers. Diss. Köln 1958

LAWSON, RICHARD H., und PETRUS W. TAX (Hg.): Arthur Schnitzler and His Age. Intellectual and Artistic Currents. Modern German Studies 13, Bonn 1984

LE RIDER, JACQUES: La représentation de la Révolution française dans la pièce *Au perroquet vert* d'Arthur Schnitzler. In: Austriaca, Cahiers universitaire d'information sur l'Autriche, 14, Rouen 1988, No 29, S. 99–108
Das Ende der Illusion. Die Wiener Moderne und die Krise der Identität. Wien 1990

LEROY, ROBERT, und ECKART PASTOR: Der Sprung ins Bewußtsein. Zu einigen Erzählungen von Arthur Schnitzler. In: ZfdPh., 95, 1976, S. 481–495

LINDKEN, HANS ULRICH: Interpretationen zu Arthur Schnitzler. München 1970
(Hg.): Arthur Schnitzler. Aspekte und Akzente. Materialien zu Leben und Werk. 2. überarb. Aufl. Frankfurt/M.–Bern–New York (1984) 1987 (Europäische Hochschulschriften Bd. 754)

LIPTZIN, SOL: Arthur Schnitzler. New York 1932

MADL, CÄCILIE: «Flucht aus der chaotischen Wahrheit.» Formen der Erfahrung geschichtlicher Veränderung um die Jahrhundertwende. In: HENRY JAMES: The awakes age, Arthur Schnitzler: Das weite Land. In: LfL., S. 159–183

MAGRIS, CLAUDIO: Il mito absburgico nella letteratura austriaca moderna. Turin 1963 [Über Arthur Schnitzler: S. 221–235]

MARCUSE, LUDWIG: Sex, Politik und Kunst – im Reigen. In: MARCUSE: Obszön: Geschichte einer Entrüstung. München 1962. S. 207–263

MATTEDI, CHRISTINA: Arthur Schnitzler Roman *Therese. Chronik eines Frauenlebens.* Diss. Innsbruck 1979

MELCHINGER, CHRISTA: Illusion und Wirklichkeit im dramatischen Werk Arthur Schnitzlers. Heidelberg 1968

MELLEY, BARBARA: Melley e narrativa di Arthur Schnitzler nella prospettiva autobiografica. In: AILLG., 5, 1978/79 (1980), S. 63–96

MENDELSSOHN, PETER DE: S. Fischer und sein Verlag. Frankfurt/M. 1970

MÜLLER-FREIENFELS, REINHARD: Das Lebensgefühl in Arthur Schnitzlers Dramen. Diss. Frankfurt/M. 1954

NEHRING, WOLFGANG: Von Saar zu Schnitzler: die Ankündigung der Moderne im 19. Jahrhundert. In: Jahrbuch des Wiener Goethe-Vereins, 86/88, Wien 1982/84 (1985), S. 351–359

NOLTENIUS, RAINER: Hofmannsthal – Schröder – Schnitzler. Möglichkeiten und Grenzen des modernen Aphorismus. Stuttgart 1969 (= Germanistische Abhandlungen. 30)

OFFERMANNS, ERNST L.: Arthur Schnitzler. Das Komödienwerk als Kritik des Impressionismus. München 1973 (= Kritische Information. 9)
Arthur Schnitzlers Dramatik. In: Handbuch des deutschen Dramas. Hg. von WALTHER HINCK. Düsseldorf 1980, S. 327–342; 565–566

OHL, HUBERT: Décadence und Barbarei. Arthur Schnitzlers Erzählung *Sterben.* In: ZfdPh., 108, 1989, S. 551–567

PAETZKE, IRIS: Erzählen in der Wiener Moderne. Tübingen 1992

PELINKA, ANTON: Die Struktur und die Probleme der Gesellschaft zur Zeit Arthur Schnitzlers. In: LK., 17, 1982, H. 163/164, S. 59–66

PERLMANN, MICHAELA L.: Arthur Schnitzler. Stuttgart 1987
Der Traum in der literarischen Moderne. Untersuchungen zum Werk Arthur Schnitzlers. München 1987

PLAUT, RICHARD: Arthur Schnitzler als Erzähler. Diss. Basel 1935

POLITZER, HEINZ: Diagnose und Dichtung. Zum Werk Arthur Schnitzlers. In: POLITZER: Das Schweigen der Sirenen. Stuttgart 1968, S. 110–141

PRANG, HELMUT: Arthur Schnitzlers Regieanweisungen. In: Jahrbuch der Grillparzer-Gesellschaft, 12, Wien 1976, S. 257–275
Professor Bernhardi: Komödie. Programmbuch Schauspielhaus Zürich 1989

REICHERT, HERBERT W., und HERMAN SALINGER (Hg.): Studies in Arthur Schnitzler. Chapel Hill 1963 (= Studies in Germanic Languages and Literatures. 42)

REIK, THEODOR: Arthur Schnitzler als Psycholog. Minden 1913. Neuausgabe Frankfurt/M. 1993

REY, WILLIAM H.: Arthur Schnitzler. In: BENNO VON WIESE (Hg.): Deutsche Dichter der Moderne. Berlin 1965, S. 237–257
Arthur Schnitzler. Die späte Prosa als Gipfel seines Schaffens. Berlin 1968

RÜDIGER HORST: Schnitzlers «Reigen» und seine Parodie. In: Mélanges à David

pour son 70e anniversaire. Ed. par JEAN-LOUIS BAUDET. Berne–Francfort–
New York 1963, S. 383–401

SALTEN, FELIX: Aus den Anfängen. Erinnerungsskizzen. In: Jahrbuch deutscher
Bibliophilen 1932/33, S. 31–46

SANTNER, ERIC L.: Of Masters, Slaves, and Other Seducers: Arthur Schnitzler's
Traumnovelle. In: MAL., 19, 1986.3/4, S. 33–48

SCHAEFFER, EMIL: Arthur Schnitzler. In: Die Gesellschaft, 13, II, 1897, S. 22–33

SCHEIBLE, HARTMUT: Diskretion und Verdrängung. Zu Schnitzlers Autobiographie. In: Frankfurter Hefte, 25, 1970, S. 129–134

Arthur Schnitzler und die Aufklärung. München 1977

Literarischer Jugendstil in Wien. München–Zürich 1984

(Hg.): Arthur Schnitzler in neuer Sicht. München 1981

[Norbert Abels: Sprache und Verantwortung. Überlegungen zu Arthur
Schnitzlers Roman «Der Weg ins Freie». / Elsbeth Dangel: Vergeblichkeit und
Zweideutigkeit. «Therese. Chronik eines Frauenlebens». / Angelika Gleisen-
stein: Die Casanova-Werke Arthur Schnitzlers. / Waltraud Gölter: Weg ins
Freie oder Flucht in die Finsternis – Ambivalenz bei Arthur Schnitzler. Überle-
gungen zum Zusammenhang von psychischer Struktur und soziokulturellem
Wandel. / Klaus Günther: «Es ist wirklich, wie wenn die Leute wahnsinnig wären.» Bemerkungen zu Arthur Schnitzler und Ernst Mach. / Peter von Hasel-
berg: Psychologie oder Konstellationen? Am Beispiel von «Doktor Gräsler.
Badearzt». / Georg Hensel: Arthur Schnitzlers Dramen: von Gestern für
Heute. / Gertrud Koch: Positivierung der Gefühle. Zu den Schnitzler-Verfil-
mungen vom Max Ophüls. / Claudio Magris: I. Arthur Schnitzler und das Ka-
russell der Triebe. – II. Der grüne Kadadu und Komtesse Mizzi (Aus dem Ital.
von Peter Klimm und Hartmut Scheible). / Ernst L. Offermanns: Geschichte
und Drama bei Arthur Schnitzler. / Franco Rella: Freud und Schnitzler. Der
Spiegel der Analyse (Aus dem Ital. von Peter Klimm und Hartmut Scheible). /
Hartmut Scheible: Arthur Schnitzler. Figur – Situation – Gestalt. / Hartmut
Scheible: Diskretion und Verdrängung. Zu Schnitzlers Autobiographie. / Egon
Schwarz: Arthur Schnitzler und die Aristokratie. / Heide Seidel: Wahn als
Selbstbehauptung –? Die Identitätsproblematik in «Flucht in die Finsternis». /
Heiner Willenberg: Die Kunst des Gesprächs: «Das weite Land». / Lutz-W.
Wolff: «Bürger der Endzeit». Schnitzler in sozialistischer Sicht.]

SCHEUZGER, JÜRG: Das Spiel mit Typen und Typenkonstellationen in den Dramen Arthur Schnitzlers. Zürich 1975

SCHIFFER, HELGA: Experiment und Ethik in Arthur Schnitzlers *Paracelsus*. In:
Aufsätze zu Literatur und Kunst der Jahrhundertwende. Hg. von GERHARD
KLUGE. Amsterdam 1984, S. 329–357

SCHINNERER, OTTO P.: The Early Works of Arthur Schnitzler. In: GR, 4, 1929,
S. 153–197

The Literary Apprenticeship of Arthur Schnitzler. In: GR, 5, 1930, S. 58–82

The Suppression of Schnitzler's «Der grüne Kakadu» by the Burgtheater. Unpublished Correspondance. In: GR., 6, 1931, S. 183–192

SCHNABEL, WERNER WILHELM: «Professor Bernhardi» und die Wiener Zensur.
Zur Rezeptionsgeschichte der Schnitzlerschen Komödie. In: Jahrbuch der
deutschen Schillergesellschaft, 28, Stuttgart 1984, S. 349–383

SCHNEIDER-HALVORSON, BRIGITTE L.: The Late Dramatic. Works of Arthur
Schnitzler. New York–Bern–Frankfurt/M. 1983

SCHNITZLER, OLGA: Spiegel der Freundschaft. Salzburg 1962

SCHORSKE, CARL E.: Wien. Geist und Gesellschaft im Fin de siècle. Frankfurt/M. 1982

SCHRIMPF, HANS JOACHIM: Arthur Schnitzlers Traumnovelle. In: ZfdPh., 82, 1963, S. 172–192

SCHUSTER, KARL: Arthur Schnitzler: *Traumnovelle*. In: Deutsche Novellen von Goethe bis Walser, Bd. 2. Hg. von JAKOB LEHMANN. Königstein/Ts. 1980, S. 161–184

SCHWARZ, EGON: Schnitzlers vielschichtige Wahrheit: Eine Interpretation von *Komtesse Mizzi oder der Familientag*. In: Herkommen und Erneuerung. Festschrift für Oskar Seidlin. Hg. von G. GILLESPIE und E. LOHNER. Tübingen 1976, S. 268–281

SEGAR, KENNETH: Determinism and Character in Arthur Schnitzler's «Traumnovelle» and His Unpublished Critique of Psychoanalysis. In: OGS., 8, 1974, S. 114–127

The Death of Reason: Narrative Strategy and Resonance in Schnitzler's *Flucht in die Finsternis*. In: OGS., 17, 1988, S. 97–117

SELLING, GUNTER: Die Einakter und Einakterzyklen Arthur Schnitzlers. Amsterdam 1975

SKREB, ZDENKO: Schnitzlers *Therese*. In: Neohelicon, 11, Budapest–Amsterdam 1984.1, S. 171–184

SÖHNLEIN, HEIKE: Gesellschaftliche und private Interaktionen. Dialoganalysen zu Hofmannsthals ‹Der Schwierige› und Schnitzlers ‹Das weite Land›. Tübingen 1986

SPECHT, RICHARD: Arthur Schnitzler. Der Dichter und sein Werk. Berlin 1922

STOCK, FRITHJOF: Casanova als Don Juan. Bemerkungen über Arthur Schnitzlers Novelle *Casanovas Heimfahrt* und sein Lustspiel *Die Schwestern oder Casanova in Spa*. In: Arcadia, Sonderheft, Berlin 1978, S. 56–65

STORCK, JOACHIM W.: Die Humanität des Skeptikers. Zur Gegenwärtigkeit Arthur Schnitzlers. In: LK., 17, 1982, H. 163/164, S. 45–58

SWALES, MARTIN: Arthur Schnitzler. A Critical Study. Oxford 1971

Arthur Schnitzler. In: Handbuch der deutschen Erzählung. Hg. von KARL KONRAD POHLHEIM. Düsseldorf 1981, S. 421–432; 603–605

TARNOWSKI-SEIDEL, HEIDE: Arthur Schnitzler: Flucht in die Finsternis. Eine produktionsästhetische Untersuchung. München 1983

Text & Kontext. Zeitschrift für germanistische Literaturforschung in Skandinavien. 10. Jg./H. 2. Themaheft: Arthur Schnitzler. Hg. von KLAUS BOHNEN und CONNY BAUER. Kopenhagen–München 1982

[Jeffrey B. Berlin: Die Beziehungen zwischen Ibsen und Schnitzler. Klaus Bohnen: Arthur Schnitzler-«Renaissance»? Ein Wort zur Einführung. Donald G. Daviau: Arthur Schnitzler im Spiegel der Kritik – fünfzig Jahre nach seinem Tod. Axel Fritz: Vor den Vätern sterben die Töchter. Schnitzlers *Liebelei* und die Tradition des bürgerlichen Trauerspiels. Horst Albert Glaser: Masken des Libertinismus. Überlegungen zu Schnitzlers Erzählung *Casanovas Heimfahrt*. Istvan Gombocz: Ein Tauziehen zwischen Dichtung und Polizeimacht. Der Fall *Reigen* – aus Budapester Sicht. Alfons Höger: Ehrenkodex und Chaos in den dramatischen Texten Arthur Schnitzlers. Gerhard Kluge: Wunsch und Wirklichkeit in Arthur Schnitzlers *Traumnovelle*. Hans-Ulrich Lindken: Zur Ätiologie und Semiotik des Wahns in Schnitzlers «Flucht in die Finsternis». Bertil

Nolin: Der alte und der neue Klerus. Eine Studie zu Arthur Schnitzlers *Professor Bernhardi*. Anläßlich einer schwedischen Inszenierung des Stücks. Hartmut Scheible: Im Bewußtseinszimmer. Arthur Schnitzlers Einakter.]

THOMÉ, HORST: Kernlosigkeit und Pose. Zur Rekonstruktion von Schnitzlers Psychologie. In: Fin de siècle. Zu Naturwissenschaft und Literatur der Jahrhundertwende im deutsch-skandinavischen Kontext. Kopenhagener Kolloquien zur deutschen Literatur, 11, hg. von KLAUS BOHNEN. München 1984, S. 62–87

Autonomes Ich und «inneres Ausland». Studien zu Realismus, Tiefenpsychologie und Psychiatrie in deutschen Erzähltexten (1848–1914). Tübingen 1993

TRAMER, HANS: Arthur Schnitzlers Altenberg-Stück. In: Bulletin des Leo Baeck Instituts, 11, 1968, S. 125–152

TROTZKI, LEO: Über Arthur Schnitzler. In: TROTZKI: Literaturtheorie und Literaturkritik. Ausgewählte Aufsätze zur Literatur. Hg. von ULRICH MÖLK. München 1973, S. 62–74

URBACH, REINHARD: Arthur Schnitzler. München 1977

URBAN, BERND: Arthur Schnitzler und Sigmund Freud: Aus den Anfängen des «Doppelgängers». Zur Differenzierung dichterischer Intuition und Umgebung der frühen Hysterieforschung. In: GRM. (NF), 24, 1974, S. 193–223

URNER, HANS: Schnitzlers Paracelsus. In: Paracelsus, Werk und Wirkung. Festschrift für K. Goldammer zum 60. Geburtstag. Hg. von SEPP DOMANDL. Wien 1975, S. 345–352

VOLLHARDT, FRIEDRICH: Wer etwas zu sagen hat, trete vor und schweige! Anmerkungen zu einer unbekannten Erklärung Dr. Arthur Schnitzlers ‹zum Fall Ernst Toller› aus dem Jahr 1919. In: LK., 16, 1981, S. 462–473

WAGNER, RENATE: Arthur Schnitzler. Eine Biographie. Wien–München–Zürich 1981 [als Taschenbuch: Frankfurt/M. 1984]

WAGNER, RENATE, und BRIGITTE VACHA: Wiener Schnitzler-Aufführungen 1891 bis 1970. München 1971

WEINBERGER, G. J.: Political Interaction in Arthur Schnitzler's «Die Frau des Richters». In: Neoph., 73, 1989, S. 254–262

WEINER, MARC A.: Arthur Schnitzler and the Crisis of Musical Culture. Heidelberg 1986

WILLENBERG, HEINER: Die Darstellung des Bewußtseins in der Literatur. Vergleichende Studien zu Philosophie, Psychologie und deutscher Literatur von Schnitzler bis Broch. Frankfurt/M. 1974

WILLI, ANDREA: Arthur Schnitzlers Roman «Der Weg ins Freie». Eine Untersuchung zur Tageskritik und ihren zeitgenössischen Bezügen. Heidelberg 1989

WILPERT, GERO VON: Leutnant Gustl und seine Ehre. In: Die Ehre als Literarisches Motiv. E. W. Herd zum 65. Geburtstag. Hg. von AUGUST OBERMAYER. Dunedin 1986, S. 120–139

WORBS, MICHAEL: Literatur und Psychoanalyse im Wien der Jahrhundertwende. Frankfurt/M. 1983

ZOHN, HARRY: Three Austrian Jews in German Literature: Schnitzler, Zweig, Herzl. In: JOSEF FRAENKEL (Hg.): The Jews of Austria. Essays on Their Life, History and Destruction. London 1967, S. 67–81

6. Tonaufnahmen

Fräulein Else. Gelesen von Elisbeth Bergner [Aufnahme: 1964]. Deutsche Grammophon, Hamburg 1978, 1 Schallpl., 30 cm, 33 UpM
Frau Berta Garlan. Sprecher: Käthe Gold, Gert Westphal u. v. a., 2 Compact-Kassetten, Stuttgart (Klett) 1988
Leutnant Gustl. Sprecher: Heinrich Schnitzler
Reigen. Gesamtaufnahme. Es sprechen: Hilde Mauker u. a. Prod.: 1966, Hamburg (Deutsche Grammophon) um 1982, 2 LP, 30 cm, 33 UpM
Reigen. Oper von Philippe Boesmans. Libretto von Luc Bondy. Uraufführung in Brüssel 1993

NOTIZ

Der Autor dankt sehr herzlich Professor Heinrich Schnitzler, Wien, für die Erlaubnis, die umfangreichen Tagebücher seines Vaters durchzuarbeiten und aus ihnen zu zitieren; für das Interesse, mit dem er das Entstehen des Manuskripts begleitete; für zahlreiche Hinweise und Anregungen; schließlich für die Großzügigkeit, mit der er – teilweise unveröffentlichtes – Bildmaterial aus seinem Archiv zur Verfügung stellte.

Reinhard Urbachs kenntnisreicher Kritik sind wichtige Einsichten zu verdanken; darüber hinaus unterstützten er und die Österreichische Gesellschaft für Literatur in großzügiger Weise den Autor bei seinen Aufenthalten in Wien.

Das Tagebuch wurde nach der Abschrift (Typoskript) zitiert, von der sich eine Kopie in den Beständen des Deutschen Literaturarchivs in Marbach am Neckar befindet. Hier leisteten Frau Faerländer und Dr. Werner Volke wertvolle Hilfe bei der Materialbeschaffung.

Frankfurt am Main, 6. Oktober 1975   H. S.

NAMENREGISTER

Die kursiv gesetzten Zahlen bezeichnen die Abbildungen

Adler, Victor 7; Anm. 2
Adorno, Theodor W. (Theodor Wiesengrund) Anm. 323
Allerdissen, Rolf Anm. 388, 390
Altenberg, Peter (Richard Engländer) 42
Auer, Johann 18

Bahr, Hermann 22, 31, 37, 40, 48, 57, 75, 76, 110; Anm. 98; *32, 39*
Beer-Hofmann, Richard 40, 65, 75, 76, *39, 76*
Benedikt, Moriz 113
Benjamin, Walter 87, 128; Anm. 254, 405
Bergel, Kurt Anm. 212
Bergner, Elisabeth 129, *126*
Billroth, Theodor 26
Blume, Ludwig 16
Brahm, Otto (Otto Abraham) 54, 57; Anm. 143, 144, 155, 318; *38, 56*
Brandes, Georg (Morris Cohen) 91; Anm. 212, 269, 375
Brücke, Ernst 124
Burckhard, Max 54

Canaletto (Giovanni Antonio Canal) 40
Caputo, Antonia Maria 122; Anm. 332, 384
Casanova de Seingalt, Giacomo 116, *114*

Dehmel, Richard 110
Dergan, Blanche *68*
Descartes, René 43
Desmoulins, Camille 74
Diersch, Manfred Anm. 207
Dujardin, Édouard 80

Eichendorff, Joseph Karl Benedikt Freiherr von 19
Engels, Friedrich 7; Anm. 2

Fallenböck, Alfred 18

Fichte, Johann Gottlieb 44
Fischer, Samuel 46
Forster-Larrinaga, Robert *68*
Franz Ferdinand, Erzherzog 81
Franz Joseph I., Kaiser von Österreich und König von Ungarn 24, 51, *52*
Freud, Sigmund 7, 47, 71, 106 f., 124 f., 126; Anm. 34, 315, 380, 393, 394, 396, 402
Friedl, Loni von *99*
Friedrich, Caspar David 63

Ganghofer, Ludwig 110
Glockner, Hermann Anm. 136
Glümer, Marie 32, 41, 47, 49, *50*
Goethe, Johann Wolfgang von 14; Anm. 11, 126, 138, 255
Goldmann, Paul 40
Grillparzer, Franz 17, 37, 97
Großmann, Stefan 24; Anm. 58
Gussmann, Olga s. u. Olga Schnitzler

Habermas, Jürgen Anm. 17
Harden, Maximilian (Maximilian Felix Ernst Witkowski) 55; Anm. 147
Harmonist 7
Hauptmann, Gerhart 110
Hauser, Arnold Anm. 44
Hegel, Georg Wilhelm Friedrich 44, 45, 53; Anm. 136, 348
Heidegger, Martin 120
Heine, Heinrich 19, 22
Herzl, Theodor 53, *55*
Hofmannsthal, Hugo von 11, 22, 30 f., 40, 54, 58 f., 65, 71, 76, 86, 89, 96, 110, 116; Anm. 156, 157, 158, 159, 170, 291, 292, 295, 413; *38, 39, 60*
Hufeland, Christoph Wilhelm 20

Ibsen, Henrik 11, 18, 71, 89; Anm. 16

Kainz, Josef 75
Kant, Immanuel 44, 100
Killy, W. Anm. 385
Koerber, Ernest von 24

Kortner, Fritz *111*
Krafft-Ebing, Richard Freiherr von Anm. 100
Krämer-Klink, Ruth Anm. 392
Kraus, Karl 16 f, 110; Anm. 190; *17*
Kronawetter, Ferdinand 27

Lach, Alice *99*
Lanz 78
Lehmann, Bertha 16
Lessing, Gotthold Ephraim 16, 63, 105
Loris s. u. Hugo von Hofmannsthal
Lueger, Karl 27 f, *31*

Mach, Ernst 43 f; Anm. 114; *45*
Makart, Hans *45*, 71
Mann, Heinrich 128 f; Anm. 1, *411, 415*
Mann, Thomas 110
Markbreiter, Louise s. u. Louise Schnitzler
Markbreiter, Philipp 14
Meisetschläger, Johann 103
Meynert, Theodor 30, 124
Molière (Jean-Baptiste Poquelin) 114
Musset, Alfred de 41, 71
Mutschler, Ernst Anm. 392

Napoleon I., Kaiser der Franzosen 97
Neuse, Erna Anm. 172
Nickl, Therese Anm. 3, 72, 156, 157
Nietzsche, Friedrich 35, 43, 88, 100

Paetsch, Hans *99*
Paudler, Maria *61*
Politzer, Heinz Anm. 171, 231

Raffael (Raffaello Santi) 42
Reinhard, Marie 76 f, *79*
Rey, William H. Anm. 367, 383
Rilke, Rainer Maria 110
Rudolf, Leopold *87*

Salten, Felix (Siegmund Salzmann) 40, *38*
Sandrock, Adele *47*
Scheible, Hartmut Anm. 20, 350, 357
Schey, Amalia 14
Schey, Philipp 14

Schiller, Friedrich 16
Schinnerer, Otto P. Anm. 239
Schlenther, Paul 71
Schneider, Manfred Anm. 387
Schnitzler, Gisela *15*
Schnitzler, Heinrich 78; Anm. 3, 72, 156; *61, 104*
Schnitzler, Johann 7 f, 11 f, 15, 17, 19, 30, 31 f, 37, 48; Anm. 100; *12, 34*
Schnitzler, Josef 7
Schnitzler, Julius *15*
Schnitzler, Lili 102, 129, *104*
Schnitzler, Louise 7, 13, *12*
Schnitzler, Olga 77 f, *80, 104*
Scholz, Wenzel *15*
Schubert, Franz 63
Seidlin, Oskar Anm. 143
Shakespeare, William 16
Sonnenthal, Adolf Ritter von 10, 48
Specht, Richard Anm. 123
Stellwag von Carion, Karl 26
Suttner, Bertha Freifrau von 109, 111
Swales, Martin Anm. 58, 164
Szklenar, H. Anm. 385
Szondi, Peter 85; Anm. 244, 251

Taaffe, Eduard Graf von 21, 44
Tausenau, Richard 24, *25*
Trakl, Georg 122; Anm. 385
Tschechov, Anton P. 129

Urbach, Reinhard Anm. 166, 195, 294

Voltaire (François-Marie Arouet) 116

Wagner, Richard 98
Waissnix, Olga 34, 40 f, 47; Anm. 72, 75, 87, 88, 90, 92, 95, 96, 104, 105, 106, 108, 119, 122, 169, 208, 209; *44*
Watteau, Antoine 40
Weiss, Robert O. Anm. 6
Wilhelm II., Deutscher Kaiser 81, 113
Windisch, Josef 17
Wohlbrück, Adolf *69, 99*
Wolff, Eugen 31
Wunberg, Gotthard Anm. 98

Zweig, Stefan 22; Anm. 8, 10, 29

ÜBER DEN AUTOR

Hartmut Scheible ist Professor am Institut für Deutsche Sprache und Literatur I der Johann Wolfgang Goethe-Universität in Frankfurt am Main.

Buchveröffentlichungen: «Joseph Roth. Mit einem Essay über Gustave Flaubert», Stuttgart 1971; «Arthur Schnitzler und die Aufklärung», München 1977; «Arthur Schnitzler in neuer Sicht» (Hg.), München 1981; «Wahrheit und Subjekt. Ästhetik im bürgerlichen Zeitalter», Bern, München 1984 und Reinbek 1988 (Rowohlts Enzyklopädie Nr. 468); «Literarischer Jugendstil in Wien», München, Zürich 1984; Giacomo Casanova, «Das Duell». Herausgegeben, aus dem Italienischen übertragen und mit einem Nachwort von Hartmut Scheible, München 1988; «Theodor W. Adorno», Reinbek 1989 (Rowohlt-Monographie Nr. 400); «Carlo Goldoni», Reinbek 1993 (Rowohlt-Monographie Nr. 462). Aufsätze, z. B. über Andy Warhol, Goethe und Mozart. Zuletzt erschienen: Was ist eigentlich «rettende Kritik»? Bemerkungen zu Berg, Benjamin und Adorno. In: Rowohlt Literaturmagazin, 31 (April 1993); «Goethe in Rom». In: Rowohlt Literaturmagazin, 33 (April 1994).

QUELLENNACHWEIS DER ABBILDUNGEN